Charles Price

So funktioniert
dein Leben
im Glauben

Verlag der
Liebenzeller Mission
Lahr

Die Deutsche Bibliothek – CIP-Einheitsaufnahme

Price, Charles
So funktioniert dein Leben im Glauben / Charles Price.
[Aus dem Engl. von Gudrun Reinisch]. –
Lahr : Verl. der Liebenzeller Mission, 2000
    (TELOS-Bücher ; 7827 : TELOS-Taschenbuch)
    ISBN 3-88002-709-9

Die englische Originalausgabe erschien unter dem Titel »Stop trying to live for
Jesus (let him live through you)«
by Kingsway Publications, Lottbridge Drove, Eastbourne, England
© 1999 by Charles Price
Aus dem Englischen von Gudrun Reinisch, Wien

ISBN 3-88002-709-9
© 2000 by Edition VLM im Verlag der St.-Johannis-Druckerei
Umschlaggestaltung: Grafisches Atelier Arnold, 72575 Dettingen
Herstellung: St.-Johannis-Druckerei, 77922 Lahr
Printed in Germany

Inhalt

Kapitel 1
Sie sind Christ geworden – jetzt seien Sie einer!   5

Kapitel 2
Zu gar nichts gut   21

Kapitel 3
Ein Leben zu Gottes Bedingungen   42

Kapitel 4
Die Herrschaft Jesu Christi   62

Kapitel 5
Umdenken   82

Kapitel 6
Vergebung und die Gerechtigkeit Gottes   101

Kapitel 7
Der Geist, der in euch lebt   121

Kapitel 8
Erfüllt vom Geist Gottes   164

Kapitel 9
Leben im Glauben   183

Kapitel 10
**Gott gehorchen in dem, was er sagt, und   199
Gott vertrauen als dem, der er ist**

Kapitel 11
»In Christus« – und dann los!   216

Sie sind Christ geworden – jetzt seien Sie einer!

Haben Sie schon einmal versucht, die Seife zu erwischen, während Sie in der Badewanne sitzen? Kaum hat man sie einmal in der Hand, da rutscht sie auch schon wieder davon, ohne dass man sie richtig zu fassen kriegt. Viele Leute haben anscheinend eine ähnliche Erfahrung mit dem Christsein gemacht. Zunächst war da eine spannende neue Entdeckung: dass Jesus Christus lebendig ist, und was das eigentlich bedeutet. Es ist aufregend, wenn man neue Wahrheiten über Christus erfährt – was er beabsichtigt und dass er die Kraft hat, dem Leben Sinn zu geben und eine neue Lebensqualität in die normale Alltagsroutine zu bringen. Es ist begeisternd, wenn man so eine lebendige Gotteserfahrung macht und man hofft, dass man nun endlich den Glauben gefunden hat, der sich im Leben als tragfähig erweisen wird. Aber es ist mit solchen Erfahrungen oft wie mit dem Seifenstück in der Badewanne: Kaum glaubt man, sie »gefasst« zu haben, verschwindet sie wieder, und zurück bleibt nichts als Erinnerungen und ein Gefühl der Hoffnungslosigkeit. Man ist frustriert, weil man die Energie, die man am Anfang hatte, wieder verloren hat. Und dann ist da noch die heimliche Angst, dass sich vielleicht nie etwas ändern wird. Wissen Sie, was ich meine?

Meine ersten Jahre als Christ waren genau so, wie ich es oben beschrieben habe. Ich kam zu der Gewissheit, dass ich errettet war, als ich an einem Samstagabend im Stadtsaal von Hereford einen spannenden Film über einen Mann sah, der sich in Australien bei einer Evangelisation von Billy Graham zu Christus bekehrt hatte. Der Stadtsaal war voll an diesem Abend. Ich bekam keinen Sitzplatz mehr, also stand ich während des ganzen ungefähr zweistündigen Abendprogramms in einem Seitengang. Der Film zog mich völlig in seinen Bann. Die Handlung spielte im australischen Hinterland, es ging um die Lebensgeschichte eines Mannes, der zu der Erkenntnis gekommen war, dass er Christus brauchte. Und obwohl zwischen meiner Lebensgeschichte und der des Mannes im Film keinerlei Zusammenhang bestand, kam ich zu derselben Erkenntnis. Die Botschaft, die der Film brachte, war vom Inhalt her nicht neu für mich. Ich hatte sie schon oft zuvor gehört, aber noch nie so lebendig, und ich hatte auch noch nie zuvor den Eindruck gehabt, dass mich das persönlich etwas anging. Ich wusste, dass jetzt Gott zu mir sprach, und dass ich antworten musste. Nach der Filmvorführung gab es für Leute, die sich beraten lassen oder sich aussprechen wollten, die Möglichkeit, im Saal nach vorne zu kommen. Manche gingen, aber ich blieb, wo ich war. Nach vorne zu gehen, kam mir zu »öffentlich« vor, und ich war schüchtern. Ich wusste damals einfach nicht, ob ich ein Christ war oder nicht. Ich hatte das Evangelium gekannt und daran geglaubt, seit ich ein Kind war; aber ich erinnere mich, dass ich damals, während die Leute, die Hilfe wollten, nach vorne gingen, ganz einfach betete: »Herr Jesus Christus, wenn ich kein Christ bin, bitte mach, dass ich heute Abend einer werde.« An diesem Abend ging ich nach Hause mit einer Gewissheit, die ich vorher nicht gekannt hatte und an der ich seither auch nicht mehr gezweifelt habe. Ich war ein Christ. Darüber war ich mir jetzt sicher, obwohl es noch mehrere Jahre dauern sollte, bis ich wirklich begriff, was das bedeutete. Jedenfalls empfand ich damals eine ganz neue Liebe zu Gott, eine neue Sehnsucht, ihm Freude zu machen, und ich spürte auch, dass sich meine Einstellung zu anderen Menschen und zum Leben überhaupt verändert hatte.

Genau an diesem Punkt begannen jedoch auch die Schwierigkeiten! Gerade die Veränderung in meiner Einstellung und in meinen Wünschen, mein neu entstandenes Bemühen, für Gott zu leben und ihm Freude zu machen – all das machte mir nur allzu deutlich bewusst, wie weit mein tatsächliches Leben von den Idealen entfernt war, die ich erreichen wollte. Meine Freude und Begeisterung verwandelten sich schnell in Frustration. Obwohl ich nicht wagte, es mir einzugestehen: mein Christsein funktionierte nicht und ich war ein Versager. Damals kannte ich den Bibelvers nicht (und ich hätte ihn damals auch nicht verstanden): »... denn Gott selbst bewirkt in euch nicht nur das Wollen, sondern auch das Vollbringen, so wie es ihm gefällt« (Phil 2,13). Ich entdeckte ein neues »Wollen« in mir, das zweifellos von Gott kam, denn meine Wünsche und mein Ehrgeiz hatten sich geändert. Ich wusste aber nicht, dass Gott genau so wie am »Wollen« auch am »Vollbringen« beteiligt sein musste. Stattdessen mühte ich mich ab, trotz meiner nicht zu leugnenden Schwächen ein Verhalten zustande zu bringen, das mit dem, was ich eigentlich wollte, im Einklang stand. Und von der Differenz zwischen dem »Willen«, das Gute zu tun, und dem tatsächlichen »Vollbringen« hing es ab, wie frustriert ich jeweils war.

Wohlmeinende Prediger machten meine Hilflosigkeit oft noch schlimmer, wenn sie mich zu einer größeren »Hingabe« an Christus aufriefen. Ich »gab mich hin«, ganz ehrlich und aufrichtig! Nach jeder solchen feierlichen »Hingabe« hatte ich das Gefühl, etwas Gutes gemacht zu haben und in der Folge erlebte ich neuen Eifer und neue Spannkraft und hoffte, dass ich diesmal endlich wirklich weiterkommen würde. Aber es dauerte immer nur wenige Tage und ich war wieder dort, wo ich angefangen hatte. Bald darauf hörte ich dann wieder einen Aufruf, mich Gott »neu hinzugeben«. Ich kann mich nicht mehr erinnern, wie oft ich diese Prozedur durchgemacht habe, jedes Mal durch und durch aufrichtig! Es war wie bei der schwer zu fassenden Seife in der Badewanne; immer wieder glaubte ich, »jetzt hab ich's«, aber es war nie von Dauer.

Dann, nach einiger Zeit, war ich mir gar nicht mehr sicher, was ich eigentlich suchte. Vielleicht waren meine Ziele zu hoch gesteckt? Ehrlich gesagt: Von den Christen, die ich kannte, schienen nicht viele ihr Leben so zu führen, wie sie eigentlich sollten – obwohl es einige wenige Ausnahmen gab. War der

Standard, den die Bibel vorgab, unrealistisch? War er nur deshalb von Gott so hoch angesetzt, um uns zu ständig neuen Bemühungen anzuspornen, folglich wäre es unklug, ihn allzu wörtlich zu nehmen? Wenn das allerdings zutraf, behandelte Gott uns dann nicht wie ein Eseltreiber seinen Esel, indem er phantastische Verheißungen vor unserer Nase herumbaumeln ließ (wie die Karotte, mit der der Esel zum Weitergehen angelockt werden soll), und dabei wusste er genau, dass sie immer gerade um einen Schritt außer Reichweite bleiben würden?

Aber dann begann sich endlich Licht am Horizont zu zeigen; ich machte nämlich eine Entdeckung. Im Rückblick scheint es mir, als wäre diese Entdeckung denkbar einfach, ja, auf der Hand liegend, gewesen. Auf der Hand liegend deshalb, weil ich eigentlich schon die ganze Zeit davon geredet hatte, wenn ich das Leben als Christ beschrieb. Ich kannte die richtige Terminologie, aber ich hatte sie noch nicht genug ernst genommen. Ich hatte die Wahrheit noch nicht erfasst, die darin enthalten war – die Grunderfahrung des Christseins: Dass nämlich Jesus Christus in mein Leben gekommen war, dass er in mir lebte. Wenn mich damals jemand gefragt hätte, ob Christus in mir war, hätte ich »Ja« geantwortet. Praktisch gesehen war er aber so etwas wie ein »Stiller Teilhaber«; nachdem er mich vor der Bestrafung für meine Sünde gerettet und auf den rechten Weg gebracht hatte, so dass ich einmal in den Himmel kommen würde, übte er keine aktive Funktion mehr aus.

Fahrkarte, Zeugnis und Katalog

Bis zu diesem Zeitpunkt war Christus so etwas wie der Schutzpatron für mein Christsein gewesen, aber er war nicht selbst mein Leben – mein Leben als Christ. Es war mir bewusst, dass wir in seinem Namen leben sollten – aber es war mir nicht bewusst, was es bedeutet, in seiner Kraft zu leben. Ich stellte mir vor, ich hätte bestimmte »Dinge« von Christus bekommen, die mich befähigt hatten, ein Christ zu werden, und die nun zugleich meine Ausrüstung wären, mit der ich ein christliches Leben versuchen sollte. Im Wesentlichen waren das drei Dinge: eine Fahrkarte, ein Zeugnis und ein Katalog.

Die »Fahrkarte« war gültig für »einmal in den Himmel für eine Person«. Das war ein Kernpunkt des ganzen Systems, so viel wusste ich. Durch das Bekennen meiner Sünde vor Gott und meine Bereitschaft, mein sündiges Leben aufzugeben, war mir das Geschenk des ewigen Lebens zugesichert worden. Ich würde in den Himmel kommen. Das war, so glaubte ich, der letzte Sinn von dem, was Christus getan hatte, deshalb war er gestorben und dafür hatte er mich gerettet.

Das »Zeugnis« besagte: »Hiermit wird bestätigt, dass Charles Price alle seine Sünden vergeben sind … Unterzeichneter: Gott.« Dieses Zeugnis musste ich unbedingt haben, um die »Fahrkarte« zu bekommen. Überdies war das Zeugnis mit Blut geschrieben worden, denn in der Bibel hieß es: »… das Blut, das sein Sohn Jesus für uns vergossen hat, reinigt uns von jeder Schuld.« (1Joh 1,7). Mein Leben musste nun auf jeden Fall all dem Rechnung tragen, das heißt, ich sollte ein Leben führen, in dem meine Dankbarkeit zum Ausdruck kam für alles, was Christus für mich getan hatte.

Natürlich war es gerade dieses »Leben für den Herrn«, das so schwierig war, und dafür hatte ich nun die dritte Sache bekommen, einen »Katalog«. Er hatte den Titel »Bibel«. Ich stellte mir vor, Gott hätte im Himmel einen riesigen Supermarkt, alle Regale voll gestopft mit geistlichen Konsumartikeln! Außerdem gab es da noch so etwas Ähnliches wie einen Boten vom Zustelldienst, der hieß der Heilige Geist. Und so einfach funktionierte das alles: Ich musste den »Katalog« lesen und entdecken, was ich alles von Gott bekommen könnte, und dann durch Gebet meine Bestellung aufgeben, und der Heilige Geist hatte die Aufgabe, mir die verschiedenen Waren zuzustellen. So entdeckte ich zum Beispiel beim Lesen des Katalogs, dass ich »Liebe« bekommen konnte. Also betete ich und bat Gott, mir diese zu geben. Und dann stellte ich mir vor, der Heilige Geist würde jetzt mit einer Tube Liebe kommen (ich dachte an etwas Ähnliches wie eine Tube Zahnpasta) und er würde den Inhalt dieser Tube auf mein Gefühlsleben auftragen und gleichmäßig verteilen, so dass ich ganz liebevoll wurde. Eine Zeit lang schien es zu wirken und es war angenehm – solange die Wirkung anhielt. Ein anderes Mal entdeckte ich beim Bibellesen, dass ich »Freude« bekommen konnte. Und da ich mich gerade ein bisschen unglücklich fühlte, bat ich um etwas Freude und ich dachte, der Heilige Geist käme jetzt mit einer Flasche Freude (in der Art wie eine Flasche mit Badeschaum), und wenn er sie gut geschüttelt und über alle meine Gedanken und Gefühle ausgegossen hätte, dann würde ich froh! Einen besonders großen Bedarf hatte ich an Kraft und ich bat Gott inständig, er möge mir doch etwas Kraft senden, damit ich ihm dienen könnte, wie es sich gehört. Und ich stellte mir vor, der Heilige Geist würde mit einer Stange Kraft losgeschickt und er würde die blaue Zündschnur anzünden und dann zurücktreten und sich die Ohren zuhalten, während ich mit der neuen Ladung Kraft hochging – und wieder hielt die Wirkung eine Zeit lang an. Aber, wie gesagt, nichts von alledem war von Dauer und ständig musste ich beim »Supermarkt« Nachschub anfordern. Es war ermüdend und immer, immer war es so schnell wieder vorbei.

Aber nun begann ich zu sehen, dass Gott mir nicht »Dinge« gab oder mich mit geistlichen Warenartikeln verschiedenster Art überschüttete. Gott gab mir *sich selbst*. In all den »Dingen«, um die ich gebeten hatte, sollte zum Ausdruck kommen, dass Gott sein Leben in mir lebte. Die aktive Anwesenheit Gottes und sein Wirken in meinem Leben machten das Christsein erst möglich. Es ging nicht mehr länger darum, dass ich »hier unten« für einen Gott »dort oben« lebte. Sondern es ging darum, den Heiligen Geist in mir freizusetzen, damit er das Leben Jesu Christi in mir und mit mir lebte, damit er in all den alltäglichen und banalen Details des Lebens die Art und das Wesen von Jesus Christus Gestalt gewinnen ließ. Was ich dazu tun musste, war nicht, mich Gott »hinzugeben«, um für ihn zu leben. Ich musste sterben, ich musste meine Selbständigkeit, mich selbst aufgeben. Und zugleich musste ich mich darauf verlassen, »dass Gott das Wollen und das Vollbringen schafft, nach seinem Wohlgefallen«. Paulus schrieb an die Korinther: »Denn als Lebender bin ich ständig für Jesus dem Tod ausgeliefert, damit auch das Leben, *das Jesus hat*, an meinem todverfallenen Körper sichtbar wird« (2Kor 4,11).

Hingabe oder Tod?

Bei einigen traurigen Vorfällen, von denen die Bibel berichtet, geht es um die Lebensgeschichten von Menschen, die, anstatt Gott sein Werk tun zu lassen, sich selbst hingaben, um Dinge für Gott zu tun. In einigen Fällen ist die Geschichte umso trauriger, je aufrichtiger die Hingabe war. Ich möchte nur zwei Beispiele nennen, und zwar von zwei der bedeutendsten Männern des Alten Testaments.

Als Abraham das reife Alter von fünfundsiebzig erreicht hatte – seine Frau Sarah war zehn Jahre jünger als er –, gab Gott ihm ein bemerkenswertes Versprechen. Im Anblick der Sterne am Himmel und der Sandkörner am Meeresufer erfuhr er, dass seine Nachkommen ebenso zahlreich sein würden. Das einzige Problem dabei war, dass Abraham und Sara schon seit vielen Jahren verheiratet waren und dass es ihnen nicht gegeben war, auch nur ein einziges Kind zu bekommen, und die Hoffnung, dass es noch geschehen könnte, war schon lange in ihnen erstorben. Aber weil es Gott war, der ihnen dieses Versprechen gab, glaubten sie es und ganz erwartungsvoll und mit großer Freude warteten sie … und warteten … und warteten! Zehn Jahre gingen vorüber. Abraham war nun fünfundachtzig und Sara fünfundsiebzig, aber noch immer gab es kein Kind. Das war sehr peinlich für sie, es war eine Enttäuschung – es war eine Tragödie! Was sollten sie tun? Was konnten sie tun? In 1. Mose 16 ist festgehalten, wie sie sich über dieses Problem unterhielten und anschließend einen Aktionsplan entwarfen.

Abraham sollte durch die Sklavin Hagar zum Vater werden. Diese Vorgangsweise war in ihrer Kultur nicht ungebräuchlich, das erste Buch Mose berichtet von einigen Männern, die durch die Sklavinnen ihrer Ehefrauen Kinder in die Welt setzten. Von Gott wurde das natürlich nie sanktioniert, aber es passierte. Also nahm Abraham Hagar zur Nebenfrau, und sie wurde schwanger und brachte ein männliches Baby zur Welt, das sie »Ismael« nannten.

Abraham hatte aufrichtige Motive. Bevor Gott zu ihm sprach, hatte er jede Hoffnung aufgegeben, noch zu einem eigenen Kind zu kommen. Jetzt, nachdem er schon zehn Jahre lang den Klang von Gottes Versprechen in den Ohren hatte, »gab er sich hin«, um Gottes Willen zu tun. Als Hagar den Ismael empfing, geschah das nicht aus Rebellion gegen Gott, sondern aus einer Geisteshaltung des Einvernehmens mit Gott. Nicht aus Ungehorsam, sondern aus Hingabe für Gottes Plan hatten Abraham und Sara für die Möglichkeit gesorgt, dass Ismael geboren werden konnte. Aber Gott hat Ismael nicht anerkannt. Es dauerte noch weitere vierzehn Jahre nach der Geburt von Ismael, bis Sara selbst schwanger wurde und Isaak zur Welt brachte, ganze fünfundzwanzig Jahre, nachdem das Versprechen gegeben worden war. Als Gott später Abraham auf die Probe stellte und ihm auftrug, Isaak zu opfern, da sprach er von Isaak als »dein einziger Sohn« (1Mose 22,2). Gott hat Ismael nicht anerkannt und genauso wenig anerkennt er unsere Bemühungen um seine Angelegenheiten, ganz egal, wie ernsthaft wir sie betreiben. Er lädt uns ein, Kanäle zu sein, durch die er wirkt, aber er will nicht, dass wir sein Wirken ersetzen. Ismael war von Abraham gewollt. Isaak war von Gott geschaffen. Ismaels Geburt konnte erklärt werden mit dem, was Abraham sich ausgedacht, geplant und durchgeführt hatte. Isaaks Geburt konnte nur durch das Eingreifen und Handeln Gottes erklärt werden. Es ist so fantastisch befreiend, wenn man sich mit den Ansprüchen Gottes auseinander setzt und mit Gottes Versprechungen und wenn man dann erkennt, dass er selbst die einzige Möglichkeit ist, um beides zu erfüllen. Das bedeutet aber nicht, dass wir einfach eine passive Haltung einnehmen, wie wir später noch sehen werden. Der Auftrag an uns – »Arbeitet an euch selbst mit Furcht und Zittern, damit ihr gerettet werdet« – gilt unter der Voraussetzung, »dass Gott selbst in euch bewirkt nicht nur das Wollen, sondern auch das Vollbringen, so wie es ihm gefällt« (Phil 2,12–13).

Mose wurde sich im Alter von vierzig Jahren über seine Bestimmung klar. Als ein Sohn hebräischer Sklaven war er im ägyptischen Königspalast erzogen worden und hatte alle Privilegien einer königlichen Abstammung genossen, seit dem denkwürdigen Tag, an dem er – als Baby, im Schilfrohr versteckt, um dem Massaker an männlichen hebräischen Babys zu entgehen – von der Tochter des Pharao entdeckt und als ihr Kind angenommen worden war.

Im Alter von vierzig Jahren wurde ihm seine wahre Identität und das furchtbare Elend der hebräischen Sklaven bewusst und ebenso, »dass Gott sie durch ihn befreien wollte« (Apg 7,25). Also gab er sich hin, um den Willen Gottes zu tun. Seine Motive waren gut, seine Aufrichtigkeit stand außer Zweifel, aber was er dann tat, war verheerend. Er wollte ausführen, was er als Gottes Willen erkannt hatte: sein Volk befreien. Also zog er los und als er sah, wie ein Ägypter einen hebräischen Fronarbeiter misshandelte und schlug, da beschloss Mose zu handeln. Er spähte nach links und nach rechts und als er dachte, keiner würde es bemerken, überfiel er den Ägypter, tötete ihn und verscharrte ihn im Sand. Aber er war doch gesehen worden und die Nachricht von dem, was er getan hatte, machte schnell die Runde. Als Pharao davon erfuhr, »wollte er Mose töten lassen« (2Mose 2,15). Mose flüchtete, kam in die Wüste Midian und blieb dort für die nächsten vierzig Jahre. Seine Träume von der Befreiung der hebräischen Sklaven lagen in Trümmern und doch war er sicher gewesen, »dass Gott sie durch ihn befreien wollte«.

Wie Abraham vor ihm, hatte Mose Gott nur seine Hingabe angeboten. Mose wollte für Gott arbeiten und Gott sollte dabei die Rolle des Zuschauers übernehmen.

Mose war achtzig Jahre alt geworden, bevor Gott die Trümmer seines Lebens zusammensuchen und anfangen konnte, daraus etwas zu machen. Als Gott ihm im brennenden Dornbusch begegnete, ungefähr vierzig Jahre nachdem Mose aus Ägypten geflohen war, da war es ein anderer Mose, mit dem er hier verhandelte. Von seinen eigenen Fähigkeiten und Möglichkeiten erwartete er nichts mehr, nachdem er so tapfer und edel in den Kampf gezogen war und so elend versagt hatte. Dementsprechend reagierte er auf Gottes Ruf, zurückzugehen und sein Volk zu befreien, zu allererst mit einer Frage: »Wer bin ich denn! Wie kann ich zum Pharao gehen und das Volk Israel aus Ägypten herausführen?« (2Mose 3,11) Hätte er diese Frage doch nur vierzig Jahre früher gestellt! Damals war er ja überzeugt gewesen: »Ich bin der Richtige für diesen Job.« Gottes Antwort auf die Frage des Mose war, sie einfach zu ignorieren, denn »Wer bin ich?« ist nie der Punkt, um den es geht. Er antwortete: »Ich werde dir beistehen« (V.12); denn *das* ist der Punkt, um den es geht! Die Voraussetzungen, die nötig waren, um die geforderte Aufgabe zu erfüllen, waren nicht abhängig davon, wer Moses war, sondern davon, wer Gott war! Tatsächlich reagierte Moses als Nächstes mit der Frage: »Wer bist du?« Haben Sie sich schon einmal die Zeit genommen, um Gott diese Frage zu stellen und haben Sie gehört, wirklich gehört, was er darauf antwortet? Gott sagte zu Moses: »Ich bin da« und er fügte hinzu: »Sag zum Volk Israel, »der Ich-bin-da hat mich zu euch geschickt« (2Mose 3,14). Gott gab sich zu erkennen als der Ewig–Gegenwärtige. Nicht ein Gott, der bei dem brennenden Busch *war* und dort seine Anweisungen gab. Nicht ein Gott, der am endgültigen Bestimmungsort, im verheißenen Land, *sein wird*. Sondern ein Gott, der *ist*, der an jedem Zeitpunkt in der Gegenwart unseres Lebens am Wirken ist und will, dass wir mit ihm rechnen und uns auf ihn verlassen.

Dieses Prinzip hat fundamentale Bedeutung für das christliche Leben. Gott hat nicht nur am Kreuz gehandelt, so dass uns nichts bliebe als dankbar zurückzublicken auf das, was er damals getan hat. Gott tut jetzt etwas, und das ist nicht nur einfach warten, bis er uns einmal im Himmel in Empfang nehmen kann. Er hat vielmehr die Absicht, in Ihrer Jetztzeit, die Sie gerade erleben, aktiv zu werden, und zwar in jedem Lebensbereich. Paulus schrieb: »Treu ist er, der euch ruft, er wird's auch tun« (1Thess 5,24) denn wenn er uns zu einer Aufgabe beruft, dann nicht, damit wir sie für ihn erfüllen, sondern damit wir zu dem Mittel werden, durch die *er* sie erfüllt! Mose erfuhr, wie dieses Prinzip funktioniert. Nachdem seine Verhandlungen um die Freilassung der Kinder Israel dank mehrfacher Interventionen Gottes zu einem positiven Abschluss gekommen waren, brachen sie endlich auf, um in das verheißene Land Kanaan auszuwandern. Alles war bestens. Nach vierhundert Jahren in der Sklaverei erlebten die Angehörigen dieser Nation nun eine Freiheit und Würde, für die ihnen schon jedes Empfinden verloren gegangen war. Sie segelten mit dem Wind, einer neuen, glorreichen Bestimmung entgegen, und Gott selbst kümmerte sich um ihre Angelegenheiten. Aber für viele von ihnen war die Jubelstimmung nur von kurzer Dauer. Nach nicht allzu langer Zeit befand sich das wandernde Volk – 600 000 Männer, plus Frauen und Kinder – am Ufer des Roten Meeres. So weit hatte Mose sie geführt, aber nun konnten sie nicht hinüber. Das Meer war zu breit, um eine Brücke darüber zu schlagen, zu tief, um hindurchzuwaten, und erstreckte sich zu weit, um darum herumzugehen. Einige der Leute begannen zu murren und zu klagen. Dabei warfen sie einen Blick zurück über ihre Schultern und da sahen sie hinter sich am Horizont eine Staubwolke und in dem Staub die Umrisse der ägyptischen Armee! Pharao hatte es sich anders überlegt; nachdem er sie nur gezwungenermaßen hatte ziehen lassen, kam er ihnen nun nach, um sie einzukesseln und erneut als Sklaven nach Ägypten zu verschleppen. Vor sich das Rote Meer, das sie unmöglich überqueren konnten, hinter sich eine strategisch hoch entwickelte Armee, der sie unmöglich Widerstand leisten konnten; da wurden die Leute von nackter Angst gepackt. War das eine Falle? War Mose aufseiten der Ägypter? Gab es denn keine Gräber in Ägypten, waren sie denn nur hierher gebracht worden, um am Ufer des Roten Meeres zu sterben? Entsetzen, Panik und Verwirrung herrschten im Lager.

Wie sollte Mose reagieren? Wie hätten Sie unter solchen Umständen reagiert? Mose antwortete ihnen: »Habt keine Angst! Wartet ab und seht zu, wie der Herr euch heute retten wird … Der Herr wird für euch kämpfen; ihr selbst braucht gar nichts zu tun« (2Mose 14,13–14). Wie konnte Mose so sprechen? Angesichts dieser Situation, in der sie bestenfalls in die Sklaverei zurückkehren, schlimmstenfalls aber ausgerottet werden würden, war es doch verantwortungslos, nichts anderes zu unternehmen als einfach anzukündigen »Der Herr wird für euch kämpfen.« Mose, hör bloß auf, in dieser Sache geistlich zu sein – werden einige gedacht haben –, du musst jetzt etwas unternehmen. Sei praktisch!« Meiner Meinung nach hat Mose wohl Folgendes gebetet: Herr, wir haben ein großes Problem! Wir haben das Rote Meer vor uns, und wir können nicht hinüber. Wir haben die ägyptische Armee hinter uns und können uns unmöglich gegen sie verteidigen. Im Volk ist Panik ausgebrochen und ich habe keine Ahnung, was ich tun soll. Aber an eines möchte ich dich erinnern: Es war nicht meine Idee, hierher zu kommen, sondern deine! Du hast mich bei dem brennenden Busch berufen und ich hab dir gesagt, dass ich es nicht schaffe, aber du hast gesagt, du würdest bei mir sein. Außerdem hast du gesagt, dass wir nach Kanaan gehen und da wir hier nicht in Kanaan sind, kann ich mir nicht vorstellen, dass wir hier am Ufer des Roten Meeres sterben, denn immer, wenn du etwas sagst, dann meinst du es auch so. Also, ich weiß zwar nicht, wie wir hier herauskommen sollen, aber du weißt es! Es ist deine Verantwortung, und ich vertraue dir. Also, danke schön. Amen. Dann konnte er sich zu der Menge wenden und sagen: »Der Herr wird für euch kämpfen.« Und ganz für sich hat er vielleicht leise hinzugefügt: »Aber fragt mich bitte nicht, wie! Denn ich weiß es nicht!« Sehen Sie den Unterschied zwischen dem Verhalten des Mose hier und seinerzeit, als er vierzig war? Damals gab er sich hin, um sein Volk zu befreien.

Jetzt ist er gestorben für seine eigenen Methoden und seine eigene Planung und er vertraut darauf, dass der, der ihn gerufen hat, es auch tun wird. Sie erinnern sich sicher, wie dann Gott das Rote Meer teilte und das erste Problem benutzte, um das zweite zum Verschwinden zu bringen, indem die ägyptische Armee in Roten Meer ertrank, während die Israeliten auf trockenem Boden durchgingen. Gott kümmerte sich um ihre Angelegenheiten – und wie! Gott erkämpfte die Siege! Gott war aktiv!

Das ist das Eigentliche an allen christlichen Aktivitäten und am christlichen Leben überhaupt. Und genau dieser Aspekt hat mir in meinen ersten Jahren als Christ in meiner Vorstellung vom Christsein gefehlt. Ich verstand die Anweisung nicht, »...lasst uns ... aufsehen zu Jesus, dem Anfänger und Vollender des Glaubens« (Hebr 12,2). Ich wusste, dass Christus der »Anfänger« war, denn er hatte mich befähigt, ein Christ zu werden, aber ich wusste nicht, dass er der »Vollender«, oder, wie es in anderen Übersetzungen heißt, der »Beender« unseres Glaubens ist. Nachdem ich ihn hatte beginnen lassen, glaubte ich, es wäre meine Sache, es zu Ende zu bringen! Ich kannte den Vers nicht, der sagt: »Gott wird das gute Werk, das er bei euch angefangen hat, auch vollenden bis zu dem Tag, an dem Jesus Christus kommt« (Phil 1,6). Natürlich hatte Christus das gute Werk begonnen, aber dann versuchte ich, es zu vollenden. Ich hatte nicht gehört, dass es heißt »Wie ihr nun den Herrn angenommen habt, so lebt auch in ihm« (Kol 2,6) und dass die Voraussetzungen, unter denen ich mein Leben in ihm führen konnte, dieselben waren, unter denen ich ihn angenommen hatte, nämlich Reue und Glauben. Eigentlich wimmelt es in der Bibel von Versen und Aussagen, die ich lange Zeit nicht wirklich hatte verstehen können, in denen Christus das Leben und die Voraussetzung für wirklich geistliches Verhalten genannt wird.

Genau aus diesem Grund ist das Christentum viel mehr als nur einfach eine Religion unter vielen, viel mehr auch als ein bloßes Wunschdenken und viel mehr als ein endloser Kampf mein Leben nach einem moralischen Standard zu leben, den ich wenn ich ehrlich bin, als nicht menschenmöglich erkennen muss! Christsein ist nicht eine Flucht vor der Realität, sondern ein Sprung in die Realität, wenn wir beginnen, das Leben nach den Prinzipien zu leben, die Gott dafür vorgesehen hat, und wenn wir entdecken, wie wir die Männer und Frauen sein können, als welche Gott uns geschaffen hat.

Wir wollen jedoch an dieser Stelle keine voreiligen Schlüsse ziehen. Das Neue Testament fordert seine Leser auf: »Seid immer bereit, Rede und Antwort zu stehen, wenn jemand fragt, warum ihr so von Hoffnung erfüllt seid« (1Petr 3,15). Man kann »die Hoffnung« geben und erklären, *was* wahr ist, aber es kann sein, dass man dabei nicht weiß, was »der Grund für die Hoffnung« ist , und nicht erklären kann, *warum* es wahr ist! Es kann schon sehr spannend sein, davon zu reden, dass Gott tatsächlich in unserem Leben anwesend ist und handelt, aber wir müssen auch verstehen, *warum* und *wie* das sein kann, wenn wir diese Tatsache mit all ihren Möglichkeiten voll ausschöpfen wollen.

Arbeitsblätter

Kapitel 1:
Sie sind Christ geworden - jetzt seien Sie einer!

Erfahrungen mit dem Christsein.
Ab Seite 7 nennt Charles Price einige solcher Erfahrungen:
- Christus ist lebendig
- Christus hat die Kraft, dem Leben Sinn zu geben
- Christus gibt neue Lebensqualität
- »Ich wußte, dass Gott jetzt zu mir sprach, und dass ich antworten musste.«
- Haben Sie ähnliche oder andere Erfahrungen gemacht?
- ....
....
....

»Mein Christsein funktionierte nicht« (Seite 8)
- Was beschreibt Charles Price als Ursache für seine Frustration? (S. 8–10)
- ....
....
....

Wie steht Gott zu unseren »hingebungsvollen Bemühungen«?
- Nehmen Sie Stellung zu den beiden biblischen Beispielen von den Seiten 13–16
- ....
....
....

Mit welchem Namen gibt Gott sich Mose zu erkennen - wie wirkt sich das auf unser Christsein aus? (Seite 16)

•   ....

....

....

Auf Seite 18 stellt der Autor sich vor, was Mose am Ufer des Roten Meeres gebetet haben könnte. Können Sie sich ein ähnliches Gebet für eine Situation aus Ihrem Leben vorstellen?

•   ....

....

....

»Christsein ist nicht Flucht vor der Realität, sondern ein Sprung in die Realität« (Seite 20)

•   Wie begründet Charles Price diesen Satz?

•   ....

....

....

Zu gar nichts gut

Bevor wir uns damit auseinander setzen, worum es beim Christsein eigentlich geht, müssen wir unbedingt überlegen, wozu Christsein eigentlich gedacht ist. Es reicht nicht, wenn wir fragen »Was ist ein Christ?«, sondern wir müssen fragen »Wozu ein Christ sein?« Wenn wir verstanden haben, *wozu* wir Christen sein sollen, können wir uns viel besser freuen und dankbar dafür sein, dass wir tatsächlich die Möglichkeit haben, Christen zu sein. Viele Menschen begnügen sich mit einer kümmerlichen Gotteserfahrung, weil sie sich nie bemüht haben herauszufinden, was Gott eigentlich mit ihnen vorhat; daher erwarten sie auch nicht viel. Unsere Erfahrungen gehen selten über unsere Erwartungen hinaus. Wenn wir nicht mehr erwarten, als dass uns in der Vergangenheit unsere Sünden vergeben worden sind und dass wir in der Zukunft die Aussicht haben, in den Himmel zu kommen, dann brauchen wir uns nicht zu wundern, wenn unser christliches Leben – die Zeitspanne zwischen Vergangenheit und Zukunft – voll von Frustrationen bleibt.

Gott hat nie seine Absichten mit den Menschen geändert. Er hat am Anfang der Zeit die Menschen aus genau demselben Grund geschaffen, aus dem er heute noch die Menschheit weiterbestehen lässt. Die erste klare Aussage Gottes über den Menschen, die in der Bibel überliefert ist, lautet: »Nun wollen wir Menschen machen, ein Abbild von uns, das uns ähnlich ist …« (1Mose 1,26). Diese Feststellung, so einfach sie klingt, begründet die letzte Bestimmung des Menschen, von hier bezieht er seine Würde, seinen Sinn, seine Existenzberechtigung. Natürlich sind Gottebenbildlichkeit und Gottähnlichkeit nicht körperlich zu verstehen, denn Gott ist kein körperliches Wesen. Johannes schreibt: »Kein Mensch hat Gott jemals gesehen …« (Joh 1,18) und Jesus erklärte, »Gott ist ganz anders als diese

Welt. Er ist machtvoller Geist« (Joh 4,24). Er hat keinen Körper wie wir und wenn in der Bibel von Gottes »Ohren« die Rede ist oder von einem »Arm« oder von seinen »Augen«, dann ist das eine bildhafte Ausdrucksweise, die nicht in dem Sinne verstanden werden soll, als wäre Gott in seinem Wirken auf die Begrenzungen eines materiellen Körpers beschränkt. Die »Ebenbildlichkeit« ist daher nicht körperlich gemeint, sondern moralisch. Das heißt, dass in den moralischen Qualitäten des Menschen die moralischen Qualitäten Gottes zum Ausdruck kommen sollten. Der Charakter des Menschen, seine Verhaltensmuster, seine Bestrebungen wurden entworfen als Abbild von Gottes Charakter, Gottes Verhaltensmustern, Gottes Bestrebungen. Die Funktion, für die der Mensch geschaffen wurde, bestand also darin, dass man an seinen Handlungen – an der Art, wie er seine täglichen Arbeiten verrichtete, wie er als Ehemann und Vater für seine Familie sorgte, wie eine Mutter ihre Kinder großzog, wie Arbeitgeber ihre Angestellten behandelten und Angestellte ihre Arbeitgeber respektierten und sich für sie einsetzten, wie jemand sein Geld und seine Zeit einteilte, wie man mit seinen Nachbarn redete (und wie man *über* sie redete) – dass man an alledem also sehen können sollte, wie Gott war. Gottes Charakter in all seiner Schönheit und liebevollen Güte sollte im Leben und im Benehmen derer sichtbar werden, die geschaffen worden waren, um sein »Abbild« zu sein. Der Mensch war dazu gedacht, eine Offenbarung Gottes zu sein und zwar nicht nur durch sein Reden, sondern durch sein ganzes Dasein.

Allerdings ist da ganz offensichtlich etwas schief gegangen! Angenommen, Sie oder ich kämen heute als Außerirdische in diesen Winkel des Universums, in dem sich unsere Erde befindet, und wir wüssten nichts über die Erde, außer der Tatsache, dass Gott hier ein Geschöpf namens »Mensch« angesiedelt habe, das nach dem Ebenbild Gottes gemacht worden war – wir wären wohl äußerst unangenehm überrascht, wenn nicht schockiert! Möglicherweise wären wir ja sehr daran interessiert gewesen, herauszufinden, wie Gott ist, und so hätten wir uns mit großen Erwartungen an die Beobachtung der Gattung »Mensch«

gemacht. Wir würden zu Recht annehmen: Wenn wir eine Zeit lang den Menschen zusehen könnten, wenn wir ihre Wohnungen besuchen, durch ihre Straßen gehen, ihre Fernsehsendungen sehen könnten, dann würden wir entdecken, wie Gott ist, weil ja der Mensch als Abbild Gottes gemacht wurde. Doch im Zuge unserer sorgfältigen Beobachtungen wären wir wahrscheinlich bald immer mehr entsetzt! Wenn das verdeutlichen soll, wie Gott ist, dann hätten wir lieber gar nichts davon gewusst! Wir würden zu dem Schluss kommen: Gott ist gierig. Er ist oft voll Hass, Neid und Eifersucht. Manchmal vergewaltigt er, er tötet, stiehlt und prügelt sich. Er ist eingebildet, rassistisch, und im Übrigen scheint er immer und ausschließlich mit sich selbst beschäftigt zu sein. Aber warum das alles? Warum ist das Bild so verzerrt? Warum hat der Mensch so sehr seine ihm zugedachte Würde verloren? Warum führen sein Lebensstil und seine Verhaltensmuster zu so gänzlich unrichtigen Annahmen über Gott? Irgendwann, irgendwo muss da etwas schief gegangen sein, und zwar auf tragische Weise. Wenn es die Bestimmung des Menschen war, Gottähnlichkeit auszudrücken, dann ist seine Fähigkeit dazu offensichtlich verloren gegangen. Das trifft auf Sie genauso zu wie auf mich. Gerade der Bestandteil unserer Persönlichkeit, durch den andere im Zusammenleben mit uns auf Gott aufmerksam werden könnten – dieser Bestandteil fehlt.

Dem Leben aus Gott entfremdet

Der fehlende Bestandteil ist *Gott selbst*. Der Mensch wurde von Gott nicht so geschaffen, dass er seine Bestimmung unabhängig von Gott erfüllen könnte. Der Mensch sollte vielmehr von Gott bewohnt werden und gerade die Gegenwart und das Leben Gottes sollten ihn zu seiner Bestimmung befähigen. Der Apostel Paulus stellt eine Diagnose über den gegenwärtigen Zustand der Menschen, indem er sie beschreibt wie folgt: »Ihr Verstand ist verdunkelt und sie haben keinen Zugang mehr zum wahren Leben, zu Gott« (Eph 4,18). Davor schreibt er an die,

die Christen geworden sind: »In der Vergangenheit wart ihr tot, denn ihr wart Gott ungehorsam und habt gesündigt. Ihr habt nach Art dieser Welt gelebt ...« (Eph 2,1–2). Obwohl sie physisch lebendig gewesen waren, sagt er, dass sie »tot« gewesen seien, denn es ist das geistliche Leben – was nichts weniger ist als das Leben aus Gott – das den Menschen in die Lage versetzt, seine Bestimmung zu erfüllen.

Im Garten Eden hatte Gott zu Adam gesagt: »Du darfst von allen Bäumen des Gartens essen, nur nicht von dem Baum, dessen Früchte Wissen geben. Sonst musst du sterben.« (1Mose 2,16–17). Hier war nicht vom physischen Tod die Rede. Aber der Akt des Ungehorsams würde dazu führen, dass Gottes Leben für den Menschen nicht mehr erfahrbar wäre und somit wäre er geistlich tot, obwohl er physisch weiterleben konnte. Diesen geistlichen Tod bezeichnete Paulus als »Lohn, den die Sünde zahlt« (Röm 6,23) und dieser Lohn wurde im Garten Eden ausbezahlt, als der Mensch sich für den Ungehorsam und gegen den Gehorsam, für die Unabhängigkeit und gegen die Abhängigkeit von Gott entschied. Als Folge davon ergibt sich die Tatsache: »Alle Menschen gehören zu Adam, darum müssen sie sterben« (1Kor 15,22). Die ganze menschliche Rasse starb in Adam, und alle, die jemals geboren wurden, wurden im Zustand des geistlichen Todes geboren. Es ist nicht korrekt, wenn man heute sagt, dass jemand *wegen* seiner Sünde sterben muss, als ginge es dabei um etwas, was in der Zukunft eintreten wird. Wahr ist vielmehr, dass der Tod *wegen* der Sünde in Adam stattgefunden hat. Darum können wir *in* Sünde sterben, aber nicht mehr *wegen* der Sünde. Das heißt, wir können in unserem Zustand der Entfremdung von Gott verharren und unter der Folge davon in alle Ewigkeit leiden. Es gibt eine einzige Alternative dazu und die ist sehr einfach: Statt tot zu bleiben, können wir lebendig werden! Genau dazu lädt uns das Evangelium ein, wie wir noch sehen werden. Die Einladung des Evangeliums heißt, Tod gegen Leben einzutauschen und, als Resultat daraus, Sünde gegen Rechtschaffenheit.

Begabung und Fähigkeit

Das Problem des Menschen besteht also darin, dass er dem Leben aus Gott entfremdet ist. Deshalb ist zwar seine Begabung, nach Gottes Willen zu leben, potentiell erhalten geblieben, aber er hat die Fähigkeit verloren, dieses Potential umzusetzen. Er lehnt das Böse ab und hat Sehnsucht nach dem Guten – das beweist seine potentielle Begabung zu einem Leben nach Gottes Willen. Aber er versagt, wieder und wieder, wenn er seine guten Vorsätze ausführen will – er hat die Fähigkeit verloren, sein Potential zum Guten umzusetzen.

Im Römerbrief hat der Apostel Paulus den Konflikt zwischen der *Begabung zum Guten* und der konkreten *Fähigkeit*, das Gute zu tun, ehrlich zur Sprache gebracht. »Wir sind uns nicht im Klaren darüber, was wir anrichten. Wir tun nämlich nicht, was wir eigentlich wollen, sondern das, was wir verabscheuen« (Röm 7,15).

Es gibt Dinge im Leben, so sagt er, von denen ich weiß, dass sie richtig sind, und ich will sie tun. Aber ich tue sie nicht! Und es gibt Dinge im Leben, von denen ich weiß, dass sie falsch sind, und ich bin entschlossen, sie nicht zu tun. Aber ich tue sie! Was ich tun will, steht im Widerspruch zu dem, was ich tue. Darin besteht das Problem. Tief in meinem Herzen glaube ich an das Gute, und ich möchte es so gern verwirklichen, aber meine potentielle Begabung zum Guten scheitert an meinem Unvermögen, das Gute zu realisieren – das lässt mich immer wieder scheitern. Ich bin doch als Abbild Gottes und gottähnlich geschaffen und diese Möglichkeit, das Potential, das Wissen um meine Bestimmung sind in meinem Wesen noch latent vorhanden, aber anscheinend völlig losgelöst von der Fähigkeit, sie real auszuleben. Die potentielle Begabung zum Guten motiviert und inspiriert mich, dass ich immer wieder versuche, das zu tun und zu leben, was recht ist. Aber gerade die potentielle Begabung zum Guten wird mir auch zum Verhängnis, denn sie bewirkt, dass mir mein Versagen und meine Schuld bewusst werden.

Vor einiger Zeit verbrachte ich ein paar Tage in einer Jugendstrafanstalt im Südwesten von England (nur als Besucher!). Ich leitete damals eine Tagung in einer benachbarten Gemeinde und ich war eingeladen worden, während der ganzen Woche jeden Nachmittag die Insassen dieser Strafanstalt zu besuchen. Ich kam meistens rechtzeitig zum Mittagessen dorthin und im Anschluss daran wurde ich immer zu einer Gruppe von jeweils an die dreißig Burschen geführt, im Alter zwischen vierzehn und sechzehn, mit denen ich dann die folgende Stunde verbrachte. Es war geplant, dass ich im Verlauf der Woche Gelegenheit haben sollte, mit allen hundertfünfzig Insassen der Haftanstalt zu sprechen. An einem Nachmittag hatten wir gerade ein sehr konstruktives Gespräch darüber, was wir uns am meisten im Leben wünschten und was wir tun könnten, um das, was wir wünschten, auch zu erreichen. Ich hatte auf einer Tafel einiges aufgeschrieben, von dem sie gesagt hatten, es würde ihr Leben glücklich und sinnvoll machen, und wir diskutierten gerade darüber, als einer der Burschen plötzlich eine sehr interessante Bemerkung machte. »Mein größtes Problem bin ich selbst«, sagte er, »und solange ich mit diesem Problem nicht klarkomme, wird alles andere auch nicht funktionieren«. Er erzählte dann, dass er schon zum dritten Mal in dieser Strafanstalt war, aber nicht, weil es ihm hier so gut gefiel (er beschrieb uns anschaulich und völlig überzeugend, wie sehr er es hasste und warum er es hasste, dort zu sein!). »Jedes Mal, wenn ich hierher gekommen bin«, sagte er weiter, »dann ist vorher etwas passiert – es war immer dasselbe: Ich konnte mich selbst nicht daran hindern, etwas zu tun, von dem ich wusste, dass es falsch war, und ganz tief in mir drinnen wollte ich es auch nicht tun; ich wusste, wenn ich es tue, würde ich mich selbst dafür hassen, aber dann hab ich es doch getan. Bevor ich mich selbst nicht in den Griff bekomme, kann auch sonst nichts in meinem Leben besser werden.«

Ich fragte die Übrigen aus der Gruppe, wie viele von ihnen sich mit dieser Aussage identifizieren könnten, wie viele von ihnen zustimmen würden, dass ihr größtes Problem sie selbst wären. Die Mehrheit antwortete mit Ja. Und ich selber weiß genau, wovon dieser Bursche geredet hat, und Sie wissen es auch. Die potentielle Begabung und die Sehnsucht, das Rechte zu tun, die sind bei uns allen vorhanden. Nicht vorhanden ist die Fähigkeit, es auch zu tun. Sie haben genau dasselbe Problem, und das hat Folgen für Ihr Leben, auch wenn Sie nie in einer Jugendstrafanstalt waren. Es ist genau wie mit einer Glühbirne, die nicht an die Energiequelle angeschlossen ist. Auch sie behält die potentielle Begabung zu brennen und Licht zu verbreiten, aber sie kann diese Begabung nicht umsetzen. Eine Glühbirne soll das Licht von der Energiequelle auf ihre Umgebung übertragen. Um selbst Licht zu produzieren, ist sie ebenso wenig geeignet wie eine Rübe! Und genauso ist es mit jedem menschlichen Wesen, das in Trennung von Gott lebt. Paulus hat es so formuliert: »Wir bringen es zwar fertig, uns das Gute vorzunehmen; aber wir sind zu schwach, es auszuführen« (Röm 7,18).

Das ist das eigentliche Wesen der Sünde. Das Wort »Sünde« bedeutet »das Ziel verfehlen«. Früher einmal wurde dieser Ausdruck beim Bogenschießen verwendet. Der Schütze visierte die Zielscheibe an, schoss den Pfeil ab und wenn er das Ziel verfehlte, nannte man das »Sünde«. Dabei war es gleichgültig, ob er nur um ein paar Millimeter danebengetroffen hatte, um ein paar Zentimeter oder um einen halben Kilometer! Das Ziel überhaupt verfehlt zu haben, war Sünde. Darum ist es nebensächlich, wie tief wir unter Gottes Standard liegen. Ausschlaggebend ist, dass wir Gottes Standard nicht erreichen, egal ob nun wenig fehlt oder viel. Deshalb schreibt Jakobus: »Denn wer das gesamte Gesetz befolgt, aber gegen ein einziges Gebot verstößt, hat gegen alle verstoßen und ist vor dem ganzen Gesetz schuldig geworden« (Jak 2,10). Egal, ob Sie einen Bus um eine Minute, eine Stunde oder einen Tag verpassen, das Ergebnis ist immer dasselbe: Sie haben den Bus verpasst! Ob Ihr Pfeil die Zielscheibe – Gott – um wenig verfehlt oder um viel, das Ergebnis ist dasselbe: Sie haben danebengetroffen. Sünde ist nicht in erster Linie ein Maßstab dafür, wie schlecht wir sind, sondern Sünde macht deutlich, wie gut wir *nicht* sind. Wir haben das Ziel verfehlt.

Wenn Sünde bedeutet, ein Ziel zu verfehlen, haben wir nur dann die Möglichkeit, Sünde zu erkennen, wenn wir auch das Ziel erkennen, auf das hin wir konzipiert sind. Ohne ein Ziel gibt es nichts zu treffen und nichts zu verfehlen. Wenn wir nicht wissen, was wir treffen sollen, wissen wir auch nicht, ob wir danebengetroffen haben, und deshalb können wir nur dann wie intelligente Menschen von Sünde reden, wenn uns das Ziel bewusst ist. Sonst wird aus Sünde irgendeine unbestimmte Vorstellung, über die jeder seine eigene Meinung – und über die man auch Meinungsverschiedenheiten haben kann. Die Bibel beschreibt das Ziel: »Alle sind schuldig geworden und haben den Anteil an Gottes Herrlichkeit verloren« (Röm 3,23). Das Ziel, das die Sünde verfehlt – der Standard, nach dem »gut« und »böse« definiert werden, das ist »die Herrlichkeit Gottes«. Daher müssen wir fragen: »Was ist die Herrlichkeit Gottes?«. Denn nur, wenn wir das Ziel verstehen, werden wir die Sünde verstehen.

Die Herrlichkeit Gottes

Der Begriff »Herrlichkeit Gottes« wird in der Bibel in einigen verschiedenen Bedeutungsnuancen verwendet. Aber abgesehen von der speziellen Bedeutung im jeweiligen Kontext meint dieser Ausdruck grundsätzlich »das Wesen und die Taten Gottes, in denen er selbst in Erscheinung tritt. Was er essentiell ist und tut.« (W. E. Vine Expository Dictionary of New Testament Words). Also ist »die Herrlichkeit Gottes« Gottes Charakter und somit ist Gottes Charakter das Ziel, das wir erreichen sollen. Das stimmt sehr gut überein mit unseren vorangegangenen Überlegungen, dass der Mensch ursprünglich dafür geschaffen wurde, den Charakter Gottes zum Ausdruck zu bringen. Über diese Gottebenbildlichkeit haben wir uns im vorigen Abschnitt Gedanken gemacht. Unsere Sünde bedeutet nichts anderes, als dass wir daran scheitern, das zu vollführen, wofür wir eigentlich geschaffen wurden. Das Gute ist nicht eine Vorstellung, die man willkürlich festsetzen könnte, je nachdem, was jeder Einzelne von uns für »gut« oder »böse« erklärt. In diesem Zusammenhang gibt es keine Gleichberechtigung und keine Meinungsfreiheit. »Gut« und »böse« sind auch keine gesellschaftlichen Größen, die durch Mehrheitsbeschluss festgelegt werden könnten. Jesus erklärte, was »gut« ist, als ein reicher junger Mann zu ihm sagte: »Guter Lehrer …, was muss ich tun, um das ewige Leben zu bekommen?« »Warum nennst du mich gut?« antwortete Jesus. »Nur einer ist gut – Gott!« (Mk 10,17–18). Das Gute ist etwas Absolutes und das ist Gottes Charakter. Gut ist etwas nur dann, wenn es übereinstimmt mit dem, was Gott ist, und umgekehrt ist etwas nur dann böse, wenn es zu dem, was Gott ist, im Widerspruch steht. »Gottes Herrlichkeit« ist das Ziel, von dem aus Sünde bestimmt wird, und deshalb gibt es nur eine Möglichkeit, wie ich das Problem in den Griff bekommen kann. Ich muss herausfinden, wie ich so sein kann, wie Gott mich geschaffen hat. Wie also kann die Herrlichkeit Gottes für den Menschen wieder erfahrbar werden? Dazu müssen wir den vollkommenen Menschen betrachten.

Der vollkommene Mensch

Im Gegensatz zum Scheitern der gesamten Menschheit war Jesus gerade deshalb der vollkommene Mensch, weil er nie das Ziel verfehlte, sondern immer traf. Johannes schreibt von ihm: »Er, das Wort, wurde ein Mensch, ein wirklicher Mensch von Fleisch und Blut. Er lebte unter uns, und wir sahen seine Macht und Hoheit, die göttliche Hoheit, die ihm der Vater gegeben hat, ihm, seinem einzigen Sohn. Gottes ganze Güte und Treue ist uns in ihm begegnet« (Joh 1,14). In den Jahren, in denen er Jesus von Nazareth beobachtete, sah Johannes die »Herrlichkeit«, die wir anderen alle nicht erreicht haben. Das soll nicht heißen, dass hinter dem Kopf von Jesus immer irgendeine hell leuchtende Scheibe sichtbar war (so wie einige Künstler das dargestellt haben). Aber aus dem Verhalten von Jesus konnte man den Charakter Gottes erkennen. Wenn er in der Tischlerwerkstatt in Nazareth arbeitete, wenn er seinen Platz in der Familie von Joseph und Maria ausfüllte, wenn er mit seinen Freunden auf der Gasse spielte, wenn er öffentlich als Rabbi auftrat und sich dabei gerade den asozialen Elementen der Gesellschaft zuwandte, mit denen sich sonst niemand befassen wollte; wenn er Aussätzige berührte, die schon seit Jahren keine menschliche Berührung mehr erlebt hatten, wenn er Kranken die Hände auflegte, wenn er unmoralische Personen hautnah an sich heranließ, Diebe und Betrüger, mit denen religiöse und auf ihren Ruf bedachte Zeitgenossen jede Berührung peinlichst vermieden – in all dem wurde Gott offenbart. Durch alles, was Jesus tat, was er sagte und wie er es sagte, entstand in jedem Moment ein ganz einheitliches und deutliches Bild von dem, wie Gott war. Deshalb konnte Johannes im weiteren auch schreiben: »Kein Mensch hat Gott jemals gesehen. Nur der Eine, der selbst Gott ist und mit dem Vater in engster Gemeinschaft steht, hat uns gesagt und gezeigt, wer Gott ist« (Joh 1,18). Physisch kann man Gott nicht sehen, aber Gottes Charakter ist durch das Leben von Jesus bekannt gemacht worden. Der Verfasser des Briefes an die Hebräer erklärt, wie Gott »durch seinen Sohn zu uns gesprochen hat« und fährt dann fort: »Die ganze Herrlichkeit Gottes leuchtet in ihm auf; in ihm hat Gott sein innerstes Wesen sichtbar gemacht...« (Hebr 1,3). An der Ausstrahlung des Sohnes erkennt man, wer Gott ist. Am Verhalten des Sohnes erkennt man, was Gott tut.

Der Herr Jesus Christus hat also noch eine weitere einzigartige Bedeutung, abgesehen von dem, was er am Kreuz getan hat, und von seiner Auferstehung, in der sein Wirken auf der Erde zur Vollendung gekommen ist. In seinen dreiunddreißig Lebensjahren hat er Gott offenbart; er hat durch das, was er war, was er sagte und tat, die Herrlichkeit Gottes zum Ausdruck gebracht. Wenn wir also herausfinden wollen, was ein wirklicher Mensch sein soll, müssen wir Jesus Christus anschauen, denn in seinem Leben als Mensch stellte er die »Herrlichkeit Gottes« zur Schau – genau das, woran wir »keinen Anteil mehr haben« (Röm 3,23). Jesus war zwar verschieden von uns in Bezug auf seine Entstehung, denn er war wesenseins und gleichwertig mit dem Vater und er war ewig wie der Vater. Was aber seine Funktionsweise als Mensch betrifft, so hat er sich dafür entschieden, als realer Mensch zu leben. Und sein Leben als Mensch war nichts anderes als eine Demonstration dessen, was auf alle Menschen hätte zutreffen sollen. Jesus Christus lebte ein sündloses Leben und das nicht nur, weil er nichts Unrechtes tat. Vielmehr tat er immer und konsequent, was richtig war. Das bedeutet, sein Leben und seine Verhaltensmuster waren für seine Umgebung eine ständige Offenbarung Gottes – für alle, die es wahrhaben wollten.

Es ist wichtig, sich vor Augen zu halten, *wie* Christus lebte. Noch wichtiger aber ist es, zu erkennen, *warum* er so lebte. Wenn ich mir vor Augen halte, wie Christus lebte, kann das in mir Bewunderung für ihn auslösen, vielleicht sogar Anbetung. Würde ich aber versuchen, sein Vorbild in meinem Leben praktisch umzusetzen, dann würde das nur zu immer neuer Frustration, Enttäuschung und Erfahrung meiner Unzulänglichkeit führen. Jemand kann ein guter Fußballspieler sein und wenn er mit seinen Freunden den Ball durch die Gegend kickt, beneiden ihn vielleicht alle, weil er so gut ist. Aber wenn er dann in einem Match von Profis mitspielt, merkt er sicher bald, dass er nicht ganz so gut ist, wie er gedacht hat. Und müsste er gar in der Nationalmannschaft spielen, wenn es um den Weltcup geht, dann wäre er schnell total frustriert. Er würde den Ball kaum zu sehen bekommen und vom Publikum ausgepfiffen werden! Warum ist das so? Ganz einfach: je höher der Standard, an dem sein Spiel und sein Können beurteilt werden, desto stärker werden ihm seine Schwächen und sein Versagen bewusst. Wenn wir nur wissen, *wie* Christus lebte, dann könnte das dazu führen, dass wir, motiviert von einer tiefen Bewunderung und aufrichtigen Hingabe an ihn, mit aller Kraft versuchen, ihn zu imitieren. Aber das würde uns nur frustrieren – es könnte gar nicht anders sein! Denn je mehr wir sein vollkommenes, perfektes Leben untersuchen und uns nach besten Kräften bemühen, ihn zu kopieren, umso mehr wird uns unser Versagen bewusst werden. Bestenfalls könnten wir das Wunder bestaunen und glücklich darüber sein, dass es je solch einen Menschen gegeben hat, der wirklich Gottes Plan erfüllt hat. Aber damit hätten wir keine Hoffnung und keine Hilfe für unser eigenes Leben.

Warum Jesus so lebte

Wir wollen nun ganz genau hinsehen und herausfinden, warum Jesus Christus, als Mensch, ein Leben von solcher Vollkommenheit führte. Sie werden von dem Ergebnis überrascht und ganz sicher ermutigt sein.

Jesus hat einige Dinge über sich selbst gesagt, die sehr erstaunlich sind, wenn man bedenkt, was für einen unvergleichlichen Standard er in allen Lebensbereichen hatte. Über sein *Tun* sagte er, »Amen, ich versichere euch: Der Sohn kann nichts von sich aus tun; er kann nur tun, was er den Vater tun sieht. Was der Vater tut, genau das tut auch der Sohn« (Joh 5,19). Von all den wunderbaren Taten, die das Wirken von Jesus auszeichneten, die wunderbaren Heilungen, die Speisung der Fünftausend, die Stillung des Sturmes und die Auferweckung von Toten – von all dem behauptete er, er tue »nichts«. Er ging sogar noch weiter und sagte: »Der Sohn *kann* nichts von sich aus tun«.

Über sein *Urteilsvermögen* sagte er: »Ich kann nichts von mir aus tun, sondern entscheide als Richter so, wie ich den Vater entscheiden höre. Meine Entscheidung ist gerecht, denn ich setze nicht meinen eigenen Willen durch, sondern den Willen dessen, der mich gesandt hat« (Joh 5,30). Der Herr Jesus zeichnete sich durch ein unglaublich sicheres Urteilsvermögen aus. Er sah die Leute, wie sie hinter ihren Masken waren, und oft demaskierte er sie. Er verstand die Menschen und Menschen fühlten sich von ihm verstanden. Seine Meinung war immer richtig. Aber er behauptete, dass er »nichts« dazu tue, um zu diesem Urteilsvermögen zu kommen.

Über sein *Reden* sagte er: »Wenn ihr den Menschensohn erhöht habt, werdet ihr es begreifen: *Ich bin* der, an dem sich alles entscheidet« (im Hebräischen offenbart der Ausdruck ICH BIN seine Göttlichkeit). »Dann werdet ihr auch erkennen, dass ich nichts von mir aus tue, sondern nur das sage, was der Vater mich gelehrt hat« (Joh 8,28).

Wenn Jesus sprach, waren seine Zuhörer fassungslos! »Niemand hat je geredet wie dieser Mann«, sagten sie. »Er lehrt wie einer, der Autorität hat«, so überliefert Matthäus die Reaktion der Menschenmassen, die zuhörten, als Jesus die Bergpredigt hielt. Lukas berichtet, dass sie »verwundert waren über die begnadeten Worte, die von seinen Lippen kamen«. Die Worte von Jesus waren frisch, sie waren scharfsinnig und trafen immer ins Schwarze. Die Menschen strömten in Scharen herbei, um ihn reden zu hören. Aber bei allen Worten, die ihm von den Lippen kamen, behauptete er, »nichts« zu tun. »Nichts« – dieses Wort klingt so leer, so entmutigend, so unsensationell, aber bemerkenswerterweise ist es ein wichtiges Wort im Leben von Jesus als Mensch.

Paulus schreibt im Zusammenhang mit der Menschwerdung von Jesus: »Er war in allem Gott gleich und doch hielt er nicht gierig daran fest, so wie Gott zu sein. Er gab alle seine Vorrechte auf und wurde einem Sklaven gleich. Er wurde ein Mensch in dieser Welt und teilte das Leben der Menschen« (Phil 2,6–7). Daraus geht hervor, dass Jesus nicht nur »nichts« tat, sondern auch zu »nichts« wurde. Wenn wir diese Aussagen ernst nehmen, und das müssen wir, dann bedeutet der Anspruch von Jesus, Mensch geworden zu sein, dasselbe wie: zu gar nichts gut zu sein. Er wurde »nichts« und er tat »nichts«.

Bevor wir das Leben Jesu weiter untersuchen, wollen wir hier einen Augenblick unterbrechen. Kennen Sie das Gefühl, Sie seien »zu gar nichts gut«? Sind Sie jemals frustriert gewesen, weil Sie es nicht schaffen, so zu leben, wie Sie sollten? Können Sie sich mit Simon Petrus identifizieren, der, nachdem er eine ganze Nacht lang gefischt hatte, zu Jesus ans Ufer hinüber rief: »… wir haben uns die ganze Nacht abgemüht und nichts gefangen« (Lk 5,5)? So viel harte Arbeit, so viel Bemühen, so viel Eifer, aber das Ergebnis: nichts! Vielleicht hat nur eines Sie bisher abgehalten, diese Tatsache zuzugeben: Sie haben das Gefühl, Gott erwartet von Ihnen, dass Sie doch irgendetwas zustande bringen, und bevor Sie Ihre Niederlage zugeben, beschließen Sie lieber, sich noch mehr anzustrengen. – Hier möchte ich Ihnen einen der Gründe nennen, warum das Evangelium eine »gute Nachricht« ist. Es ist nicht die vollständige Botschaft, aber ein ganz entscheidender Teil davon: Wenn Sie das Gefühl haben, Sie sind »zu gar nichts gut«, dann befinden Sie sich in guter Gesellschaft! Sogar in extrem guter Gesellschaft. Nämlich in der des Herrn Jesus Christus persönlich. Als er Mensch wurde, wurde er zu nichts, und aus seinen eigenen, menschlichen Möglichkeiten heraus brachte er nichts zustande. Ist es denn überraschend, wenn Sie herausfinden, dass Sie nicht mehr können als Er es als Mensch konnte? Und ist es nicht ermutigend, dass er sich dazu herbeiließ, nicht mehr zu können als Sie? Falls Sie aber trotzdem noch überrascht sind, denken Sie daran, dass Jesus zu seinen Jüngern sagte: »Ohne mich könnt ihr *nichts* ausrichten« (Joh 15,5). Als Paulus von seinem Problem sprach, dass er das nicht tat, was er wollte, dafür aber tat, was er nicht wollte, da sagte er von sich selbst: »Denn ich weiß, dass in mir, das heißt in meinem Fleisch, *nichts* Gutes wohnt« (Röm 7 ,18). Paulus gab zu, dass er, wenn es darum ging, gut zu sein, zu nichts fähig war. Es ist einer der größten Augenblicke im Leben eines Christen, wenn er ehrlich dazu stehen kann, »geistlich arm« (Mt 5,3) zu sein; wenn er zu der Erkenntnis kommt, dass er nicht fähig ist, die Person zu sein, als die er geschaffen wurde, oder zu tun, was er tun sollte, solange er nur auf seine natürlichen Kräfte und Möglichkeiten beschränkt bleibt.

Aber das ist noch nicht alles! Wenn die oben erwähnten Aussagen von Jesus wahr sind, wie erklären wir uns dann die

Tatsache, dass er doch offensichtlich enorm viel zustande gebracht hat!

Versuchen Sie, den vielen Geheilten zu erklären, dass er »nichts« getan hat. Versuchen Sie, es den Tausenden zu erklären, die die Brote und Fische aßen, die, zu zwei verschiedenen Anlässen, auf wunderbare Weise vermehrt worden waren, wofür es Tausende von Augenzeugen gab. Versuchen Sie, den Familien zu erklären, deren Angehörige von den Toten auferweckt worden waren, dass dieser Jesus tatsächlich »nichts« getan hatte. Was würden diese Leute dazu sagen? Oder die vielen, die von seinen Lehren so tief beeindruckt waren, und die anderen, die so erbost darüber waren, dass sie es ihm heimzahlten, indem sie seine Hinrichtung in die Wege leiteten? Versuchen Sie, all diesen Menschen zu sagen, dass Jesus selbst »nichts« tat! Natürlich tat er etwas! Er erschütterte die jüdische Nation wie niemand anderer je zuvor. Seine Auswirkungen in der Geschichte und in der Welt von heute sind größer als von jedem anderen Lebewesen, das es je in der Weltgeschichte gegeben hat. Nach seinem Leben wird die Weltgeschichte in »v. Chr.« und »n. Chr.« eingeteilt. Natürlich hat er etwas getan! Niemand in der Welt hat so viel getan wie er.

Bringen Christen, von denen Jesus gesagt hat, »getrennt von mir könnt ihr nichts tun«, irgendwelche Leistungen zustande? Die Antwort ist offensichtlich Ja. Die Vergangenheit ist voll von Männern und Frauen, die Großartiges für Gott erreicht haben. Wir kennen ihre Namen und lesen Berichte über ihr Leben. Aber worauf es wirklich ankommt, ist herauszufinden, wie das alles möglich war. Wie konnte Jesus als Mensch sein Leben in dieser Weise leben, wie konnte er all das tun, wovon wir eben gesprochen haben? Wie kamen die Wunder zustande? Wieso konnte er mit einer derartigen Vollmacht sprechen? Wie brachte er es fertig, immer und in allem »die Herrlichkeit Gottes« zum Ausdruck zu bringen? Und wie soll uns dasselbe gelingen?

Ist Ihnen vorhin etwas aufgefallen? In jedem Vers, wo Jesus von seinem »Nichts–Tun« sprach, sprach er vom Vater. »Der

Sohn kann nichts von sich aus tun … Was der Vater tut, genau das tut auch der Sohn« (Joh 5,19). »Ich kann nichts von mir aus tun … ich setze nicht meinen eigenen Willen durch, sondern den Willen dessen, der mich gesandt hat« (Joh 5,30). »Dann werdet ihr auch erkennen, dass ich nichts von mir aus tue, sondern nur das sage, was der Vater mich gelehrt hat« (Joh 8,28). In jeder dieser Feststellungen betont er, dass es das Handeln des Vaters war, das sein eigenes Wirken zu dem machte, was es war. An anderer Stelle hat er das ganz deutlich erklärt: »Glaubst du nicht, dass du in mir dem Vater begegnest? Was ich zu euch gesprochen habe, das stammt nicht von mir. Der Vater, der immer in mir ist, vollbringt durch mich seine Taten« (Joh 14,10). Das war die Erklärung für alles, was Jesus war und tat: der Vater, »der immer in mir ist und durch mich seine Taten vollbringt«. Jesus erfüllte seine Bestimmung als Mensch, indem er zeigte, dass die Gegenwart und das Wirken Gottes eine unverzichtbare Voraussetzung für echtes Mensch sein sind.

Kann eine Glühbirne leuchten? Selbstverständlich ist die Antwort »ja«. Sie existiert und wird gekauft für diesen Zweck. Glühbirnen können verschiedene Formen und Größen und eine unterschiedliche Leuchtkraft aufweisen. Aber obwohl sie dazu bestimmt ist, Licht zu geben, bleibt es Tatsache, dass die Glühbirne selbst das nicht kann. Wenn Sie eine Glühbirne kaufen und dann zu Hause auf den Tisch legen und erwarten, dass sie leuchtet, werden Sie sicher enttäuscht! Der Grund dafür ist, dass die Glühbirne zwar geschaffen wurde um Licht zu geben, dass es aber nicht ihre Bestimmung ist, aus sich heraus Licht zu geben, sozusagen als unabhängig existierendes Geschöpf. Die Glühbirne wurde so konstruiert, dass sie nur dann Licht gibt, wenn sie an einen Stromkreis angeschlossen wird. Es muss nicht an der Glühbirne liegen, wenn Sie feststellen, dass sie nicht leuchtet – nachdem Sie sie in der Butterdose angebracht haben. Sie ist einfach nicht für diesen Gebrauch vorgesehen! Sie leuchtet nur dann, wenn Sie sie in der für Glühbirnen vorgesehenen Weise in Gebrauch nehmen, sie in eine Fassung einschrauben und die Energiezufuhr einschalten.

Ähnlich ist es bei den Menschen: Sie sind so geschaffen, dass sie nur dann ihrer Bestimmung gemäß leben können, wenn Gott in ihnen gegenwärtig ist und seine Kraft in ihnen zur Auswirkung kommt. Menschen können unabhängig von Gott ebenso wenig »funktionieren« wie Glühbirnen unabhängig vom Stromkreis. Natürlich können Menschen sich um diese Tatsache herumschwindeln – im Gegensatz zu Glühbirnen –, aber letztlich führt das zu nichts. Deshalb hat der Herr Jesus Christus zu seinen Jüngern gesagt: »Ohne mich könnt ihr nichts ausrichten«. Und deshalb musste er über sein eigenes Leben als Mensch sagen: »Der Sohn kann nichts aus sich selbst heraus tun.« Wenn wir in die Gemeinschaft mit Gott zurückgeführt werden, indem uns – dank dem, was er am Kreuz vollbracht hat – unsere Sünde vergeben wird, und wenn damit zugleich Gottes Geist in uns Wohnung nimmt, dann empfangen wir durch seine Gegenwart in uns alles, was wir brauchen, um unserer wahren Bestimmung gemäß als menschliche Wesen zu leben. Wir werden wie Glühbirnen, die an den Stromkreis angeschlossen sind und können wieder unsere eigentliche Bestimmung erfüllen. Ebenso, wie wir ohne Gott *nichts* tun können, werden andererseits die Gegenwart und das Wirken Gottes unweigerlich *etwas* auslösen, »für Gott ist nichts unmöglich« (Lk 1,37).

Nichts ist unmöglich!

Wenn Gott in uns wohnt, wenn er in uns und durch uns wirken kann, ist es unmöglich, dass »nichts« geschieht. Vorhin ging es darum, dass es unmöglich ist, »etwas« zu tun, aber jetzt heißt es, es sei unmöglich, »nichts« zu tun! Wir können zwischen zwei Möglichkeiten wählen. Außerhalb von Gott gibt es unweigerlich »nichts«, aber in einer echten und funktionierenden Beziehung mit Gott ist »nichts« unmöglich. Entweder unser Leben führt unweigerlich zu nichts oder es wird unmöglich, dass wir nichts erreichen.

Es ist wunderbar: Wenn uns unsere Sünde vergeben ist, wenn Gott in uns wohnt und frei über unser Leben verfügen kann, wenn er uns Aufträge erteilt und uns durch seinen Geist Vollmacht gibt, dann können wir jetzt unsere Zeit zubringen in dem Bewusstsein, dass »nichts« unmöglich ist! Gott tut etwas, unser Leben hat einen Sinn und es kommen darin Dinge zustande, die einen unvergänglichen Wert haben. Wenn Jesus sagen konnte »Getrennt von mir könnt ihr nichts tun«, so hat der Apostel Paulus später geschrieben: »Ich vermag alles durch den, der mich mächtig macht« (Phil 4,13). Mit »alles« meint er nicht, dass er auf dem Mond spazieren gehen kann, sondern dass alles, was Gott für ihn plant und beabsichtigt, durch die Kraft von Jesus Christus möglich ist. Außerhalb von Christus gibt es unweigerlich »nichts«. Am Ende der Zeiten werden wir vor Gott stehen, mit leeren Händen. In Christus dagegen ist »nichts« unmöglich. Am Ende der Zeiten werden wir vor Gott stehen voll Dankbarkeit für alles, was er nach seinem Willen getan hat. Führen Sie ein Leben, in dem es unweigerlich »nichts« gibt oder genießen Sie das Leben, in dem »nichts« unmöglich ist?

Darum geht es im Evangelium. Die Vergebung der Sünden ist etwas Wunderbares (wir kommen später noch darauf zurück), und die Aussicht, eine Ewigkeit im Himmel verbringen zu können, ist sehr faszinierend. Aber Sündenvergebung und ewiges Leben sind nicht das Hauptthema, um das es bei der Erlösung eigentlich geht. Vergebung ist der Ausgangspunkt der Erlösung und ewiges Leben im Himmel ist das Ergebnis der Erlösung, aber in der Hauptsache geht es um unsere wiederhergestellte Beziehung zu Gott. »Denn Gott hat uns nicht dazu bestimmt, dass wir seinem Gericht verfallen, sondern dass wir durch Jesus Christus, unseren Herrn, gerettet werden. Er, unser Herr, ist für uns gestorben, damit wir zusammen mit ihm leben. Das gilt für uns alle, ob wir noch am Leben sind, wenn er kommt oder ob wir schon vorher gestorben sind« (1Thess 5,9–10). Wir erleben unsere Erlösung konkret, indem wir »mit ihm zusammen leben«, und es ist dabei gleichgültig, ob wir physisch am Leben oder tot sind. Ursprünglich hat Gott den Menschen nicht erschaffen, um einfach nur »rein« zu sein, deshalb bringt uns die Vergebung an sich nicht zu Gottes Plan zurück. Gott hat die Menschen auch nicht geschaffen, um den Himmel zu bevölkern, deshalb ist Gottes Plan auch damit nicht erfüllt, dass wir einmal in den Himmel kommen. Der Mensch wurde geschaffen, um Gottes »Abbild« zu sein, jede Begegnung mit ihm soll daran erinnern, wie Gott ist. Wir können die »Herrlichkeit Gottes« in uns nicht verwirklichen, aber gerade diese »Herrlichkeit« soll durch die Erlösung wiederhergestellt werden und sie ist das Markenzeichen aller wirklichen Christen. Sie ist das Werk Jesu Christi. Paulus nennt das Evangelium »Christus in euch, die Hoffnung auf die Herrlichkeit« (Kol 1,27). Entgegen der allgemein verbreiteten Erklärung bedeutet das nicht die Hoffnung auf den Himmel! »Herrlichkeit« ist das, was wir nicht erreicht, wogegen wir gesündigt haben, und die Hoffnung besteht darin, dass wir, da Christus in uns anwesend ist, fähig werden, das Ziel zu treffen, den Sinn unserer Existenz zu erfüllen, eine Offenbarung von Gottes Charakter zu sein.

Das ist kein plötzliches oder einmaliges Ereignis, sondern ein Wachstumsprozess. In diesem Leben können wir durch kontinuierliches Wachstum Gott immer ähnlicher werden, vollendet werden wir sein, wenn wir für immer in seiner Gegenwart sind. Paulus schrieb: »Wir alle sehen mit unverhülltem Gesicht die Herrlichkeit des Herrn wie in einem Spiegel. Dabei werden wir selbst in sein Bild verwandelt und bekommen mehr und mehr Anteil an seiner Herrlichkeit« (2Kor 3,18). Wachstum bedeutet im christlichen Leben ein Wachstum in Frömmigkeit, wo unsere Verhaltensmuster eine Übereinstimmung und Harmonie mit Gott zum Ausdruck bringen. Aber wie können wir beginnen, so zu leben? Was für Faktoren müssen in einem solchen Leben zum Tragen kommen, wo es unmöglich geworden ist, »nichts« zu erreichen? Wir werden in den nächsten Kapiteln versuchen, das herauszufinden.

Arbeitsblätter

Kapitel 2:
Zu gar nichts gut

»Unsere Erfahrungen gehen selten über unsere Erwartungen hinaus« (Seite 23)

- Stimmt diese Behauptung? Haben Sie Beispiele dafür aus dem Leben im Allgemeinen?
- ....
  ....
  ....

- aus dem religiösen Bereich?
- ....
  ....
  ....

»Gott hat nie seine Absichten mit den Menschen geändert« (Seite 23)

- Was nennt die Bibel als die Bestimmung des Menschen und wie soll er diese Bestimmung erfüllen? (Seite 23–24)
- ....
  ....
  ....

- Wie sieht die tatsächliche Situation aus (Seite 24–26)?
- ....
  ....
  ....

- Inwiefern können Menschen »lebendig tot« sein (Seite 24) ?
- ....
  ....
  ....

»Sünde bedeutet, ›das Ziel verfehlen‹« (Seite 29)

- Welches Ziel wird verfehlt (Seite 30–31)?
- ....
  ....
  ....

„Jesus war der vollkommene Mensch, weil er nie das Ziel verfehlte" – an welchen Beispielen wird diese Feststellung erläutert (Seite 31–39)?

....
....
....

- Warum ist bei alledem das Wort »Nichts« ein so wichtiges Wort im Leben von Jesus? (Seite 34–38)
- ....
  ....
  ....

- »Kann eine Glühbirne leuchten?« (Seite 38–39)
- ....
  ....
  ....

Ein Leben zu Gottes Bedingungen

Einmal sprach ich mit einem jungen Mädchen, sie war noch ein Teenager, und im Zuge unserer Unterhaltung fragte ich sie: »Bist du ein Christ?« Es war während einer christlichen Jugendkonferenz und daher dachte ich, meine Frage wäre unter diesen Umständen durchaus vernünftig. »Ja, schon«, antwortete sie, »aber ich bin nicht Ihre Sorte Christ.« Nun war ich doch etwas überrascht und deshalb fragte ich sie: »Was für eine Sorte Christ bist du denn?« worauf sie antwortete: »Darüber möchte ich nicht sprechen, es ist zu persönlich.« Ich konnte nicht umhin darauf zu sagen: »Es geht mir nicht darum, ob du ›meine Art‹ von Christ bist oder ob du deine eigene, ganz spezielle Art hast. Aber es ist mir wirklich ein Anliegen, dass du Gottes Art von Christ bist.«

Es kann schon sein, dass verschiedene Menschen mit dem Wort »Christ« ganz unterschiedliche Vorstellungen verbinden, aber im Grunde genommen gibt es nur eine einzige gültige Art von Christentum – Gottes Art! Es steht nicht in unserem Belieben, aus Gottes Offenbarung dasjenige herauszusuchen, was uns anspricht, und das, was uns nicht gefällt, zu übersehen oder zu ignorieren und dann vielleicht noch dieses selbstgebastelte Christentum als authentisch anzusehen und zu erwarten, dass es funktioniert. Christliches Leben kann nur zu Gottes Bedingungen gelebt werden. Alles andere macht uns vielleicht religiös, aber es bleibt wirkungslos.

Versuchen Sie einmal, sich Folgendes vorzustellen: Ich möchte auf dem Luftweg von London nach New York reisen, also suche ich ein Reisebüro auf. Aber die Informationen, die ich dort bekomme, gefallen mir nicht. Die Kosten sind mir zu hoch, aber dafür möchte ich mehr Freigepäck mitnehmen. Andererseits möchte ich aber das Angebot der Fluglinie unbedingt wahrnehmen, weil es wirklich attraktiv ist. Also beschließe ich, dass ich darauf eingehen werde, aber zu meinen eigenen Bedingungen. Nehmen wir also an, ich fahre zum Flughafen in London und stelle mir dort selbst ein Flugticket aus. Ich nehme dazu ein Stück Papier von genau demselben Format wie das echte Ticket und übertrage darauf bis ins kleinste Detail alles, was auf dem Original steht. Dann stelle ich mich vor dem Check–in–Schalter an und wenn ich an der Reihe bin, gebe ich, mit freundlich lächelndem Gesicht, mein »Ticket« dem Schalterbeamten. Wahrscheinlich würde er einen Blick darauf werfen, dann mich anschauen, dann wieder mein Ticket und schließlich würde er es mir wieder zurückgeben und sagen: »Tut mir Leid, aber damit können Sie nicht fliegen!« »Warum nicht ?« protestiere ich. »Da steht doch ›London-New York‹, oben steht der Name Ihrer Fluglinie, Flugnummer und Abflugzeit sind auch korrekt vermerkt, und hier rechts unten steht der richtige Preis.« »Es tut mir wirklich Leid«, würde der Beamte dann sagen. »Was auf diesem Ticket steht, ist alles korrekt, aber das Ticket ist ungültig und deshalb können Sie damit nicht fliegen.« Stellen Sie sich weiter vor, dass ich dann einen roten Filzstift nehme und quer über die Rückseite von meinem Ticket schreibe, die betreffende Fluglinie »... ist die Beste«. Der Mann am Check-in-Schalter würde dann vielleicht lächeln und sagen: »Danke – das hören wir nicht oft. Aber trotzdem können Sie nicht mitfliegen.« Angenommen, ich nehme dann mein Ticket und mache aus der Aufschrift ein Lied und singe es ihm vor! Und dann erfinde ich gleich noch ein paar neue Lieder für ihn: »Großes Flugzeug, wir loben dich, Maschine, wir preisen deine Stärke. Vor dir beugt die Erde sich und bewundert deine Triebwerke ...« Als nächstes lade ich den Beamten ein mitzusingen, und schließlich singen wir im Kanon, ich beginne und er setzt ein und wir singen ganz wunderbar miteinander und wir genießen es. Am Ende würde sich der Beamte wieder zu mir wenden und sagen: »Vielen Dank, dass Sie vorbeigekommen sind und mich aufgemuntert haben. Ich habe schon lange nicht mehr so hübsch gesungen. Aber Sie können nicht mitfliegen, tut mir Leid. Wenn Sie jetzt bitte gehen würden ...«

Was wäre der Grund, dass ich nicht zum Flug zugelassen werde? Hat mein Ticket nicht die richtige Aufschrift? Nein, die Aufschrift kann ganz in Ordnung sein. Bringe ich nicht die richtigen Überzeugungen zum Ausdruck? Aber vielleicht ist man ja sehr positiv beeindruckt von dem Lob, das ich der Fluglinie ausspreche. Singe ich vielleicht nicht die richtigen Lieder? Das ist es auch nicht. Meine Lieder können den Leuten von der Fluglinie durchaus gefallen und vielleicht engagieren sie mich sogar für ihre Werbespots im Fernsehen! Es gibt nur einen einzigen, sehr einfachen Grund, warum ich nicht mitfliegen kann. Mein Ticket ist nicht von der zuständigen Fluggesellschaft ausgestellt worden. Das einzig gültige Ticket wird von der Fluglinie unter der Voraussetzung ausgestellt, dass die vereinbarten Bedingungen eingehalten werden. Alles andere gilt nicht.

Jemand kann eine vollkommen richtige Auffassung von Jesus Christus haben, er kann die richtigen Lieder singen, die richtigen Gottesdienste besuchen, die richtigen religiösen Fachausdrücke gebrauchen; aber wenn er nicht sein Leben zu Gottes Bedingungen lebt, wenn Gott nicht das »Ticket« ausgestellt hat und wenn die getroffenen Vereinbarungen vor Gott nicht gültig sind, dann wird diese Art von Christsein einfach nicht funktionieren. Wer mit einem gefälschten Ticket fliegen will, wird schon beim Check–in scheitern! Das Leben solcher Christen wird immer kraftlos sein, sie werden nichts mit Gott erleben, die Bibel wird für sie eine trockene Angelegenheit, das Gebet eine mühsame Pflichtübung sein und nie wird jemand anderer im Leben solcher Menschen das Wirken Gottes erkennen.

Über die Bedingungen für ein Leben als Christ kann man nicht diskutieren oder verhandeln. Entweder ich lebe das christliche Leben zu Gottes Bedingungen oder gar nicht. Deshalb haben wir uns über Gottes Bedingungen zu informieren und sie genau zu erfüllen.

Was kostet die geschenkte Erlösung?

Wir wollen es realistisch sehen: Christ zu werden und Christ zu sein, kostet tatsächlich etwas. Wir reden immer davon, dass die Erlösung »geschenkt« ist und das stimmt auch – Gott sei Dank! – aber es stimmt nur in einer bestimmten Hinsicht: Sie ist geschenkt insofern, als wir sie nicht kaufen oder verdienen oder irgendetwas als Gegenwert dafür anbieten können – etwa dass wir doch ein anständiges Leben führen. »Eure Rettung ist wirklich reine Gnade und ihr empfangt sie allein durch den Glauben. Ihr selbst habt nichts dazu getan, sie ist Gottes Geschenk. Ihr habt sie nicht durch irgendein Tun verdient; denn niemand soll sich mit irgendetwas rühmen können« (Eph 2,8). So gesehen ist das christliche Leben absolut gratis, und wehe uns, wenn es anders wäre – wir hätten keine Hoffnung. Ewiges Leben, sagt Paulus, ist »die Gabe Gottes« (Röm 6,23).

Trotzdem hat Jesus Christus während seines Wirkens als Prediger und Lehrer nie davon gesprochen, dass die Errettung gratis wäre. Er hat immer gesagt, dass sie teuer ist. Außerdem hat er die Leute dazu angehalten, die Kosten zu überschlagen und die Bereitschaft aufzubringen, den Preis zu bezahlen. Denn dass das christliche Leben »geschenkt« ist, bedeutet nicht, dass es »billig« ist, dass man es bekommen kann durch ein mehr oder weniger flüchtiges, zustimmendes Kopfnicken in Gottes Richtung oder indem man einfach ein paar Dinge über ihn glaubt. Es gibt einen Preis und der muss bezahlt werden. »Als Jesus wieder unterwegs war, zog eine große Menge Menschen hinter ihm her. Er wandte sich nach ihnen um und sagte: »Wer sich mir anschließen will, muss bereit sein, mit Vater oder Mutter zu brechen, ebenso mit Frau und Kindern, mit Brüdern und Schwestern; er muss bereit sein, sogar das eigene Leben aufzugeben. Sonst *kann er nicht* mein Jünger sein. Wer nicht sein Kreuz trägt und mir auf meinem Weg folgt, *kann nicht* mein Jünger sein. Wenn jemand von euch ein Haus bauen will, setzt er sich doch auch zuerst hin und überschlägt die Kosten. Er muss ja sehen, ob sein Geld dafür reicht. Sonst hat er vielleicht das Fundament gelegt und kann nicht mehr weiterbauen. Alle, die das sehen, werden ihn dann auslachen und werden sagen: ›Dieser Mensch wollte ein Haus bauen, aber er kann es nicht vollenden‹ « … Jesus schloss: »*Niemand von euch kann mein Jünger sein, wenn er nicht zuvor alles aufgibt, was er hat*« (Lk 14,25–33). Daher müssen wir die Kosten ernst nehmen, wir müssen sie richtig einschätzen, und nur, wenn wir den Preis bezahlen, haben wir das Recht, uns »Christ« zu nennen und sind in der Lage, eine beglückende Beziehung mit Gott zu erleben, die wirklich »funktioniert«.

Einmal kam ein Mann zu Jesus mit der Bitte um ewiges Leben und der Herr Jesus wies ihn ab! Der Mann ging mit leeren Händen weg. Sein Wunsch war aufrichtig, aber er war nicht bereit, den Preis zu bezahlen. »Als Jesus weitergehen wollte, kam ein Mann zu ihm gelaufen, warf sich vor ihm auf die Knie und fragte: ›Guter Lehrer, was muss ich tun, um das ewige Leben zu bekommen?‹ « (Mk 10,17). Das war eine gute Frage und der Mann stellte diese Frage mit einer Ernsthaftigkeit und Aufrichtigkeit, die Sie und mich beeindruckt hätte, wären wir damals dabei gewesen. Er kam gelaufen. Er fiel auf die Knie und es war ihm egal, ob ein so auffallendes Verhalten vor all den Leuten vielleicht peinlich wirken konnte. Er bat um die richtige Sache. Nach einer kurzen Diskussion sagte Jesus zu ihm: »Eines fehlt dir.« Es gab nur einen einzigen Punkt, der geklärt werden musste, damit der Mann bekommen konnte, worum er gebeten hatte. Die folgenden Sätze von Jesus haben die Zuhörer wahrscheinlich überrascht und für den Mann waren sie ein Schock: »Geh, verkaufe alles, was du hast, und gib das Geld den Armen, so wirst du bei Gott einen unverlierbaren Besitz haben. Und dann komm und folge mir!« (Mk 10,21). Ob es uns passt oder nicht, genau diese Bedingung hat Jesus für den Empfang des ewigen Lebens gestellt! Der Mann war davon nicht angetan. »Der Mann war enttäuscht über das, was Jesus ihm sagte, und ging traurig weg; denn er hatte großen Grundbesitz« (Mk 10,22). Davor macht Markus noch klar, dass »Jesus ihn ansah und lieb gewann« (V. 21), aber als der Mann sich entschied, zu gehen, ließ Jesus es zu. Soweit wir wissen, hat er niemals das ewige Leben bekommen. Jesus hat den Mann nicht zurückgerufen und so etwas gesagt wie: »Entschuldige bitte, dass ich es dir so schwer gemacht habe. Ich wollte dich ja nicht verscheuchen. Wir können doch darüber reden, was für eine Beziehung wir haben wollen. Welche Art von Christsein hättest du denn gern? Wenn du nicht alles verkaufen willst, wieviel wärst du denn bereit herzugeben?« Die Bedingungen für den Empfang des ewigen Lebens standen nicht zur Diskussion, Verhandlungen oder Kompromisslösungen waren nicht möglich.

Um welchen Punkt geht es hier? Ist es falsch, reich zu sein? Darauf gibt es eine einfache Antwort, nämlich »nein«. Die Bibel sagt nirgends, dass es falsch ist, reich zu sein. Was Jesus allerdings gesagt hat, ist: »Wie schwer haben es doch die Besitzenden, in die neue Welt Gottes zu kommen!« (Mk. 10,23) und die Bibel warnt davor, dass Reichtum sowie das Streben nach Reichtum gefährlich sind. »Wer unbedingt reich werden möchte, gerät in Versuchung. Er verfängt sich in unsinnigen und schädlichen Wünschen, die ihn zugrunde richten und ins ewige Verderben stürzen. Denn Geldgier ist eine Wurzel alles Bösen. Manche sind ihr so verfallen, dass sie dem Herrn untreu wurden und sich selbst die schlimmsten Qualen bereiteten« (1Tim 6,9–10). Die Heilige Schrift warnt oft davor, dass es gefährlich ist, sich Reichtum zu wünschen, aber es ist nicht der Besitz von Reichtum an sich, der falsch ist. Manchmal hat Gott Leute sogar reich gemacht.

Es geht hier um eine sehr grundsätzliche Frage, wobei der Reichtum des Mannes aus unserer Geschichte eher ein Beispiel ist und nicht der Punkt, um den es eigentlich geht.

Während seiner Bergpredigt hatte Jesus gesagt: »Niemand kann zwei Herren zugleich dienen. Er wird den einen vernachlässigen und den anderen bevorzugen. Er wird dem einen treu sein und den anderen hintergehen. Ihr *könnt nicht* beiden zugleich dienen: Gott und dem Geld« (Mt. 6,24). In seinem Gespräch mit dem Mann war Jesus zu der Diagnose gekommen, dass es im Leben dieses Mannes offensichtlich schon einen Gott gab – seine Besitztümer. Was er dem Mann eigentlich sagte, war: »Wenn du ewiges Leben erhalten willst, musst du einsehen, was damit verbunden ist – du musst einen neuen Herrn und Meister akzeptieren. Beim ewigen Leben geht es nicht darum, neue Vertragsbedingungen zu akzeptieren, sondern man muss eine Person akzeptieren – Gott selbst. Und kraft seines Wesens – als Gott, der er ist – wird er sich auf keine andere Position in deinem Leben einlassen als die, die es ihm ermöglicht, Gott zu sein und als Gott zu agieren.« Aber der Mann hatte ein Problem. Er hatte schon einen Herrn, einen Gott, und von ihm bezog er seine Motivation für alles, was er tat, von ihm ließ er sich bei seinen Entscheidungen leiten und von ihm ließ er sich seine Wertmaßstäbe setzen. Seine Besitztümer, sein Geld, seine materiellen Güter – all das war sein Gott, und da es nicht möglich ist, zwei Herren zu dienen, würde er seinen gegenwärtigen Gott aufgeben müssen, bevor er den wahren Gott empfangen konnte, dessen Anwesenheit in seinem Leben gleichbedeutend mit der Gabe des ewigen Lebens gewesen wäre. Aus diesem Grund sagte Jesus zu ihm: »Um ewiges Leben zu empfangen, musst du deinen Besitz verkaufen, du musst dich um die Armen kümmern, anders gesagt, du musst deinen Gott entthronen. Und dann komm und folge mir.« Das ist ein harter Brocken, nicht wahr? Aber hier geht es um die tiefste Grundlage des christlichen Lebens und da gab es keinen Kompromiss. Der Herr hat nicht mit sich über mildere Bedingungen verhandeln lassen, er hat auch nicht diesen einen Mann als Ausnahme von der Regel durchschlüpfen lassen, sondern er hat ihn weggeschickt, liebevoll, aber entschieden und ohne ihn im Unklaren zu lassen: Er hatte nicht bekommen, worum er gebeten hatte. Er war kein Christ.

Bevor wir uns diesen Mann noch näher ansehen, wollen wir kurz unterbrechen. Ich überlege mir, was in den meisten unserer heutigen Kirchen passieren würde, wenn da so ein Mann angerannt käme, vorne im Altarraum auf die Knie fiele und riefe: »Was muss ich tun, um ewiges Leben zu erben?« Welche

Antwort würde er bekommen? Was würden Sie ihm antworten? In Anbetracht der vielfältigen im Christentum vertretenen Richtungen befürchte ich, dass tausend verschiedene Antworten gegeben werden könnten. Im Lauf der Jahre sind viele verschiedene »Formeln« zustande gekommen und die Entwicklung geht dahin, die Sache immer billiger und einfacher zu machen. Manche würden sagen, dass man getauft werden, mit der Kirche in Kontakt bleiben und an ihren Aktivitäten teilnehmen muss. In vielen Kirchen, die ich kenne, würden wir uns, so fürchte ich, mit ihm zusammensetzen und ihm erklären: »Es ist alles ganz einfach. Sie müssen nichts weiter tun als Jesus bitten, in Ihr Leben zu kommen.« Dieser Satz ist zu einem beliebten evangelikalen Fachausdruck geworden, obwohl man ihn nirgends im Neuen Testament findet. Es gibt niemanden in der Bibel, dem man gesagt hätte: »Bitte Jesus, in dein Leben zu kommen.« Aber nach einer weit verbreiteten Ansicht wird man auf diese Weise Christ. Viele Christen machen daraus sogar ein verbindliches Glaubensbekenntnis und sehen es als den *einzigen* Weg an, um Christ zu werden. Es ist zwar vollkommen richtig, dass Jesus in das Leben von Menschen kommt und in ihnen lebt – wie wir noch sehen werden, ist es genau dieser Vorgang, der Menschen zu Christen macht – aber jemandem zu erzählen, Jesus kommt »einfach, wenn man ihn darum bittet«, das ist unklug, unbiblisch und geht am Kern der Sache vorbei. Angenommen, unser Mann hätte diese Antwort bekommen, wir hätten mit ihm ein Gebet gesprochen, »um Christus in sein Leben aufzunehmen« und ihn dann gefragt: »Hast du von ganzem Herzen mitgebetet?« Wenn er bejaht, würden wir ihm versichern, dass er nun Christ ist. Möglicherweise geben wir ihm dann noch ein paar Tipps über geistliches Wachstum, Bibellesen, Gebet und Gottesdienstbesuch, und damit ist der Fall erledigt. Und dann verbreiten wir in unserer ganzen Gemeinde die Neuigkeit, dass dieser »reiche junge Mann« sich bekehrt habe. Alle wären begeistert – besonders der Schatzmeister! Man könnte doch in den Wochen danach eine Predigt über »Die Tugend des Gebens« aufs Programm setzen, mit besonderer Berücksichtigung dieses Neubekehrten! Und wenn wir schon einmal so einen »dicken Fisch« an Land gezogen haben, bieten wir ihm Möglichkeiten, um sein »Zeugnis« zu geben (Lukas beschreibt in seiner Darstellung den Mann nicht nur als »reich« und »jung«, sondern auch als Mitglied der »oberen zehntausend«), wir würden veranlassen, dass er bei diversen Treffen christlicher Geschäftsleute spricht – mit einem Wort, wir setzen ihn voll ein. Aber dann kommt ein Problem: Wenn Sie ca. ein halbes Jahr später in den Gebetskreis dieser Gemeinde kommen, stellen Sie fest, dass alle sehr besorgt für den »reichen jungen Mann aus den oberen zehntausend« beten. »Er wird rückfällig.«, würde man Ihnen mitteilen, »er lässt nach; er verliert das Interesse am Christsein.« Aber er wird nicht rückfällig, er ist ja noch nie ein Christ gewesen. Und das Tragische daran wäre, dass er das nächste Mal, wenn jemand mit ihm über Christus sprechen will, antworten würde, »Nein, danke. Das habe ich schon probiert, aber es funktioniert nicht.«

Als der Mann damals von Jesus wegging, war er sich über den Stand der Dinge vollkommen im Klaren. Er war nicht Christ. Er hatte nichts »probiert«. Er war noch immer getrennt von Christus. Er hatte kein ewiges Leben. Und das wusste er auch!

Reich, jung und von den »oberen zehntausend«!

Versuchen wir einmal, in die Haut des reichen jungen Mannes aus den oberen zehntausend zu schlüpfen, versuchen wir, ihn zu verstehen. Wir wissen wenig von ihm, im Wesentlichen nur drei Dinge. Er war reich. Er war jung. Er gehörte zu den oberen zehntausend. Das ist alles, was wir über ihn wissen, und deshalb nennen wir ihn den »reichen jungen Mann aus den oberen zehntausend«! Wenn man es bedenkt, sind alle diese drei Dinge attraktiv. Es ist attraktiv, reich zu sein. Wahrscheinlich haben die meisten von uns schon einmal davon geträumt, reich zu sein, auch wenn wir verglichen mit Leuten anderer gesellschaftlicher Verhältnissen ohnehin reich sind. Reich sein ist ja etwas Relatives. Es ist attraktiv, jung zu sein, besonders, wenn man über vierzig ist! Eines der nettesten Komplimente, die man jemandem machen kann, ist es, wenn man ihn für jünger hält, als er tatsächlich ist.

Es ist ebenfalls attraktiv, zu den oberen zehntausend zu gehören und einflussreich zu sein. Die Bibel verrät nicht, in welchem Bereich er einflussreich war, aber jedenfalls gehörte es zu seinem Leben, anderen Leuten Anweisungen zu geben und zu erwarten, dass sie diese befolgten. Das muss doch auch angenehm gewesen sein! Trotz alledem ist dem Mann wahrscheinlich einmal in einer stillen Stunde bewusst geworden, dass er ein riesiges Problem hatte. So großartig es auch für ihn war, reich zu sein, jung zu sein und zu den oberen zehntausend zu gehören – eines Tages musste Schluss damit sein. Eines Tages würde er sterben. Er wusste, wenn er starb, würde er nicht mehr reich sein, sein Reichtum würde dann seinen Erben gehören. Er würde auch nicht mehr jung sein, und nicht mehr einflussreich. Seine Machtbefugnisse würden an andere Personen gehen. Er wusste auch, dass er nicht alt sein musste, um zu sterben. Er konnte sterben, solange er noch jung war. Jeden Tag konnte er bei einem Kamelunfall im Straßenverkehr ums Leben kommen! »Es gibt nur eine Lösung für mein Problem«, hat er wahrscheinlich sinniert, »ich müsste ein Leben haben, das nie zu Ende geht.«

Eines Tages hat vielleicht jemand zu ihm gesagt: »Hast du schon einmal etwas von Jesus von Nazareth gehört?« und er hat geantwortet: »Nein, wer ist das?« »Ein Prediger.« »Und worüber predigt er?« »Ewiges Leben.« »Ewiges Leben? Das ist genau, was ich brauche. Wenn ich sicherstellen könnte, dass ich ewiges Leben bekomme, dann hätte ich wirklich die Lösung für meine tiefsten Ängste und Probleme. Ich muss diesen Mann sehen.« Und sofort rannte er los, drängte sich durch die Menge, warf sich vor Jesus auf die Knie und sagte: »Was muss ich tun, um das ewige Leben zu bekommen?« Was er eigentlich meinte, war: »Ich habe ein Problem und du hast die Lösung. Was muss ich tun …?« Jesus sagte ihm die Lösung, aber der Mann ging davon und nahm alle seine Ängste und Probleme wieder mit.

Das christliche Leben beginnt damit, dass man sich der Herrschaft von Jesus Christus unterwirft. Das Kommen Christi in die Welt, sein Tod am Kreuz und seine Auferstehung von den Toten hatten den Zweck, eine Beziehung zwischen Gott und dem Menschen herzustellen, und diese Beziehung basiert auf der Unterwerfung des Menschen unter die Herrschaft Christi. »Denn Christus ist gestorben und wieder lebendig geworden, *um Herr zu sein* über alle, Tote wie Lebende« (Röm 14,9). Außerdem hat Paulus geschrieben: »Weil er für sie gestorben ist, gehört ihr Leben nicht mehr ihnen selbst, *sondern ihm,* der für sie gestorben und zum Leben erweckt worden ist« (2Kor 5,15).

Können Sie nun sehen, warum es mit dem reichen jungen Mann aus den oberen zehntausend nicht geklappt hat? Er wollte Christus als seinen Bediensteten, nicht als seinen Herrn. Christus sollte seine Bedürfnisse erfüllen, aber keine Verfügungsgewalt über ihn haben. Aber das ist keine Basis, auf der man etwas mit Gott erleben kann. Wenn jemand mit der Einstellung zu Christus kommt: »Ich möchte dich als meinen Retter erleben, aber ich möchte nicht, dass du der Herr über mein Leben bist und mir sagst, was ich zu tun und wie ich zu leben habe«, so jemand wird vom Herrn Jesus nicht mehr und nicht weniger bekommen als – nichts. Und wenn es uns gelingen sollte, eine Möglichkeit ausfindig zu machen, dass jemand zu solchen Bedingungen Christ werden kann, dann würde sich Jesus eines Tages bei dem reichen jungen Mann aus den oberen zehntausend entschuldigen müssen. Ich stelle jedenfalls mit Besorgnis fest, dass eine große Anzahl von Menschen in vielen Teilen der Welt, wo ich als Prediger hinkomme, offenbar von dieser Annahme ausgeht. Einer weit verbreiteten Vorstellung nach gibt es zwei Arten von Christen. Den »durchschnittlichen« Christen, der Jesus als seinen Retter kennt, dem seine sündige Vergangenheit vergeben worden ist, und der, wenn er einmal gestorben ist, in den Himmel kommt.

Aber außerdem gibt es noch Christen in einer »super de luxe«–Ausführung, die dann alles besonders genau nehmen und Christus nicht nur als Retter, sondern auch als Herrn haben. In einem großen Teil aller Predigten bemüht man sich, Menschen, die Jesus schon als Retter angenommen haben, zu ermahnen, dass sie weitergehen und ihn auch als Herrn anerkennen. Aber seine Macht, zu retten, resultiert aus seiner Funktion als Herr. Der grundlegende Punkt, den wir mit Jesus Christus klären müssen, ist, wie wir zu seiner Funktion als Herrscher stehen. Erst, wenn wir diese Funktion akzeptiert haben, werden wir anfangen, sein Wirken als Retter zu erleben.

Was ist gemeint, wenn wir von »der Herrschaft Christi« in unserem Leben sprechen? Keine Beziehung, in der es nie zu Spannungen kommt, wo immer alles gut ist und wir uns einem Zustand nähern, der gleichbedeutend ist mit Sündlosigkeit ! Wir meinen auch nicht das Erfülltwerden mit dem Heiligen Geist, als ob das dasselbe wäre, wie Jesus Christus als Herrn zu kennen. Was wir meinen, ist ein *Verständnis von ihm*, und als Folge davon eine ganz bestimmte *Einstellung zu ihm*.

Ein Verständnis von ihm

Wenn wir von der Herrschaft Christi sprechen, bedienen wir uns gern einer sehr subjektiven Ausdrucksweise. Wir sagen, »ihn zum Herrn machen«. Die Bibel benutzt dagegen eine objektive Ausdrucksweise. Sie spricht von der Herrschaft Christi als einer objektiven Wahrheit, die nicht erst dann wahr wird, wenn ich an ihn glaube und mich ihm unterordne, hingegen unwahr bleibt, wenn ich nicht an ihn glaube. Die Herrschaft Christi ist vielmehr eine feststehende Tatsache, und somit wahr, egal, ob ich daran glaube oder nicht, ob ich sie anerkenne oder nicht. Der Apostel Petrus hat seine Auslegung des Evangeliums am Pfingsttag mit der Feststellung abgeschlossen: »Alle Menschen in Israel sollen also an dem, was sie hier sehen und hören, mit Gewissheit erkennen: Gott hat diesen Jesus, den ihr gekreuzigt habt, zum Herrn und Christus gemacht« (Apg 2,36). Er ist Herr, behauptet Petrus, nicht, weil wir ihn zum Herrn machen, sondern weil Gott ihn zum Herrn gemacht hat. Das Leben Jesu, sein Wirken, sein Tod, seine Auferstehung und Erhöhung zur rechten Hand Gottes – als Ergebnis von alledem ist er zum Herrn gemacht worden und deshalb ist es Jesus als der Herr, mit dem wir uns auseinander setzen müssen.

Wenn Sie amerikanischer Staatsbürger sind, würde ich Sie doch niemals fragen, ob Sie den Gouverneur Ihres Bundesstaates zu Ihrem persönlichen Gouverneur gemacht haben! Sie wissen so gut wie ich, dass diese Person zum Gouverneur ernannt worden und dass seine oder ihre Regierung an der Macht ist, ganz unabhängig von Ihren persönlichen Sympathien und davon, wem Sie Ihre Stimme bei der Wahl gegeben haben. Es geht einfach nicht um die Frage: »Haben Sie ihn zu ihrem Gouverneur gemacht«, denn hier handelt es sich um einen objektiven Tatbestand. Die einzige Frage, die in diesem Zusammenhang noch zu klären ist, lautet: »Sind Sie bereit, die Autorität dieser Regierung anzuerkennen oder nicht?«

Nehmen wir einmal an, Sie erklären, dass Sie nicht bereit sind, die Regierung anzuerkennen. Würden die von der Regierung erlassenen Gesetze dadurch ungültig? Selbstverständlich nicht. Angenommen, Sie fahren in Ihrem Auto auf einer Straße, wo 50 km/h als Höchstgeschwindigkeit erlaubt sind, aber Sie beschließen, dass Sie lieber mit 80 km/h fahren möchten! Also treten Sie kräftig aufs Gaspedal. Es dauert nicht lange und Sie bemerken im Rückspiegel ein grünes Auto, das mit Blaulicht und mit einer Geschwindigkeit von 100 km/h hinter Ihnen aufholt und gerade zum Überholen ansetzt. Das Auto hält vor Ihrem Wagen an, der Fahrer gibt Ihnen ein Zeichen, dass Sie anhalten sollen, und aus dem weißen Wagen steigen zwei Polizisten und kommen auf Sie zu. »Wissen Sie, wie schnell Sie unterwegs gewesen sind?« fragt einer von ihnen. »Ja, mit 80 km/h« antworten Sie. »Aber ist Ihnen nicht bekannt, dass auf dieser Strecke die zulässige Höchstgeschwindigkeit 50 km/h ist«, sagt er und dabei hat er schon seinen Notizblock in der einen Hand und sucht mit der anderen nach seinem Stift. »Die zulässige Höchstgeschwindigkeit ist mir durchaus bekannt«, antworten Sie, »aber ich möchte Sie etwas fragen. Wer bestimmt, dass ich auf dieser Straße nicht schneller fahren darf als 50 km/h?« »Das ist ein Bundesgesetz«, antwortet er, »das von unserer Regierung nach einem entsprechenden Beschluss im Parlament erlassen wurde.« »Dann ist es für mich nicht gültig«, antworten Sie. »Ich habe nicht für diese Regierung gestimmt, ich will sie nicht und ich stimme auch nicht mit ihrer politischen Linie überein.« Würde dann für Sie eine Ausnahmeregelung in Kraft treten? Natürlich nicht! Die Gesetze eines Staates haben Geltung, egal, ob Sie damit einverstanden sind oder nicht. Sie würden in unserem Beispiel trotz aller Proteste ein Strafmandat bekommen, und wenn Sie sich weigern zu zahlen, kommen Sie ins Gefängnis. Eine Bundesregierung und die von ihr erlassenen Gesetze sind objektive Tatsachen und es geht nicht darum, ob Sie diese Regierung gewählt haben oder mit ihr einverstanden sind, sondern ob Sie willens sind, ihre Autorität anzuerkennen.

Ganz ähnlich muss man sich auch die Herrschaft Christi als objektive Tatsache vorstellen. Er ist nicht Herr, weil wir ihn zum Herrn machen, sondern, weil Gott ihn zum Herrn gemacht hat. Ob es mir nun persönlich recht ist oder nicht, die ganze Weltgeschichte treibt auf ihn zu und eines Tages wird ihm alles zu Füßen liegen. Paulus hat gesagt: »Darum hat Gott ihn auch erhöht und ihm den Rang und Namen verliehen, der ihn hoch über alle stellt. Vor Jesus müssen alle auf die Knie fallen – alle, die im Himmel sind, auf der Erde und unter der Erde« (Phil 2,9.10). Die Bibel lehrt, dass die Herrschaft Christi eine feststehende Tatsache ist und dass eine Zeit kommen wird, wo jeder Mensch, der jemals gelebt hat, diese Tatsache erkennen wird. Deshalb ist das Evangelium so wichtig. Wir predigen das Evangelium nicht einfach nur, weil es sich bewährt, sondern weil es wahr ist. Menschen sollen nicht deshalb Christen werden, weil das ihren Bedürfnissen entspricht, sondern weil Jesus Christus echt ist und weil er der Herr ist. Wenn wir das

Evangelium nur deshalb predigen, weil es sich bewährt, dann müssen wir damit gegen Tausende andere Dinge antreten, die vielleicht auch den Anspruch erheben könnten, sich zu bewähren. Wenn wir von Christus nur predigen, weil er Bedürfnisse erfüllt, dann haben wir all denjenigen nichts zu sagen, deren Leben relativ unkompliziert verläuft und die sich in der Lage fühlen, mit ihren Problemen selbst fertig zu werden. Das Evangelium ist wichtig, weil es wahr ist. Die ganze Weltgeschichte wird sich eines Tages auf die Herrschaft Jesu Christi einstellen müssen und wir haben jetzt die Chance, es freiwillig zu tun, statt damit zu warten bis an den Tag, wo wir keine andere Wahl mehr haben.

Es geht nicht darum, Christus zum Herrn zu »machen«, sondern ihn als Herrn »anzuerkennen«. Wir können uns weigern, die Autorität einer Regierung anzuerkennen, aber dennoch sind wir dieser Autorität unterworfen, weil sie eine reale Tatsache ist. Wir können uns weigern, die Autorität Jesu Christi anzuerkennen, aber dennoch sind wir ihr unterworfen, zusammen mit der ganzen übrigen Menschheit, und eines Tages werden wir, zu unserer großen Bestürzung, erkennen, dass es tatsächlich so ist. Wir haben grundsätzlich die Wahl zwischen zwei Möglichkeiten, was Jesus Christus betrifft. Entweder wir anerkennen ihn freiwillig, oder wir tun es gezwungenermaßen, »wenn jedes Knie sich beugen wird ... und jede Zunge bekennen wird, dass Jesus Christus Herr ist«. Aber wenn wir so lange warten, werden wir danach überhaupt nichts mehr tun können! Christ zu werden bedeutet, Christus aus freien Stücken anerkennen, und zwar hier und jetzt.

Eine Einstellung zu ihm

Wenn wir diese Tatsachen über Christus zur Kenntnis nehmen, müssen wir auch zu einer entsprechenden Haltung ihm gegenüber finden. Genau mit diesem Problem war der reiche junge Mann aus den oberen zehntausend damals konfrontiert.

Wenn uns klar geworden ist, dass Christus ist, der er ist – nämlich Herr – dann müssen wir uns ihm gegenüber so verhalten, dass er wirklich der sein kann, der er ist – *Herr*. Wir müssen ihm die alleinige Verfügungsgewalt über unser Leben zugestehen und unsere sämtlichen persönlichen Belange zurückstellen hinter den Wunsch, seinen Absichten und Plänen zu entsprechen und ihm zu gefallen.

Bevor ich heiratete, hat es meiner Meinung nach eine ganze Reihe von Frauen gegeben, die ich hätte heiraten können. Es gibt mehr als zwei Milliarden Frauen auf der Welt, und selbst wenn man berücksichtigt, dass einige davon schon verheiratet sind, einige zu alt und einige zu jung, dann bleibt immer noch ein Anteil von, sagen wir einmal 0,1 Prozent aller Frauen der Welt, die ich theoretisch hätte heiraten können (anders gesagt, immer eine unter tausend). Damit hätte ich an die zwei Millionen Möglichkeiten gehabt! Eine große Auswahl! In Wirklichkeit war es aber so, dass ich mich eines Tages in ein Mädchen namens Hilary, verliebt hatte und sie fragte, ob sie mich heiraten wolle. Sie stimmte zu – erstaunlicherweise – und als wir getraut wurden, leistete ich einen Eid, »allen anderen zu entsagen und sie allein zur Frau zu haben, solange wir beide leben«. In dem Moment, wo ich diese eine von zwei Millionen »potentieller« Ehefrauen gefunden hatte, wurden die übrigen 999 999 an möglichen Ehefrauen absolut unerreichbar für mich, und ich für sie! Ich konnte nun keine weiteren Beziehungen dieser Art mehr eingehen, sondern Hilary allein hatte Anspruch auf meine eheliche Liebe und Treue.

Das ist ein anschauliches Bild für die Art von Beziehung, in die wir zu Jesus Christus treten müssen. Er muss das ausschließliche Recht haben, über unser Leben zu bestimmen, und alles muss ihm ausgeliefert werden, sogar Dinge, die gut und richtig sind. Deshalb hat Jesus den Ausspruch getan: »Wer sich mir anschließen will, muss bereit sein, mit Vater und Mutter zu brechen, ebenso mit Frau und Kindern, mit Brüdern und Schwestern; er muss bereit sein, sogar das eigene Leben aufzugeben. Sonst kann er nicht mein Jünger sein« (Lk 14,26).

Damit wollte er nicht sagen, dass es falsch wäre, Vater und Mutter, Frau und Kinder und Geschwister zu haben! Natürlich nicht! Diese Beziehungen sind gut und richtig und gehören bestimmt zum Besten, was wir auf dieser Welt haben können! Aber Christus geht vor, auch vor Dingen, die gut und richtig sind, und nicht nur vor solchen, die schlecht sind!

Meine Hochzeit mit Hilary war kein Werturteil über all die anderen Frauen, die ich nicht heiratete, sie sagt nichts über deren Vorzüge oder Nachteile aus. Aber mit meiner Hochzeit gestand ich Hilary eine Rolle in meinem Leben zu, die weit über meine anderen zwischenmenschlichen Beziehungen hinausgeht. Die Beziehung zu meiner Ehefrau ist einzigartig. Das bedeutet aber nicht, dass es in unserer Ehe nie zu Spannungen, Missverständnissen oder Schwierigkeiten kommt. Solche Dinge sind unvermeidlich, wenn man so eng miteinander verbunden ist, und es wird immer wieder einmal nötig sein, um Verzeihung zu bitten und Dinge auszuräumen, die sich trennend zwischen uns gestellt haben ... Aber das verändert unsere Beziehung ihrem Wesen nach nicht, es ändert nichts an ihrer Verbindlichkeit. Ganz ähnlich ist es mit unserer Beziehung zu Jesus Christus. Wenn wir uns für ihn entscheiden, heißt das, dass er den wichtigsten Platz in unserem Leben einnimmt, er allein und sonst niemand. Das bedeutet aber nicht, dass es nie Probleme oder Kämpfe geben wird und dass wir nicht immer wieder auch versagen. Das wird sogar unvermeidlich sein. »Wenn wir behaupten, ohne Schuld zu sein, betrügen wir uns selbst und die Wahrheit lebt nicht in uns« (1Joh 1,8) – diese Feststellung des Johannes ist an Christen adressiert. Aber wenn wir sündigen, bekennen wir es und kehren um und er vergibt uns. Trotz allem, was schief geht, bleibt die Beziehung zu Christus intakt, und es bleibt trotz allem dabei: Unser Leben hat den Zweck, ihm zu gefallen und ihm zu dienen.

Ich bin oft gefragt worden: »Was muss ich alles aufgeben, damit ich Christ werden kann?« Früher habe ich darauf gesagt, »na ja, das kommt darauf an ...« und dann habe ich mich möglichst bemüht, den, der mich gefragt hat, nicht zu entmutigen und klarzustellen, dass wir nur Dinge aufgeben müssen, die ohnedies schädlich für uns sind. Aber jetzt mache ich das nicht mehr. Jetzt antworte ich auf die bewusste Frage: »Alles.« Jesus hat gesagt: »Niemand von euch kann mein Jünger sein, wenn er nicht zuvor alles aufgibt, was er hat« (Lk 14,33). Das bedeutet nicht, dass er mir alles wegnehmen wird. Aber alles, was ich habe, wird seiner Autorität unterstellt und dient von nun an seinen Absichten. Ohne diese Grundvoraussetzung kann ich nicht sein Jünger sein. Machen Sie es nicht wie manche Leute, die ich kenne, die zwischen »Christen« und »Jüngern« unterscheiden, als ob »Jünger« eine gehobene Form von »Christ« wäre! Das Wort »Christ« hat seinen Ursprung als Spottname für Jünger. »… in Antiochia kam für die Jüngerinnen und Jünger zum ersten Mal die Bezeichnung ›Christen‹ auf« (Apg 11,26). Nur wenn ich Jünger bin, habe ich das Recht, mich Christ zu nennen. Daraus folgt, wenn ich nicht Jünger bin, mit allen sich daraus ergebenden Konsequenzen, dann bin ich auch kein Christ

Klingt das alles zu hart? Oder zu einseitig? Vielleicht fragen Sie jetzt: »Ich muss also Christus alles geben, aber was habe ich davon, wenn er mein Herr ist?« Damit wollen wir uns im Folgenden beschäftigen. Die Herrschaft Christi in unserem Leben bringt eine Vielzahl von großartigen Vorteilen für uns – aber nur, wenn wir uns mit dem Preis einverstanden erklären und ihn auch bezahlen!

Arbeitsblätter

Kapitel 3:
Ein Leben zu Gottes Bedingungen

»Christliches Leben kann nur zu Gottes Bedingungen gelebt werden« (Seite 45–47)

- Welche »unakzeptablen Bedingungen« werden vom Autor genannt? (Seite 47 und 49–52; 55–56)
- ....
  ....
  ....

- »Über die Bedingungen für ein Leben als Christ kann man nicht diskutieren oder verhandeln« (Seite 47)
- Können Sie dieser Behauptung zustimmen?
- ....
  ....
  ....

- Charles Price verwendet zwei Beispiele (Seite 45–47 und Seite 57–58)
- Finden Sie diese Beispiele passend?
- ....
  ....
  ....

- Vor welchen Folgen eines »gefälschten Christentums« möchte der Autor warnen? (Seite 47 und Seite 51–53)

....
....
....

»Geschenkt, aber trotzdem nicht billig« (Seite 48–53)

- Auf Seite 48 und 49 werden zwei Bibeltexte zitiert, in denen es um den »Preis für die geschenkte Erlösung« geht.
- Nehmen Sie Stellung zu diesen Bibeltexten
- ....
....
....

- Vergleichen Sie Ihre Interpretation mit der, die der Autor auf Seite 50–51 gibt
- ....
....
....

»Das christliche Leben beginnt damit, dass man sich der Herrschaft von Jesus Christus unterwirft« (Seite 55)

- Wie erklärt der Autor die Herrschaft Christi?
- (Seite 57–59)
- ....
....
....

- Was folgt daraus für unsere Einstellung zu ihm? (Seite 60–61; vgl. auch die oben schon erwähnten Beispiele auf Seite 45–47 und 57–58)

-
- ....
....
....

Die Herrschaft Jesu Christi

Ich erinnere mich noch gut daran, wie ich vor einigen Jahren mit einem Freund in ein Kaffeehaus ging, um mit den jungen Leuten, die dorthin kamen, über Jesus Christus zu sprechen. Damals war es für Jugendliche »in«, ins Kaffeehaus zu gehen. Ich hatte noch nicht so viel Erfahrung, wie man in der Öffentlichkeit mit Leuten über Christus redet, aber mein Freund war schon viel weiter als ich und so war ich froh, das Reden zum großen Teil ihm überlassen zu können. Wir kamen da einmal mit einem fünfzehn- oder sechzehnjährigen Burschen ins Gespräch, der sich wirklich sehr aufgeschlossen zeigte für das, was wir ihm sagten. Mein Freund erklärte ihm sehr behutsam und freundlich, dass der wahre Sinn und Inhalt unseres Lebens in Christus zu finden ist. Nachdem wir einige Stunden miteinander geredet hatten, sah es so aus, als wäre der Bursche bereit, sich Christus anzuvertrauen. Mein Freund hatte offenbar auch diesen Eindruck und fragte den Burschen: »Fällt dir nach allem, was wir heute miteinander geredet haben, irgendein Grund ein, warum du nicht noch heute Abend Christ werden möchtest?« Der junge Mann war einige Augenblicke still, dann schaute er auf und sagte: »Eigentlich sehe ich keinen Grund, warum ich nicht Christ werden sollte.«

Ich wurde ganz aufgeregt, aber zu meiner Verblüffung lehnte sich mein Freund über den Tisch und sagte: »Dann sage ich dir welche!« Und in den nächsten Minuten fing er an, zu erklären, was es kostet, ein Christ zu sein. Er sprach davon, dass man Gott das ganze Leben ausliefern müsse, jeden Wunschtraum, alle Beziehungen, den ganzen Besitz – einfach alles. Nur wenn er dazu bereit war, erklärte mein Freund unserem Gesprächspartner, würde Christus sein Leben wirkungsvoll verändern.

Ich saß dabei und konnte beobachten, wie der Bursche mir gegenüber unruhig auf seinem Sessel hin- und herrutschte, während er sich das alles anhörte, und vor lauter Verlegenheit begann ich ebenfalls, auf meinem Sessel hin- und herzurutschen! Mein Freund dagegen beugte sich noch weiter vor und fragte ihn: »Fällt dir immer noch kein Grund ein, warum du heute Abend nicht Christ werden solltest?« Nach einer kurzen Pause kam die Antwort: »Doch. Einige.« Darauf wieder mein Freund: »Wenn das so ist, dann solltest du nicht Christ werden, bevor du dich nicht mit jedem einzelnen dieser Gründe auseinander gesetzt hast und wirklich bereit bist, Christus alles auszuliefern.« Dann tauschten wir noch Adressen aus und verabredeten ein Treffen zu einem späteren Zeitpunkt.

Wie wütend war ich! »Was in aller Welt ist dir denn da eingefallen?«, fuhr ich meinen Freund an, als wir wieder auf der Straße waren. »Der Bursche war so nahe dran, und du hast nichts Besseres zu tun, als ihn zu verscheuchen.« Ich war überrascht von seiner Gegenfrage: »Wie hat Jesus sich in solchen Situationen verhalten?« Darüber hatte ich mir eigentlich noch nie Gedanken gemacht und noch viel weniger hatte ich die Bibel zu diesem Thema studiert, aber ich gab die Antwort, die mir am nächstliegenden schien. »Er forderte die Leute auf, ihm so bald wie möglich nachzufolgen.« »Das stimmt nicht«, antwortete er und dann zeigt er mir, dass Jesus es den Leuten nie leicht gemacht hatte, ihm nachzufolgen, sondern dass er im Gegenteil allen, die sich für ihn interessierten, den Preis und die Bedingungen für Jüngerschaft genau vorgerechnet hatte.

Noch in derselben Nacht setzten wir uns hin und begannen ein Bibelstudium über die Frage, wie Jesus mit Menschen umgegangen war, die ihm nachfolgen wollten. Das wurde zu einer großen Überraschung für mich! Wir schauten uns den reichen jungen Mann aus den oberen zehntausend an, der genauso unbefriedigt wieder von Jesus wegging, wie er gekommen war. Wir schauten uns einen anderen Mann an, der ganz enthusiastisch zu Jesus kam und bekannt gab, dass er ihm nachfolgen wolle. Ihm hatte Jesus geantwortet: »Die Füchse haben ihren Bau und die Vögel ihr Nest, aber der Menschensohn hat keinen Platz, wo er sich hinlegen und ausruhen kann« (Mt 8,19–20), und hatte ihn aufgefordert, heimatlos zu werden wie er. Ein anderer wollte noch abwarten, wie sich seine familiären und wirtschaftlichen Verhältnisse nach dem Tod seines Vaters gestalten würden, und er wollte Jesus nachfolgen, wenn er alles zufrieden stellend geregelt hatte, aber Jesus sagte zu ihm: »Komm, folge mir! Überlass es den Toten, ihre Toten zu begraben« (Mt 8,22). Nachdem einige Leute das, was Jesus sagte, als »harte Lehre« bezeichnet hatten, berichtet Johannes: »Als sie das hörten, wandten sich viele seiner Anhänger von ihm ab und wollten nicht länger mit ihm gehen« (Joh 6,66). Jesus rief keinen von ihnen zurück, sondern fragte auch noch die Zwölf, die bei ihm geblieben waren: »Wollt ihr mich etwa auch verlassen?« (Joh 6,67). Ich begann zu verstehen: Jesus fühlte sich nicht unter dem Druck, mit seinem Wirken »Erfolge« zu erzielen. Er sah seine Berufung darin, die Wahrheit ans Licht zu bringen und den Auftrag zu erfüllen, den sein Vater ihm anvertraut hatte; ob das bei den Leuten gut ankam, war unwesentlich. Menschen waren ihm wichtiger als Erfolge! Die Menschen waren ihm wichtig genug, um ehrlich mit ihnen umzugehen. Mir wurde bewusst, dass ich selbst von Statistiken mehr fasziniert war als von Menschen. Mir wäre es wichtiger gewesen, meinen Leuten sagen zu können: »Heute ist eine Person Christ geworden«, als mich darum zu kümmern, ob dieser Mensch auch wirklich begriffen hatte, worum es bei Gott geht.

Interessanterweise war das Wirken Jesu, rein statistisch gesehen, nicht sehr erfolgreich! Wenn Jesus ein Evangelist des 20. Jahrhunderts wäre, würde in den christlichen Zeitschriften wahrscheinlich nicht über die Ergebnisse seiner Evangelisationen berichtet. Dabei war es ja nicht so, dass er nicht oft die Möglichkeit gehabt hätte, vor großen Versammlungen zu sprechen. Er sprach einmal vor 5 000 Männern (Frauen und Kinder nicht mitgerechnet), und anschließend gab er ihnen zu essen und bewirkte durch ein Wunder, dass sie alle satt wurden, obwohl nur fünf Brotlaibe und zwei kleine Fische vorhanden waren. Bei einer anderen Gelegenheit machte er 4 000 Männer satt (Frauen und Kinder nicht mitgerechnet), diesmal mit sieben Brotlaiben und einigen Fischen. Wo immer er hin kam, strömten die Menschen in Scharen zusammen, um ihn predigen zu hören und mitzuerleben, was er an Wundern tat. Die Kranken und Sterbenden wurden zu ihm gebracht, und »er heilte alle Kranken« (Mt 8,16) Von Galiläa bis Jerusalem war er bekannt und löste erregte Diskussionen unter den Leuten aus, die einen liebten, die anderen hassten ihn. Als er, nur wenige Tage vor seinem Tod, nach Jerusalem einritt, bereiteten ihm die Menschen einen triumphalen Empfang: Die einen breiteten ihre Oberkleider als Teppich vor ihm auf den Weg, andere streuten grüne Zweige, die sie von ihren Feldern gebracht hatten, und alle riefen sie ihm zu: »Gepriesen sei Gott! Heil dem, der in seinem Auftrag kommt! ... Gepriesen sei Gott in der Höhe!« (Mk 11,9.10). Und doch: Trotz all der Begeisterung, trotz der Heilungen, und obwohl solche Massen von Menschen ihn predigen gehört und seine Wunder miterlebt hatten, waren es nur ganz wenige, die seine Jünger wurden. Es lässt sich unmöglich feststellen, wie viele es wirklich waren; jedenfalls versammelten sich in der Zeitspanne zwischen seinem Tod und seiner Himmelfahrt nicht mehr als 120 Jünger in Jerusalem, um auf das Kommendes Heiligen Geistes zu warten. 120 Jünger nach drei Jahren öffentlichen Wirkens – das ist nicht einmal einer pro Woche! Alles andere als eine Sensationsmeldung für die christliche Presse.

Warum sind so wenige bei Jesus geblieben und ihm nachgefolgt? Über seine Kreuzigung wurde sogar ein Volksbegehren abgehalten, und er wurde von einer überwältigenden Mehrheit zum Tode verurteilt. Pilatus, der Schwächling, wollte sich vor einer persönlichen Entscheidung drücken, indem er den Massen die Wahl zwischen Jesus und einem berüchtigten Räuber und Mörder namens Barabbas stellte. Ich nehme an, dass Pilatus von dem Ergebnis der Abstimmung schockiert war.

Bei so einer Auswahl war es eigentlich undenkbar, dass die Menge die Freilassung von Barabbas fordern würde. Viele Menschen lebten in ständiger Angst vor diesem Mann. Wo er sich in der Gegend herumtrieb, blieben die Türen verschlossen. Die Kinder wurden im Haus behalten und Frauen durften nicht ohne Begleitung auf der Straße sein, wenn Barabbas in der Stadt war. Barabbas war ein gemeiner Verbrecher. Wenn ihn die Römer nur kreuzigen würden, haben wahrscheinlich viele gedacht, dann hat er endlich, was er verdient. Nun ließ Pilatus sie entscheiden, ob sie Barabbas als freigesprochenen und gleichberechtigten Mitbürger wieder unter sich haben wollten.

Oder sie konnten Jesus haben! Vor ihm hatte sich niemand je hinter verschlossenen Türen verstecken müssen. Niemand schirmte die Kinder vor ihm ab, denn er liebte sie und sie liebten ihn. Die Leute begrüßten Jesus herzlich, wenn er in ihre Häuser kam. Sie schütteten ihm ihr Herz aus und er war immer so voll Mitgefühl und Verständnis. Sie brachten ihre Kranken zu ihm. Er legte seine Hände auf Menschen, die schon jahrelang keine körperliche Berührung mehr erfahren hatten. Er machte keinen Bogen um die gestrandeten Existenzen, die auf der Straße herumlungerten, sondern ging auf sie zu und redete mit ihnen, und er aß an einem Tisch mit Leuten, die in der ganzen Stadt für ihren zweifelhaften Lebenswandel bekannt waren. Die selbstgerechten »besseren Leute« hassten ihn, aber die einfachen Menschen liebten ihn.

Pilatus erlitt einen Schock, als er die Menge vor die Wahl zwischen Barabbas und Jesus stellte. Sie wollten Barabbas! »Aber was soll ich denn tun mit diesem Jesus?« rief Pilatus. »Kreuzige ihn!« brüllten sie zurück, »kreuzige ihn.«

Warum reagierten sie so auf Jesus? Er hat es selbst noch in einem Gleichnis erklärt, kurz bevor er zum letzten Mal nach Jerusalem kam. Es gab einen ganz einfachen Grund. »Wir wollen nicht, dass dieser Mensch unser König ist« (Lk 19,14). In älteren Übersetzungen heißt es noch nachdrücklicher: »Wir wollen diesen Mann nicht über uns herrschen lassen.« An seinem Anspruch, König zu sein, scheiden sich die Geister. Die

Leute kommen meistens gern zu Jesus, wenn sie etwas von ihm haben wollen, aber wenn er Verbindlichkeit von ihnen fordert, drehen sie ihm den Rücken. Am Ende seines Wirkens hatte Jesus wenig »Bekehrte«, aber viele Feinde, weil er sie gezwungen hatte, der Tatsache ins Auge zu sehen, dass er König war. Auch Sie müssen sich dieser Tatsache stellen, ebenso wie ich. Nicht irgendwann einmal im Laufe unseres Lebens, sondern ständig neu.

Warum haben wir Angst vor Gott?

Warum haben so viele Leute Angst davor, dass Jesus die Herrschaft in ihrem Leben übernimmt? Ich habe mit so vielen Menschen gesprochen, die wirklich mit Gott ins Reine kommen wollen, aber sie haben Angst davor, ihm ihr Leben auszuliefern. Ich erinnere mich an ein achtzehnjähriges Mädchen an einer Schule in South Wales, wo ich einen Vortrag gehalten hatte. Sie kam nachher zu mir und sagte mir unter Tränen, dass sie so gerne ihr Leben Gott anvertrauen wolle, aber sie hätte solche Angst davor, was er dann von ihr fordern könnte. Zum Beispiel einen Beruf auszuüben, den sie nicht wolle, oder einen Mann zu heiraten, den sie nicht liebe! Viele Leute machen sich Sorgen um diese Fragen. Im Grunde ihres Herzens haben sie Angst, dass die Pläne, die Gott mit ihnen hat, nicht gut sind. Wenn er einen Beruf für sie vorgesehen hat, wird es sicher etwas sein, was ihnen nicht gefällt – zum Beispiel Zahnarzt! (Ich kann mir einfach nicht vorstellen, dass es Leute gibt, die freiwillig Zahnarzt werden!).

Wenn Gott ihnen einen Ehepartner zugedacht hat, wird er oder sie sicher schrecklich sein! Sie werden nicht aus Liebe heiraten können, nur aus gefühllosem Gehorsam! Sie gehen davon aus, dass Gott wahrscheinlich immer das von ihnen will, was sie nicht wollen, und nicht will, was sie gerne wollen. Ich habe Verständnis für diese Ängste, denn mir ist es selbst genauso ergangen.

Ich weiß noch, wie ich einmal eine Klasse mit dreizehn- oder vierzehnjährigen Teenagern aufforderte, mir zu schildern, wie ihrer Meinung nach das Leben wäre, wenn sie jeden Tag, bis zum Lebensende, vom Aufwachen bis zum Einschlafen, nie etwas anderes täten als das, was Gott von ihnen will. Es kamen sehr interessante Antworten, aber durchwegs negative. Der Hauptgedanke war, wie eintönig, langweilig und schrecklich ein solches Leben wäre. Der einzige positive Gesichtspunkt kam von einem Burschen, der sagte: »Zumindest würden wir nie etwas Unrechtes tun«, worauf ein anderer sagte: »Aber wir hätten nichts, was uns Spaß macht!« Zuletzt fragte ich sie: »Aber wer in aller Welt hat euch denn solche Vorstellungen über Gott vermittelt?« Und sie sagten doch glatt: »Die Christen.« Wie ich feststellen musste, wussten sie in Wirklichkeit gar nicht, was ein Christ ist, und ihre Vorstellungen waren geprägt von typischen Klischees, etwa aus dem Fernsehen: Schwächliche, blutlose Männer, von denen manche sich mit »Vater« anreden ließen, obwohl man eher auf »Mutter« getippt hätte – den Kostümen nach, in denen sie auftraten –, jedenfalls meilenweit entfernt von der eigentlichen Sache. Viele Menschen haben ganz schreckliche Vorstellungen von Gott. Der Vorfall, den ich eben geschildert habe, hat sich in einer Gruppe von nicht-christlichen jungen Leuten ereignet, aber viele, die sich selbst als Christen bezeichnen, haben ganz ähnliche Ängste, wenn es darum geht, zu tun, was Gott von ihnen will.

Wenn wir vor Gottes Plänen Angst haben, dann hat das immer denselben, ganz einfachen Grund. Wir kennen Gott nicht gut genug! Die meisten unserer negativen Erwartungen und Befürchtungen in Bezug auf Gott entspringen der Tatsache, dass wir Gott nicht kennen, so wie er wirklich ist. Während ich diese Zeilen schreibe, muss ich an meine Tochter denken. Sie ist im Augenblick noch ein kleines Kind und oft verhält sie sich sehr schüchtern und ängstlich, wenn gewisse Leute anwesend sind. Aus einem ganz einfachen Grund: Sie kennt diese Leute nicht! Es gibt nur eine Möglichkeit, dass sie ihre Ängstlichkeit überwindet: Man muss ihr Zeit lassen, mit einer ihr fremden Person vertrauter zu werden. Ich glaube, vieles, was uns in unserem Leben als Christen Schwierigkeiten macht, kommt daher, dass wir Gott nicht gut genug kennen. Ich weiß ganz sicher, dass das auf mein eigenes Leben zutrifft, aber es trifft auch auf das Leben vieler anderer Menschen zu. Hören Sie, was der Apostel Paulus sagt: »... ich weiß, wem ich Glauben geschenkt habe, und bin überzeugt, dass er die Macht hat, bis zum Tag des Gerichts sicher zu bewahren, was er mir anvertraut hat« (2Tim 1,12). Paulus sagt, dass er von zwei Dingen überzeugt ist: Erstens weiß er, wem er glaubt, und zweitens weiß er, dass der, an den er glaubt, bewahren kann, was man ihm anvertraut. Die zweite Überzeugung baut auf der ersten auf. Zu wissen, wem wir glauben, ist die Voraussetzung dafür, dass wir ihm vertrauen können.

Beachten Sie, dass Paulus nicht sagt: »Ich weiß, was ich glaube«, sondern »Ich weiß, wem ich glaube«. Das ist ein Unterschied, wie man ihn sich größer nicht denken kann. Ich erlebe, wie schön es ist, verheiratet zu sein, nicht, weil ich etliche gute Bücher über Ehe gelesen habe und ein paar Vorträge über dieses Thema halten könnte, sondern weil ich meine Frau kenne, und es ist einfach großartig, mit ihr zu leben! Ebenso geht es im christlichen Leben nicht um die Erkenntnis von Wahrheiten, sondern es geht darum, Gott zu kennen. Und davon, wie gut wir Gott kennen, hängt es ab, wie intensiv wir unsere Beziehung mit ihm erleben können. Jeder einzelne Aspekt des christlichen Lebens erwächst letztlich aus dem Kennen Gottes. Jesus hat ewiges Leben folgendermaßen definiert: »Und das ewige Leben besteht darin, dich zu erkennen, den einzig wahren Gott, und den, den du gesandt hast, Jesus Christus« (Joh 17,3). Ewiges Leben ist keine Substanz, es ist eine Person, und man erlebt, wie schön ewiges Leben ist, indem man diese Person kennt. Ewiges Leben bedeutet, Gott zu kennen und Christus zu kennen.

Aus seinem Wissen, wem er vertraut, kommt Paulus zu seiner zweiten Feststellung: »Und ich bin überzeugt, dass er die

Macht hat, mir sicher zu bewahren, was er mir anvertraut hat.«
Es besteht kein Anlass zu Befürchtungen bezüglich der Dinge,
die Paulus Jesus Christus anvertraut hat, denn »er kann sie
bewahren«. Wenn ich 1500 Euro an Ersparnissen hätte, könnte
ich sie entweder auf einer Bank hinterlegen oder mich selbst
darum kümmern. Wenn ich mein Geld auf ein Bankkonto lege,
übernimmt die Bank die Verantwortung für mein Geld, sie
bewahrt es mir. Ich brauche mir keine Sorgen mehr um die
Sicherheit meines Besitzes zu machen, denn »ich bin überzeugt,
die Bank kann mir bewahren, was ich ihr anvertraut habe«. Für
alles, was ich bereit bin, der Bank anzuvertrauen, ist sie
ihrerseits bereit, die Verantwortung zu übernehmen.

Wenn ich hingegen mein Geld nicht auf der Bank einzahle,
sondern stattdessen beschließe, es zu Hause unter meiner Ma-
tratze zu verstecken, muss ich selbst darauf aufpassen. Die
Bank übernimmt keine Verantwortung, wenn etwas davon
verloren geht, denn ich habe ihr die Verantwortung ja nicht
übertragen. Die Bank übernimmt die Verantwortung für das,
was ich ihr anvertraue, aber für alles, was ich ihr nicht
anvertraue, muss ich selbst die Verantwortung übernehmen.

Christus verbürgt sich, dass er für alles, was ich ihm
übergebe und in seine Hände lege, die Verantwortung übernimmt. Was ich ihm nicht anvertraue, dafür muss ich selbst die
Verantwortung übernehmen. Wir müssen uns für eine dieser
beiden Möglichkeiten entscheiden. Wenn ich mich davor
fürchte, dass Christus für meine Lebensumstände die Verantwortung übernimmt, dann kann es deshalb sein, weil ich ihn
nicht kenne, oder weil ich ihn nicht will.

Die Pläne Gottes sind gut

Die Pläne Gottes machen uns vielleicht nicht immer glücklich,
aber sie sind gut! Sie sind vielleicht nicht immer attraktiv für
mich, aber sie sind vollkommen! Paulus spricht vom Willen
Gottes als dem was »gut, wohlgefällig und vollkommen ist«

(Röm 12,2). Wenn wir merken, dass er gut ist, und zugestehen, dass er vollkommen ist, werden wir schließlich auch entdecken, dass er wohlgefällig ist.

Menschen, die sich zur Verfügung stellten, damit Gottes Wille verwirklicht werden konnte, sind manchmal durch Gottes Pläne in Schmerzen und Leiden geführt worden. Der Herr Jesus selbst ist durch die Hölle gegangen, als er rücksichtslos den Willen seines Vaters ausführte, ohne dabei an sein eigenes Wohlergehen zu denken.

Im Garten von Gethsemane, kurz vor seiner Kreuzigung, sagte er zu seinen Jüngern: »Ich bin so bedrückt, ich bin mit meiner Kraft am Ende« (Mt 26,38) und dann betete er: »Mein Vater, wenn es möglich ist, erspare es mir, diesen Kelch trinken zu müssen! Aber es soll geschehen was du willst, nicht was ich will« (V. 39). Wir müssen ehrlich und realistisch sein. Gehorsam hat seinen Preis. Wenn wir Gott gehorsam sind, kommen wir an die vorderste Front im Kampf gegen Satan und sein Heer. Gefahren, Tränen und Schmerzen bleiben uns nicht erspart. Aber hinter dem Leid, das wir erleben, hinter den unbeantworteten Fragen, hinter den Verletzungen, die der Kampf mit sich bringt – hinter und über all dem ist Gott am Wirken, und was daraus entsteht ist gut, es ist vollkommen, und ohne Zweifel wird es auch wohlgefällig sein, wenn wir erst einmal das gesamte Werk in Vollendung sehen können. Jesaja tat durch die Jahrhunderte hindurch einen Blick auf den Herrn Jesus und sah einiges von seinen Leiden voraus und schrieb darüber: »Aber der Herr wollte ihn leiden lassen und zerschlagen ... Nachdem er so viel gelitten hat, wird er wieder das Licht sehen und sich an dessen Anblick sättigen« (Jes 53,10.11). Durch den Todeskampf am Kreuz hindurch sah Jesus das Ziel und war zufrieden.

Gott ist in keiner Weise verpflichtet, sich bei Ihnen oder bei mir zu rechtfertigen für das, was er mit unserem Leben tut. Manchmal gibt er uns einen kleinen Einblick – in der Bibel gibt es viele Beispiele von Menschen, die so etwas erlebt haben – aber ansonsten werden wir keine Erklärungen direkt vom

Himmel bekommen, »… Wir leben ja noch in der Zeit des Glaubens, noch nicht in der Zeit des Schauens« (2Kor 5,7).

Ein Mann in der Bibel, in dessen Leben alles schief zu gehen schien, war Joseph. Er hatte ungünstige Startbedingungen, und das aus zwei Gründen. Er war der elfte von zwölf Söhnen und war das Lieblingskind seines Vaters. Dieser zweite Grund wog schwerer als der erste, denn seine Brüder hassten ihn deswegen. Eines nachts ließ Gott Joseph in einem Traum einen Blick in seine Zukunft tun; er träumte, er wäre zusammen mit seinen Brüdern draußen auf dem Feld beim Ährenbinden, als sich plötzlich Josephs Garbe gerade aufrichtete und die übrigen Garben sich vor ihr verbeugten. Später hatte er noch einen anderen Traum, der dieselbe Botschaft enthielt: Die Sonne und der Mond und elf Sterne verbeugten sich vor ihm. Als Joseph seinen Brüdern diese Träume erzählte, sagte er ihnen damit indirekt, dass sie sich alle eines Tages vor ihm verbeugen würden. Es versteht sich von selbst, dass sie ihn daraufhin noch mehr hassten und beschlossen, ihn loszuwerden. Eines Tages verkauften sie ihn an eine Karawane von midianitischen Sklavenhändlern, die ihn nach Ägypten mitnahmen und dort auf dem Sklavenmarkt ausboten. Inzwischen nahmen die Brüder Josephs buntes Obergewand, das sein Vater ihm hatte machen lassen, tauchten es in Ziegenblut und brachten es so nach Hause, als Beweisstück, dass Joseph von einem wilden Tier getötet worden sei! Jakob brach völlig zusammen und die Brüder brachten es sogar noch fertig, angesichts seines Kummers Tränen zu vergießen, obwohl die zwanzig Silberstücke, die sie für Joseph bekommen hatten, noch in ihren Taschen klingelten!

Inzwischen wurde Joseph in Ägypten an den Meistbietenden verkauft, einen Mann namens Potiphar, Hauptmann der Leibwache Pharaos. Joseph war damals siebzehn Jahre alt, und es zeigte sich bereits damals, dass er ein Mann war, »in dem Gottes Geist ist« (1Mose 41,38). Was immer Joseph tat, ließ Gott ihm gelingen. Potiphar war beeindruckt und machte Joseph zu seinem ersten Verwalter. Auch Potiphars Gattin war von

Joseph beeindruckt, allerdings aus anderen Gründen. Sie versuchte ihn zu verführen, und als er eines Tages allein zu Hause war, hängte sie sich an ihn und lud ihn ein, mit ihr ins Bett zu gehen, aber er floh aus dem Haus und ließ seinen Mantel bei ihr zurück. Als Potiphar nach Hause kam, behauptete sie, Joseph habe versucht, sie zu vergewaltigen, und Potiphar ließ in seinem Zorn Joseph in den Kerker werfen. Joseph blieb viele Jahre lang im Gefängnis. Als er dreißig war, dreizehn Jahre, nachdem er von seinen Brüdern verkauft worden war, wurde er vor den Pharao gerufen, wo er versuchen sollte, einen eindrücklichen Traum des Pharao zu deuten, den niemand sonst verstanden hatte. Joseph sagte ihm: »Nicht ich! … Die Antwort kommt von Gott, und er wird dem Pharao bestimmt etwas Gutes ankündigen« (1Mose 41,16). Gott gab Joseph die Deutung und er sagte dem Pharao voraus, dass auf sieben Jahre mit reicher Ernte sieben Hungerjahre folgen würden, und dass sie sich in den guten Jahren auf die Hungerjahre vorbereiten müssten. Daraufhin wurde Joseph zum mächtigsten Mann im ganzen Land nach dem Pharao. Während der folgenden sieben Jahre bereiteten sie sich auf die zu erwartenden Hungerjahre vor. Die Hungersnot verbreitete sich weit über die Grenzen Ägyptens hinaus, und als Jakob im fernen Kanaan hörte, dass es in Ägypten Getreidevorräte gab, schickte er seine Söhne dahin, um Getreide einzukaufen. Bei ihrer Ankunft wurden sie Joseph vorgeführt.

Er war nun ein Mann von neununddreißig Jahren, es war mehr als zwanzig Jahre her, seit er von seinen Brüdern verkauft worden war. Schließlich gab er sich ihnen als ihr Bruder zu erkennen und sagte dabei: »Erschreckt nicht und macht euch keine Vorwürfe deswegen. Gott hat mich vor euch her nach Ägypten gesandt, um viele Menschen am Leben zu erhalten. Nicht ihr habt mich hierher gebracht, sondern Gott« (1Mose 45,5–8). Als seine Brüder später befürchteten, Joseph könnte sich an ihnen dafür rächen, wie sie ihn früher behandelt hatten, erklärte er: »Ihr hattet Böses mit mir vor, aber Gott hat es zum Guten gewendet« (1Mose 50,20). Hinter den scheinbaren

Katastrophen in seinem Leben sah er die Hand Gottes und mehr noch: Er sah die Güte Gottes.

Wäre damals, als Joseph in seiner Kerkerzelle saß, jemand zu ihm gekommen und hätte ihm gesagt, wie wunderbar es doch wäre, dass »Gott in allen Dingen zum Besten derer wirkt, die ihn lieb haben« (Röm 8,28), Joseph hätte ihn wohl komisch angeschaut! Soweit er sehen konnte, war einfach alles schief gegangen! Er brachte die besten Jahre seines Lebens zuerst als Sklave zu und dann im Gefängnis für ein Vergehen, das er gar nicht begangen hatte! Und sein Vater zu Hause war nie mehr über die Nachricht von Josephs »Tod« hinweggekommen, er war ein gebrochener Mann. »Wollt ihr seinen Kummer als gut bezeichnen?« so hätte Joseph wohl fragen können. Damals kannte er nicht die ganze Geschichte, aber als er mehr Einblick bekam, konnte er sagen: »Gott hat es zum Guten gewendet.«

Gott ist in keiner Weise verpflichtet, sich für irgendetwas zu rechtfertigen, was er mit uns tut. Manchmal werden wir überhaupt keine Erklärung bekommen, solange wir leben. Keine Gestalt im Alten Testament hat wohl so viel gelitten wie Hiob, und Hiob hatte keine Ahnung, warum Gott all diese Leiden in seinem Leben zuließ. Aber obwohl Hiob sagte, er könne Gott in seinem Leben nicht mehr sehen, konnte er doch daran festhalten: »Mein Weg ist ihm schon lange bekannt; wenn er mich prüft, dann bin ich rein wie Gold« (Hiob 23,10), und schon vorher, am Beginn seiner Serie von Schicksalsschlägen, stellte er fest: »Wenn Gott uns Gutes schickt, nehmen wir es doch gerne an. Warum sollen wir dann nicht auch das Böse aus seiner Hand annehmen?« (Hiob 2,10). Alles, was Gott tut und bewirkt, ist letzten Endes gut.

»Es ist gut« muss aber nicht notwendigerweise heißen: »gut für mich«. Wir müssen Gottes Wirken in einem größeren Zusammenhang betrachten als dem unseres eigenen Besten und unserer Bequemlichkeit. Was Gott mit mir tut, kann jemand anderem nützen, und vor allem anderen nützt es Gott. Natürlich ist es auch für uns selbst gut, aber in erster Linie geht es darum, dass mein Leben Gott und anderen Menschen dient.

Ich möchte realistisch sein. Wenn wir unser Leben Gott übergeben, heißt das nicht, dass immer alles glatt gehen wird. Ein Christ wird nicht von Schwierigkeiten verschont, er ist höchstens besser dafür ausgerüstet! Er kann auf seinem Weg durchs Leben die Gewissheit haben, dass nichts an ihn herankommt, ohne dass Gott es zulässt, und er weiß auch, dass es in seinem Leben nicht darum geht, es möglichst angenehm und gemütlich zu haben, sondern dass er alles einsetzen soll, um seine Rolle in Gottes übergeordnetem Plan möglichst gut auszufüllen. Die harten Zeiten, die Schwierigkeiten und die Tränen sind nicht das letzte Wort, denn Gott schafft aus alledem etwas Gutes, etwas Vollkommenes und etwas Angenehmes.

Den Willen Gottes kennen

Ich glaube, das ist eine von den Fragen, die mir am häufigsten gestellt werden, vor allem von jungen Christen. »Wie erkenne ich, was Gottes Wille ist?« Wir bemühen uns zwar, uns dem Willen Gottes zu unterwerfen, aber manchmal scheint er nicht besonders kooperativ zu sein. Er zeigt uns einfach nicht klar und deutlich, was sein Wille ist! Empfinden Sie das manchmal auch so? Sie beten um Führung und Weisung, aber anscheinend bekommen Sie recht wenig davon! Aber wenn es Gottes größter Wunsch ist, dass Sie seinen Willen erfüllen und es Ihr größter Wunsch ebenfalls ist, Gottes Willen zu erfüllen, sollte es hier doch keine Schwierigkeiten geben! Wenn es trotzdem Schwierigkeiten gibt, dann sind sie hausgemacht, und zwar von Ihnen!

Was Gott im Speziellen von uns will, können wir nur herausfinden, wenn wir beherzigen, was er im Allgemeinen und von allen seinen Leuten will. Das Neue Testament nennt vier Dinge als Gottes Willen für Sie und für mich, und nur, wenn wir diese Anweisungen befolgen, werden wir herausfinden, was sein Wille für uns persönlich ist.

1. Dass wir heilig sind: »Es ist Gottes Wille, dass Ihr heilig sein sollt; dass Ihr sexuelle Unmoral vermeiden sollt; dass jeder

von euch lernen soll, seinen eigenen Körper unter Kontrolle zu halten, so wie es heilig und ehrbar ist« (1Thess 4,3.4). Eine Bedingung, um Gottes Willen zu erfüllen, ist ein Körper, der in sexueller Hinsicht rein ist. Wenn es auf diesem Gebiet in der Vergangenheit Missbrauch und Sünde gegeben hat, muss das vergeben und bereinigt werden. Es ist interessant, wie oft es in der Bibel um Sünden geht, die aus unkontrollierten körperlichen Bedürfnissen entstanden sind. Die Lust auf Essen ist eine ebenso wichtige Ursache für Sünde wie die Lust auf Sex. Viele Menschen, angefangen von Eva im Garten Eden, haben sich über das Essen in Schwierigkeiten gebracht. Es war auch die erste Versuchung, die der Teufel an Jesus herantrug, als er allein in der Wüste war. Gottes Wille braucht einen heiligen Körper. Paulus hat die Römer aufgefordert: »Gebt eure Leiber als lebendiges Opfer … dann könnt ihr prüfen und überein-stimmen mit dem, was Gottes Wille ist« (Röm 12,1–2). Es besteht ein sehr klarer Zusammenhang zwischen der Freude an Gottes Willen und einem heiligen Körper. Auch Josephs Geschichte war ein Beweis dafür.

2. Dass wir dankbar sind: »Dankt Gott in jeder Lebenslage! Das will Gott von euch als Menschen, die mit Jesus Christus verbunden sind« (1Thess 5,18). Dieser Vers sagt nicht, dass wir für alle Lebensumstände dankbar sein sollen, aber in allen Lebensumständen. Wir müssen durch die schwierigen Ver-hältnisse hindurch auf Gott sehen, der über allen Situationen steht und allen Schwierigkeiten gewachsen ist. Gott ist immer größer als die Probleme, und es ist sein Wille, dass wir uns dieser Tatsache ständig bewusst bleiben und ihm deshalb ständig danken, für alles, was er ist und für alles, was er tut.

3. Dass wir gut sind: »Fügt euch um des Herrn willen jeder von Menschen gesetzten Ordnung … Denn Gott will, dass ihr durch eure guten Taten alle zum Schweigen bringt, die aus Dummheit und Unwissenheit gegen euch reden« (1Petr 2,13–15). Wir erfüllen Gottes Willen, indem wir Gutes tun trotz aller Ungerechtigkeit und Dummheit, mit der wir konfrontiert wer-den. Auch hierfür war Joseph ein gutes Beispiel. Er strengte

sich an, um seine Sklavenarbeit in Potiphars Haus gut zu machen. »Weil sein Herr sah, dass Gott Joseph beistand und ihm alles gelingen ließ, ... übergab er ihm die Aufsicht über sein Hauswesen und vertraute ihm die Verwaltung seines gesamten Besitzes an« (1Mose 39,3.4). Und obwohl er später völlig zu Unrecht ins Gefängnis kam, führte er auch dort einen derart mustergültigen und gottesfürchtigen Lebenswandel, dass der Gefängnisverwalter »Joseph die Aufsicht über alle anderen Gefangenen übertrug« (1Mose 39,22). Wir sollen einen guten Lebenswandel führen, auch dort, wo er uns viel abverlangt. Wenn wir dazu nicht bereit sind, befinden wir uns nicht im Einklang mit Gottes Willen.

4. Dass wir leiden: »Darum sollen alle, die nach dem Willen Gottes zu leiden haben, sich ganz ihrem Schöpfer anvertrauen und nicht davon ablassen, das Rechte zu tun« (1Petr 4,19). Es ist nicht Gottes Wille, jedes Leid zu lindern, sondern es gibt Zeiten, wo Gottes Wille ist, dass wir leiden. Das Ausmaß des Leidens wird bei jedem von uns verschieden sein, aber wenn uns Leid widerfährt, ist es nicht Gottes Wille, dass wir darüber jammern, sondern dass wir uns unserem Schöpfer anvertrauen.

Diese vier besonderen Aussagen macht das Neue Testament über Gottes Willen für uns. Sie gelten für jeden, da gibt es keine Ausnahmen! Um die Einzelheiten von Gottes Willen für unser Leben herauszufinden, müssen wir unser Leben innerhalb der allgemeinen Richtlinien führen, die durch Gottes Willen festgelegt sind.

Wir müssen heilige Leute sein. Wir müssen dankbare Leute sein. Wir müssen gute Menschen sein. Wir müssen dazu bereit sein, willig zu leiden. Innerhalb dieser Richtlinien können wir herausfinden, was Gottes Wille für unser Leben im Besonderen ist, und über diese Richtlinien hinaus haben wir keine weitere Verantwortung, Gottes Willen zu »erkennen«! Lassen Sie mich das erklären. Nirgends in der Heiligen Schrift werden wir dazu aufgefordert, Gott zu bitten, dass er uns seinen Willen für unser persönliches Leben zeigt. Ist Ihnen das schon einmal aufgefallen? Gottes Wille ist ein Versprechen an uns, und unsere Aufgabe besteht darin, Bedingungen zu schaffen, in denen Gott sein Versprechen erfüllen kann.

Salomo schrieb: »Denk an ihn bei allem, was du tust, er wird dir den richtigen Weg zeigen« (Spr 3,6). Wir werden nicht aufgefordert, um Führung zu beten, sondern »an ihn zu denken«, und als Antwort darauf »wird er uns den richtigen Weg zeigen«. Uns den richtigen Weg zu zeigen, ist Gottes Verantwortung, genauso wie es seine Verantwortung ist, uns in den Himmel zu bringen. Und noch eins: Während Gott dabei ist, uns zu führen, muss er sich in keiner Weise rechtfertigen für das, was er tut. Joseph hat allerdings einen Hinweis von Gott bekommen, als er von den Ährenbündeln seiner Brüder träumte, die sich vor ihm verneigten, und zweifellos hat er während seiner Gefängnisjahre oft daran gedacht und dann wusste er, dass er noch zu etwas Wichtigerem bestimmt war, als sein Leben lang ein Sträfling zu sein. Wenn Gott Ihnen eine Vision davon gibt, was er mit Ihrem Leben vorhat, dann deshalb, damit Sie noch daran glauben können, wenn der Weg mühsam wird und wenn alles unmöglich scheint! Gott wollte Joseph im Königspalast in Ägypten haben, und der einzige Weg dorthin führte durch die Hintertür – genau genommen durch die Gefängnistür, und es waren dreizehn Jahre Gefangenschaft nötig, um das Ziel zu erreichen. Im Gegensatz zu Joseph gab Gott Hiob keinen Traum, der ihm durch die Jahre, in denen er so schrecklich leiden musste, hindurchgeholfen hätte. Vielleicht erklärt Gott Ihnen und mir das eine oder andere, vielleicht auch nicht. Er ist zu nichts verpflichtet. Aber jeden Morgen, wenn wir aufwachen, können wir uns an den Herrn Jesus wenden mit der dankbaren Erwartung, dass dieser Tag in seinen Händen ist und dass Gott seine guten, vollkommenen und ihn verherrlichenden Pläne darin verwirklichen wird. Es kann sein, dass sich an diesem Tag eine Tragödie in unserem Leben abspielen wird, wie es bei Hiob war, aber Gott wird darauf vorbereitet sein. Es kann sein, dass unsere Pläne durchkreuzt werden und wir uns, wie Joseph, in einem fremden Land im Gefängnis wieder finden, aber Gott wird wissen, warum. Es kann sein, dass Sie an einem römischen Kreuz sterben wie der Herr Jesus, der in den Morgenstunden des Tages, an dem das geschah, gebetet hatte: »Nicht, wie ich will, sondern, wie du willst.« Aber eines können Sie wissen: Wenn Sie heute sterben, sterben Sie im richtigen Augenblick, und es dauert dann nicht mehr lange, bis Sie alles verstehen, alles!

Ist es nicht schön, dass eine solche positive und unternehmungslustige Einstellung zum Leben jedem Christen als normale Lebenserfahrung zugedacht ist? Ob wir uns zu recht Christen nennen, hängt von unserer Bereitschaft ab, diese Lebenserfahrung selbst zu machen, mit anderen Worten, von unserer Bereitschaft, unser Leben Jesus Christus uneingeschränkt zur Verfügung zu stellen und ihm zu erlauben, es in seinem Dienst zu gebrauchen. Wir wollen, dass dieser Mann »über uns herrscht«. Wollen Sie es? Ist es an jedem einzelnen Tag die Grundlage, auf der Sie leben?

Arbeitsblätter

Kapitel 4:
Die Herrschaft Jesu Christi (Seite 65–83)

»Gibt es irgendeinen Grund, warum Sie nicht Christ werden möchten?« (Seite 65–70)

- Welche Gründe dafür und dagegen werden auf Seite 65 genannt?
-   ....
    ....
    ....

- Wie ist Jesus mit Menschen umgegangen, die ihm nachfolgen wollten? (Seite 66 und 67)
-   ....
    ....
    ....

- Warum sind so wenige bei Jesus geblieben? (Seite 67–70)
-   ....
    ....
    ....

Warum haben wir Angst vor Gott? (Seite 70–73)

....
....
....

- Mit welchen praktischen Beispielen erläutert Charles Price, worum es im christlichen Leben geht? (Seite 71 und 72)
-   ....
    ....
    ....

Die Pläne Gottes sind gut (Seite 73–78)

- Wie ist diese Aussage zu verstehen angesichts des vielen Leids, das Christen immer wieder erfahren und das auch Christus selbst erfahren hat?

- ....
....
....

- Welchen Trost gibt uns Gott, wenn wir leiden? (Seite 77–78, Seite 82–83)

- ....
....
....

Den Willen Gottes kennen (Seite 78–83)

- Was ist dabei unsere Verantwortung? (Seite 78–82)

....
....
....

- Was ist Gottes Verantwortung? (Seite 81–82)

....
....
....

Umdenken

Eines abends sagte jemand, der mich predigen gehört hatte, zu mir: »Was Sie sagen, ist so, als wenn man jemandem ein nagelneues Auto anbietet und ihm noch genau erklärt, was dieses Auto alles kann, aber dann vergessen Sie, ihm den Zündschlüssel zu geben und ihm zu zeigen, wie man es in Gang setzt!« Ich nahm mir daraufhin vor, so etwas in Zukunft möglichst nicht mehr zu tun.

Wir haben bereits festgestellt, dass das christliche Leben den Herrn Jesus Christus zum Brennpunkt hat. Als vollkommener Mensch hat er demonstriert, was der Mensch im wahren Sinne des Wortes sein sollte. In der ersten Predigt, die in der christlichen Gemeinde, gleich nach ihrer Geburt zu Pfingsten, gehalten wurde, hat der Apostel Petrus diese Tatsache besonders hervorgehoben, indem er sagte: »Ihr Männer von Israel, hört, was ich euch zu sagen habe! Jesus von Nazaret der von Gott bestätigt wurde durch die machtvollen und staunenswerten Wundertaten, die Gott durch ihn unter euch vollbracht hat, ihr wisst es ja selbst« (Apg 2,22). Gott wirkte durch den Menschen, der Jesus war; das ist die Erklärung für alles, was Jesus jemals sagte, tat oder war, wie wir in Kapitel 2 gesehen haben. Ebenso haben wir bereits gesehen, dass die Lebensführung, zu der wir berufen sind, aus Gottes Wirken in Ihnen und in mir kommen soll.

Aber wie geschieht das? Wie kommt es dazu, dass Gott in unserem Leben wirkt? Sicher haben Sie sich diese Frage auch schon gestellt, genau wie die Menschenmenge, die damals am Pfingsttag dem Apostel Petrus zuhörte. Nachdem er gepredigt hatte von Leben und Tod Jesu Christi, von seiner Auferstehung, Erhöhung und Herrschaft, berichtet der Verfasser der Apostelgeschichte: »Als sie das hörten, traf es die Zuhörer mitten ins

Herz und sie fragten Petrus und die anderen Apostel: Brüder, was sollen wir tun?« (Apg 2,37). Das finde ich interessant, denn Petrus hatte doch gar nicht davon gesprochen, dass sie etwas tun könnten! Er hatte vor ihnen Tatsachen über Jesus Christus ausgesprochen, ohne dabei irgendeine Verbindung zu ihrem persönlichen Leben herzustellen. Aber als ihnen die Tatsachen über Jesus Christus bewusst wurden, wurde ihnen automatisch auch bewusst, dass sie etwas tun mussten.

Wir haben den Begriff »Sünde« schon definiert als »ein Ziel verfehlen«. »Sünde« ist daher ein relativer Begriff, abhängig von dem Ziel, das verfehlt worden ist. Das Ziel ist »die Herrlichkeit Gottes« (Röm 3,23), das heißt so viel wie der Charakter Gottes, den der Mensch hätte sichtbar machen sollen, da er doch in Gottes Ebenbild geschaffen war. Diese »Herrlichkeit« ist nun in der Person und im Leben von Jesus Christus sichtbar gemacht worden, es heißt von ihm: »Die ganze Herrlichkeit Gottes leuchtet in ihm auf, in ihm hat Gott sein innerstes Wesen sichtbar gemacht« (Hebr 1,3). Als sie sich selbst im Gegensatz zu dem vollkommenen Menschen sahen, wie Petrus ihn in seiner Predigt beschrieb, wurden sich die Leute ihrer eigenen Defizite bewusst.

Es ist wichtig, diese Tatsache in ihrer vollen Bedeutung zu erkennen. Nur wenn den Menschen zu Bewusstsein kommt, wer Jesus Christus ist, können sie ihre eigenen Defizite erkennen. Nur wenn wir die »Herrlichkeit Gottes« im Leben von Jesus Christus sehen, sehen wir unser eigenes Defizit in der richtigen Perspektive und erkennen, dass wir »keinen Anteil mehr haben an der Herrlichkeit Gottes«. Petrus bezeugt aus seiner eigenen Erfahrung, wie Gott ihn gerufen hat, nämlich »dadurch, dass er uns Jesus Christus erkennen ließ, ihn, der uns in seiner Herrlichkeit und Kraft berufen hat« (2Petr 1,3). In anderen Worten, es war die Reinheit und Herrlichkeit von Christus, es war die Güte Gottes, die in seinem Leben zum Ausdruck kam, die ihn so unwiderstehlich anziehend machte und die Petrus für ihn gewann. Das ist der Grund, warum wir von Christus predigen müssen – von seinem Leben, seinem Charakter und von dem, was er getan hat – weil die Menschen erst dann, wenn sie *ihn* sehen, sich selbst im richtigen Licht sehen und ihnen zum Bewusstsein kommt, worin eigentlich ihre Sünde und ihr Defizit besteht. Es kommt kaum jemals vor, dass Menschen sich ihrer Sünde dadurch bewusst werden, dass man ihnen Predigten über Sünde hält! Sie werden sich ihrer Sünde bewusst, wenn man ihnen Christus predigt, denn in der Konfrontation mit ihm erkennen sie ihre Sünde.

Es gab einmal einen Werbespot im Fernsehen, wo ein Mann in einem weißen Hemd auf dem Bildschirm erschien; dieses Hemd war mit einem »herkömmlichen« Waschmittel gewaschen worden. Zufrieden lächelnd führte der Mann ganz stolz sein frisch gewaschenes Hemd vor. Dann erschien ein zweiter Mann auf dem Bildschirm und trug ein Hemd, das mit irgendeinem »speziellen« Waschmittel gewaschen worden war, das eben mit diesem Spot empfohlen werden sollte! Sein Hemd war richtig blendend weiß, und auch er lächelte zufrieden und war stolz auf sein sauberes Hemd. Er stellte sich neben den Mann mit dem »herkömmlich« gewaschenen Hemd und der machte gleich ein ganz bestürztes Gesicht. Und wenn man die beiden nebeneinander sah, hätte man schwören können, dass das »herkömmlich« gewaschene Hemd, das der eine Mann anhatte, eher grau aussah. Der Grauschleier fiel aber nur dadurch auf, dass das zweite Hemd so strahlend weiß war! Hätte man davor zu dem ersten Mann gesagt: »Sie haben ein schmutziges Hemd an«, er hätte sich entschieden dagegen verwahrt und mitgeteilt, es wäre erst wenige Stunden zuvor in »herkömmlichem« Waschpulver gewaschen worden! Aber als er neben dem Mann stand, dessen Hemd mit dem »speziellen« Waschmittel gewaschen worden war, kam er zu der peinlichen Erkenntnis: »Ich habe ein schmutziges Hemd an.«

Ein Bekannter von mir vertrat die Überzeugung, wenn man mit Leuten über das Evangelium spricht, sollte man immer mit ihren Sünden anfangen. Denn das, so glaubte er, war das Problem der Leute, und solange sie nicht bereit waren, diesem Problem ins Auge zu sehen und sich damit auseinander zu setzen, hatte es nicht viel Sinn, ihnen irgendetwas anderes zu erzählen. Wenn er sich also mit Leuten unterhielt, kam er meistens bald zu Aussagen wie: »Wissen Sie, dass Sie ein dreckiger, ekelhafter, stinkender, elender und verkommener Sünder sind?« An diesem Punkt war dann die Unterhaltung meistens zu Ende und er wurde wieder einmal »verfolgt um der Gerechtigkeit willen« (das glaubte zumindest er selbst), und persönlich habe ich den Verdacht, er genoss das sogar und sah darin einen Beweis, dass er dabei war, den Teufel in die Flucht zu schlagen! Meine eigenen Erfahrungen hingegen haben mich gelehrt, wenn man von Jesus predigt und die Leute mit ihm konfrontiert, mit seinem Leben und mit seinem Wirken, und wenn man sie erkennen lässt, warum und wie er ein solches Leben führen konnte, dann dauert es nicht lange, bis zumindest einige von ihnen sagen werden: »Wissen Sie, ich glaube, ich bin ein dreckiger, ekelhafter, stinkender und verkommener Sünder.« Wenn Christus für die Menschen sichtbar wird, wenn wir die strahlende Reinheit und Schönheit seines Lebens erkennen können, dann kommt uns auch zu Bewusstsein, wie »grau«, wenn nicht gar »schwarz« wir selber sind!

Vor einiger Zeit hielt ich an einer Schule für eine Doppelstunde, also ungefähr hundertzwanzig Minuten, einen Vortrag vor Siebzehn- bis Achtzehnjährigen. Zu Beginn stellte ich die Frage »Wer ist Christus?« und untersuchte verschiedene Erklärungsversuche für diese Frage. Dann sprach ich über das Leben, das er geführt hatte, wie er mit Menschen umgegangen war, wie er die Kranken geheilt und die Armen versorgt hatte. Ich sprach über die Gründe, die zu seiner Verhaftung und Verurteilung geführt hatten, und wie er schließlich gekreuzigt wurde und von den Toten auferstanden war. Anschließend diskutierten wir Beweise für die Auferstehung und was es für Konsequenzen hätte, wenn Jesus auferstanden und jetzt lebendig wäre. Als ich zu Ende war, war Mittagspause, und einer der Burschen lud mich ein, zum Lunch in den Aufenthaltsraum der sechsten Klasse mitzukommen, wo wir uns noch weiter unterhalten könnten. Man sagte mir, gegenüber von der Schule wäre ein »Fish and Chips«-Stand, von dort könnte ich mir etwas zu essen holen und dann wieder zu ihnen kommen! Ich befolgte diesen Rat, da es anscheinend keinen anderen Menüvorschlag gab. Als ich in den Raum der sechsten Klasse zurückkam, waren da zwei Mädchen, von denen eine in Tränen aufgelöst war. Die andere, die nicht weinte, sagte zu mir: »Sehen Sie nur, was Sie angestellt haben. Meine Freundin ist ganz durcheinander.« Ich setzte mich zu ihnen und fragte, was sie denn so durcheinander gebracht hätte. Schluchzend brachte sie hervor: »Warum geben Sie uns allen so ein Gefühl, dass wir schlecht sind? Warum reden Sie dauernd davon, wie böse wir alle sind?« Ich sagte ihr, ich könne mich nicht erinnern, gesagt zu haben, dass irgendjemand böse wäre und sicher hätte ich nicht den Ausdruck »schlecht« verwendet. Überhaupt hätte ich doch über niemanden aus der Klasse irgendeinen Kommentar abgegeben. Vielmehr hatte ich davon gesprochen, wie gut und liebevoll Jesus Christus war. Aber mir war klar, was da passierte. Während ich vor der Klasse gesprochen hatte, hatte der Heilige Geist ihr offenbart, wer Christus wirklich war, und als sie das zu verstehen begann, wurde sie zunehmend besorgt, wenn sie an sich selbst dachte. Neben ihn gestellt, begann sie ihre Sünde zu sehen. Das ist eine der Aufgaben des Heiligen Geistes. Er bringt uns unsere Sünde zu Bewusstsein, indem er uns den Herrn Jesus Christus klar vor Augen stellt. Vor dem Leben, das Jesus geführt hat, erkennen wir unser Versagen.

Hätte ich damals diese Klasse betreten und gleich alle für ihre Sünden verdammt, sie hätten mir widersprochen, sich verteidigt und wären auf jeden Fall sehr böse geworden. Jemand hat einmal gesagt, wenn Sie einem Hund seinen Knochen wegnehmen wollen, wird er Sie wahrscheinlich in Stücke reißen, aber wenn Sie ihm ein saftiges Steak hinlegen, lässt er gleich seinen Knochen liegen und nimmt sich das Steak. Wenn der Heilige Geist unsere Sünde aufdeckt, dann deshalb, damit sie bearbeitet wird, damit es zur Abkehr von der Sünde und zur Reinigung kommt. »Und wenn der Heilige Geist kommt, wird er der Welt die Augen auftun über die Sünde ...« (Joh 16,8). Das ist **seine** Aufgabe. Unsere Aufgabe ist es, von Christus zu predigen, ihn den Leuten als das »Steak« hinzulegen, die Leute ihn sehen zu lassen. Wenn der Heilige Geist Sünde zutage bringt, dann geschieht das nicht, um uns zu verdammen oder zu demütigen oder uns in unserem eigenen Schmutz herumkriechen zu lassen, sondern es ist immer der erste Schritt, um unser Leben in Ordnung zu bringen und die Bedingungen für Entfaltung und Wachstum zu schaffen.

Als Petrus am Pfingsttag von der Menge der Zuhörer gefragt wurde: »Was sollen wir tun?« gab er ihnen eine sehr klare Antwort: »Tut Busse, und jeder von euch lasse sich taufen auf den Namen Jesu Christi zur Vergebung der Sünden, so werdet ihr die Gabe des Heiligen Geistes empfangen« (Apg 2,28).

Umkehren

Die erste Anweisung, die Petrus den Leuten gab, lautete: »Tut Buße!« Das sollte uns nicht überraschen. Mit diesem Wort beginnt die erste »Predigt«, die im Neuen Testament aufgeschrieben ist, sie wurde übrigens von Johannes dem Täufer gehalten. »Zu der Zeit kam Johannes der Täufer und predigte in der Wüste von Judäa und sprach: ›Tut Buße, denn das Himmelreich ist nahe herbeigekommen‹ (Mt 3,1.2). Es ist dasselbe Wort, das später aus dem Mund von Jesus anlässlich seines ersten öffentlichen Auftretens überliefert wird: »Tut Buße, denn das Himmelreich ist nahe herbeigekommen« (Mt 4,17). Und Petrus gab diese Anweisung am Pfingsttag, dem Tag, an dem die Gemeinde Jesu geboren wurde und die Menschen sich dazu gedrängt fühlten, zu fragen: »Was sollen wir tun?« »Tut Buße ...«, bekamen sie als Antwort. Als Paulus später in Athen predigte, stellte er fest: »Zwar hat Gott über die Zeit der Unwissenheit hinweggesehen, nun aber gebietet er den Menschen, dass alle an allen Enden Buße tun« (Apg 17,30). Hier wird davon gesprochen, dass Buße allen Menschen und überall

»geboten« wird. Buße ist ein Schlüsselwort, wenn es um unsere Begegnung mit Gott geht. Es ist eine unumgängliche Notwendigkeit, Buße zu tun, es ist ein Gebot, dem gegenüber es keine Kompromisse gibt. Wer es dennoch versucht, bringt Gottes Wirken zum Stillstand und bringt sich um seinen Segen!

Es ist oft hilfreich, mit Leuten über Buße zu sprechen, wenn ihr Christsein nicht lebendig ist oder anscheinend keine Auswirkungen zeigt. Das ist eine Erfahrung, die ich als Seelsorger gemacht habe.

Eines Abends kam nach einer Versammlung in Schottland eine junge Frau zu mir, sie war etwa Anfang Zwanzig. Sie sagte mir, dass sie seit zwei Jahren Christ wäre, dass es aber anscheinend einfach nicht funktionierte, obwohl sie es doch wirklich wollte. Sie ging in die Kirche, aber sie spürte nichts von der Begeisterung, die offensichtlich alle anderen dort empfanden. Sie versuchte, in der Bibel zu lesen, aber das gab ihr kaum jemals etwas, und beim Beten hatte sie das Gefühl, dass ihre Gebete nie höher als bis zur Zimmerdecke aufstiegen und von dort auf den Boden klatschten, ohne etwas zu bewirken. Sie fragte sich, ob es sein könnte, dass sie einfach nicht zu den »Auserwählten« gehöre und ob ich ihr nicht helfen könnte, diesen Punkt zu klären. Denn wenn sie nicht zu den »Auserwählten« gehörte (und diesen Verdacht hatte sie mehr und mehr), dann konnte sie genauso gut das ganze Christsein wieder aufgeben! Ich erklärte ihr, wenn unsere Beziehung zu Gott problematisch ist, dann liegt das Problem immer bei uns, niemals bei Gott. Ich bat sie, mir doch ein bisschen mehr von sich zu erzählen. Sie sagte, sie wäre in einem christlichen Elternhaus groß geworden, aber mit achtzehn habe sie beschlossen, von zu Hause wegzugehen. Sie war damals kein Christ, hatte auch nicht die Absicht, jemals einer zu werden, und sie hatte eine sehr kritische Einstellung ihrem Elternhaus und ihrer Kirchengemeinde gegenüber. Nachdem sie ihr Elternhaus verlassen hatte, lebte sie zwei Jahre lang in einer Kommune. Am Anfang hatte es ihr dort sehr gut gefallen, zum ersten Mal in ihrem Leben fühlte sie sich frei. Sie hatte nicht mehr den Eindruck, dass ihr ständig jemand über die Schulter guckte, ob sie sich auch so benahm, wie sie sollte, sondern sie konnte einfach so leben, wie sie selbst wollte. Aber nach einiger Zeit begann ihre Begeisterung abzukühlen, und außerdem merkte sie, dass sie in neue Abhängigkeiten geraten war, die ihr noch weniger gefielen als die von früher. Nach zwei Jahren landete sie schließlich im Krankenhaus. Sie sagte mir nichts über die Gründe, warum sie ins Krankenhaus musste, aber jedenfalls begann sie in dieser Zeit ernsthaft über ihr Leben nachzudenken, über das, was sie tat und wohin das führen sollte. Außerdem begann sie ihre Familie zu vermissen und sie erkannte mehr und mehr, so sagte sie mir, dass einige von ihren früheren Bekannten zu Hause und in ihrer Kirchengemeinde wirklich etwas hatten, das ihrem Leben Inhalt gab. Die Leute hingegen, mit denen sie gegenwärtig den größten Teil ihrer Zeit verbrachte, waren anscheinend innerlich genauso leer wie sie selbst. »Als ich da in meinem Krankenhausbett lag«, sagte sie, »kam ich zu dem Schluss, dass das christliche Leben wahrscheinlich doch das richtige Leben wäre, und so beschloss ich, Christ zu werden und nach meiner Entlassung aus dem Krankenhaus zu meinen Eltern zurückzukehren und noch einmal neu anzufangen.« Das tat sie auch, sie bat Christus, ihr Retter zu werden. Aber seit damals war ihr Christsein nie wirklich lebendig geworden. Sie sagte mir, sie glaube nicht, was in dem Vers im 2. Korintherbrief 5,17 steht, wo Paulus schreibt: »Wenn also ein Mensch zu Christus gehört, ist er schon ›neue Schöpfung‹. Was er früher war, ist vorbei; etwas ganz Neues hat begonnen.« Denn in ihrem Fall war nicht viel von dem, was sie früher war, vorbei, es fiel ihr kaum etwas ein, was neu geworden wäre, und da kaum ein Unterschied zu früher bestand, konnte sie sich auch nicht als »neue Schöpfung« fühlen! Nachdem ich mir das alles angehört hatte und dabei den Eindruck gewann, dass Gott in ihrem Leben offenbar keine echte Veränderung bewirkte, sprach ich die Vermutung aus, dass sie niemals wirklich von neuem geboren worden war, weil sie nie Buße getan hatte. Ich wies sie darauf hin, dass sie aus denselben Motiven zurückgekommen war, aus denen sie vorher ihr Zuhause und die Gemeinde verlassen hatte. Sie wollte erfülltes Leben, sie wollte frei sein, sie wollte glücklich sein, es drehte sich alles immer nur um sie und was sie wollte. »Aber ich habe wirklich Christus in mein Leben gebeten und ich habe es ernst gemeint«, widersprach sie.

Ich bin sicher, dass sie es ernst gemeint hatte, aber trotzdem waren ihre Motive nicht gut. Sie wollte Christus als ihren Diener haben! Ich erklärte ihr, dass Christus nicht einfach in das Leben eines Menschen kommt, nur weil derjenige ihn darum bittet. Die Dinge, die bis dahin als Barriere zwischen ihm und dem Menschen gestanden waren, müssen bereinigt werden. Ich versuchte, ihr aus der Bibel zu erklären, dass diese Barriere unsere Sünde ist, unsere Selbstzufriedenheit, unsere Eigenmächtigkeit. »Also, ich glaube, das ist nicht mein Problem«, sagte sie, »ich sehne mich so verzweifelt nach Gott.«

Zu diesem Zeitpunkt dauerte unser Gespräch schon eine Stunde und ich glaubte, ihr Problem ganz deutlich zu erkennen. »Ich glaube Ihnen schon, dass Sie verzweifelt sind«, sagte ich, »aber was ist es, wonach Sie sich so verzweifelt sehnen? Gott, oder Ihre Selbstverwirklichung? Sie haben mir keinerlei Hinweise gegeben, ob es Ihnen ein Anliegen ist, Gottes Anforderungen zu genügen. Sie möchten, dass Gott Ihre Wünsche erfüllt, aber ich bin nicht sicher, ob Sie Ihrerseits Gottes Wünsche erfüllen möchten. Ihr Problem ist ganz klar, Sie haben nie Buße getan für Ihre Eigenmächtigkeit Gott gegenüber und für Ihre Sünde.«

»Hab ich doch«, beharrte sie, »es ist Gott, der seinen Teil nicht erfüllt.« Ich habe mir angewöhnt, niemanden zu bemitleiden, der Gott für sein Schicksal verantwortlich macht in einer Weise, die Gottes Integrität und Treue in Frage stellt. Gott ist nie an irgendetwas Schuld. Im Verlauf des ganzen Gespräches war das Problem immer deutlicher zutage getreten und nachdem ich alle Details noch einmal überdacht hatte, fühlte ich mich berechtigt, ihr gerade in die Augen zu sehen und zu sagen: »Sie haben nie Buße getan, und solange Sie es nicht tun, werden Sie keine lebendige Beziehung zu Gott haben.« Es fällt mir nicht leicht, so gerade und direkt mit irgendjemandem zu sprechen, und ich bin sicher, dass ich mich so liebenswürdig und freundlich wie nur möglich ausgedrückt habe. Aber sie stand sofort auf und sagte: »Wenn Sie glauben, Sie können so mit mir reden, dann bleibe ich nicht länger«, und damit verließ sie grußlos den Raum.

Der Pfarrer dieser Gemeinde hatte noch auf mich gewartet, und ich teilte ihm mit, was wir gesprochen hatten und dass sie verärgert weggegangen sei. Er war nicht sicher, ob meine Diagnose stimmte, aber er hatte ihr auch nicht helfen können, obwohl er schon mehrere Male lange Gespräche mit ihr geführt hatte.

Als ich am nächsten Abend wieder in dieser Kirche predigte, sah ich hinten in der Kirche dieselbe Frau. Nach dem Ende des Gottesdienstes kam sie wieder und wollte mit mir reden. Ich war der Meinung, dass ich ihr nicht mehr sagen konnte, als ich ihr schon gesagt hatte, und deshalb machte ich sie mit einer anderen Mitarbeiterin bekannt, die weiter mit ihr sprechen sollte. Nach ungefähr einer halben Stunde kamen beide zu mir. Die Frau war verweint. »Heute Abend habe ich Buße getan«, sagte sie. Sie erzählte mir, dass sie am Abend zuvor beim Nachhausegehen schrecklich wütend auf mich gewesen sei. Aber tief in ihrem Herzen wusste sie, dass sie durchschaut worden war. Sie konnte die ganze Nacht nicht schlafen und nichts anderes denken als »Sie haben nicht Buße getan«. Als sie am nächsten Morgen mit dem Zug zur Arbeit fuhr, hörte sie im Rhythmus der Räder immer den einen Satz »Sie haben nicht Buße getan«. Den ganzen Tag über war sie völlig durcheinander gewesen, aber nun hatte sie dem Herrn gesagt, sie wolle sich von ihrem Egoismus abwenden, so gut sie nur konnte, und Gott solle über sie frei verfügen können, um sein Leben in ihr zu leben und seine Pläne zum Ziel zu führen. Nun war sie dabei, die Wahrheit des Ausspruches von Jesus entdecken »Wer sein Leben um meinetwillen verliert, wird es gewinnen« (Mt 16,25). Und wonach sie sich so gesehnt hatte,

Erfüllung, Sinn und Ziel für ihr Leben, all das würde sie nun erleben, wo sie nicht mehr aus eigennützigen Motiven Anspruch darauf erhob. Ich habe sie später noch einige Male getroffen und sie hat mir gelegentlich geschrieben. Die letzte Nachricht von ihr besagte, dass sie als Lehrerin an eine Missionsschule nach Südostasien gegangen sei.

Wir alle sind so nahe bei Gott, wie wir selbst wollen! Es sei denn, wir verstehen unter »wollen« nur »ein Gefühl«, dass wir gern näher bei Gott wären, sind aber nicht willens, die Bedingungen dafür zu erfüllen und den Preis zu zahlen. Buße ist die Haltung Gott gegenüber, die es ihm ermöglicht, mit unserem Leben etwas anzufangen. Aber nun müssen wir dieses Wort klarer definieren. Was genau meinen wir mit Buße?

Klar denken

Das griechische Wort, das im Deutschen mit »Buße tun« übersetzt wird, heißt »metanoein«. Es wird aus zwei Worten gebildet, nämlich »meta«, das bedeutet »verändert«, und »nous«, »der Sinn, der Verstand, die Gesinnung«. Daher heißt »Buße« ganz einfach »die Meinung ändern«. Es ist kein Gefühl, sondern eine geistige Einstellung, ein Denkprozess. Unser Denken ist der Schlüssel für Gottes Wirken in unserem Leben. »Passt euch nicht den Maßstäben dieser Welt an. Lasst euch vielmehr von Gott umwandeln, damit euer ganzes Denken erneuert wird«, schrieb Paulus (Röm 12,2). Salomo schrieb über einen Menschen, der in seinem Herzen etwas anderes denkt, als er sagt (Spr 23,7). Es gibt einen Ausspruch, der besagt, ein Mensch ist nicht, was er denkt, dass er ist, sondern was er denkt, das ist er! Lesen Sie das noch einmal und passen Sie genau auf! Mit anderen Worten, was wir sind, ist das Ergebnis dessen, was wir denken. Buße ist eine Veränderung des Denkens. Es geht nicht darum, ob ich mich für meine Sünde schlecht fühle und mich gut fühle, wenn ich an Gott denke, sondern ob ich mein Denken über Gott und über die Sünde verändert habe.

Ich habe die Erfahrung gemacht, dass »Tränen« kein verlässliches Zeichen für Buße sind. Ich habe schon mit Leuten zu tun gehabt, die bittere Tränen über ihr Leben vergossen haben, über ihre Sünde und ihr Versagen, aber sie haben ihre Meinung darüber nicht geändert und daher ändert sich auch nichts in ihrem Leben, so verzweifelt sie auch von Zeit zu Zeit darüber sein mögen.

Die Sünde kommt unseren Gefühlen sehr entgegen! Sie kann gut aussehen, gut klingen und sich gut anfühlen. Eigentlich besteht ja das Wesen der Versuchung darin, dass sie attraktiv ist! Wenn sie nicht attraktiv wäre, wäre sie nicht Versuchung. Wenn mir Sünde unangenehm wäre, hätte ich kein Problem mit ihr. Mein Problem liegt vielmehr in der Tatsache, dass ich sie angenehm finde. Es gibt nur zwei Gründe, warum ich Sünden begehe: Entweder ich habe Spaß dabei oder es scheint mir ein guter Ausweg aus einer momentanen Lage zu sein. Natürlich stimmt es, dass es mir später oft sehr Leid tut und ich traurig deswegen bin, aber trotzdem: Jede Sünde, die ich begangen habe, habe ich begangen, weil ich es in dem entsprechenden Moment wollte, weil es gut aussah und sich gut anfühlte. Deswegen brauche ich Gottes Kraft sogar dafür, um Buße zu tun.

Buße ist nicht eine Änderung in den Gefühlen der Sünde gegenüber (sie wird weiterhin attraktiv aussehen), sondern Buße ist eine Meinungsänderung. Wenn Leute über ihre Sünde weinen, aber ihre Meinung über die Sünde nicht ändern, dann haben sie nicht Buße getan. Andererseits kann jemand seine Meinung über die Sünde ändern, ohne jemals eine Träne vergossen zu haben, und trotzdem ist es echte Buße.

Ich erinnere mich an ein Gespräch mit einem Studenten im Anschluss an eine Versammlung auf seinem College, wo ich einen Vortrag gehalten hatte. Es war in der Mitte einer einwöchigen Evangelisation, die von der christlichen Studentenvereinigung durchgeführt wurde, und dieser Student hatte einfach aus Neugierde einmal vorbeigeschaut. Wir sprachen damals bis spät in die Nacht miteinander und er wirkte sehr offen und zeigte Interesse für das Evangelium. Bevor ich mich von ihm verabschiedete, erklärte ich ihm, dass Christ zu werden seinen Preis hat und dass er sich mit diesem Punkt ehrlich auseinander setzen sollte, bevor er eine Entscheidung traf. Ich hoffte, er würde am nächsten Tag wieder zu unserer Versammlung kommen, er kam aber nicht. Am Abend darauf kam er dafür sehr früh. Er sagte mir, er habe viel nachgedacht über das, was ich ihm mitgeteilt hatte. Es sei ihm bewusst geworden, dass er nicht willens sei, sein ganzes Leben Jesus Christus auszuliefern, und so habe er beschlossen, dass er nicht Christ werden könne. Ich dankte ihm für seine Ehrlichkeit und seine Bereitschaft, sich realistisch mit allen Aspekten einer solchen Entscheidung auseinander zu setzen, fügte aber hinzu, dass ich gern noch einmal mit ihm sprechen würde. Wir vereinbarten, dass ich später noch zu ihm auf sein Zimmer kommen sollte.

Bei einer Tasse Kaffee sagte ich ihm dann, ich fände es sehr anerkennenswert, dass er sich so ehrlich und realistisch mit dem Preis für das Christwerden auseinander gesetzt habe. Nun wollte ich aber, dass er sich ebenso ehrlich und realistisch überlegte, was der Preis dafür wäre, kein Christ zu werden! Wir sprachen bis tief in die Nacht miteinander und irgendwann weit nach Mitternacht sagte er dann so ungefähr: »Also gut, Sie haben mich überredet. Wenn das, was Sie sagen, stimmt, habe ich eigentlich sowieso keine andere Wahl, oder? Ich werde ein Christ.« Wir beteten miteinander und er sagte zu Gott: »Du kannst mein Leben von nun an haben.« Ich war mir nicht sicher, wie echt das alles bei ihm war. Es war so sachlich, so unemotional, so verstandesmäßig. Aber in dieser Nacht änderte der Student seine Meinung. Er änderte seine Meinung über Gott: Er ließ zu, dass Gott in seinem Leben auch wirklich Gott sein konnte. Er änderte seine Meinung über sich selbst: Er gab zu, dass er nicht fähig war, so zu leben, wie er eigentlich sollte, und er begann sich darauf zu verlassen, dass Christus in ihm lebte. Er änderte seine Meinung über die Sünde: er bekannte sie

Christus und dankte ihm dafür, dass er ihn am Kreuz davon befreit hatte. Anscheinend spielten Gefühle bei alledem so gut wie keine Rolle, aber seine Einstellung hatte sich geändert. Im Jahr darauf wurde er zum Präsidenten der christlichen Studentenvereinigung an seinem College gewählt. Im Augenblick steht er knapp vor seinem Abschluss an einem theologischen College in Südengland, um danach hauptberuflich als Pfarrer und Evangelist zu wirken. So weit mir bekannt ist, ist er über seine Sünde nicht in Verzweiflung geraten, aber er hat seine Meinung darüber geändert. Das ist Buße.

Eine Änderung im Denken muss notwendigerweise zu einer Änderung im Verhalten führen. Wenn keine Verhaltensänderung stattfindet, dann ist das ein Beweis, dass auch keine Meinungsänderung stattgefunden hat. In dem, was wir tun, offenbart sich, was wir in Wahrheit denken. Als Johannes der Täufer auftrat und Buße predigte, erwartete und forderte er von seinen Zuhörern bestimmte Dinge im Zusammenhang mit ihrer Meinungsänderung.

»Die Leute … bekannten öffentlich ihre Sünden und ließen sich von ihm im Jordan taufen« (Mt 3,6). Zum Bekennen der Sünde gehört, dass ich sie beim Namen nenne, identifiziere und mich in allen Einzelheiten klar von ihr abwende. Buße ist zwar eine generelle Haltung Gott, mir selbst und der Sünde gegenüber, aber sie muss in konkreten Einzelschritten verwirklicht werden. Wenn wir unsere Sünde beim Namen nennen, verstehen wir sie auch besser. Wenn es um Lüge geht, warum lüge ich? Versuche ich etwas zu verstecken? Fühle ich mich so unsicher, dass ich es nicht wage, in bestimmten Bereichen der Wahrheit ins Auge zu sehen? Jakobus ermutigt uns sogar: »Überhaupt sollt ihr einander eure Verfehlungen bekennen« (Jak 5,16). In diesem Zusammenhang spricht er auch über Krankheit als Folge von Sünde. Es gibt physische, mentale und geistliche Störungen als Folgen von Sünde und diese Sünde muss identifiziert und bekannt werden. Das ist nicht nur notwendig für die Vergebung, sondern kann in sich selbst schon eine therapeutische Wirkung haben.

»Zeigt durch eure Taten, dass ihr es mit der Umkehr ernst meint« (Lk 3,8). Buße, innere Umkehr, muss in veränderten Verhaltensmustern sichtbar werden. Johannes hat sich dazu ganz klar geäußert. Lukas berichtet von drei Personengruppen, die Johannes fragten, wie sie durch ihr Verhalten echte innere Umkehr beweisen könnten: Die Menge der Zuhörer, die Zöllner und dann noch einige Soldaten. In seiner Antwort nennt Johannes drei Lebensbereiche, wo Buße sichtbar werden muss, den zwischenmenschlichen Bereich, das Geschäftsleben und die Einstellung zum Geld.

Der zwischenmenschliche Bereich: »Die Menschen fragten Johannes: ›Was sollen wir denn tun?‹ Seine Antwort war: ›Wer zwei Hemden hat, soll dem eines geben, der keines hat. Und wer etwas zu essen hat, soll es mit jemand teilen, der hungert.‹« (Lk 3,10.11). Wie wir wirklich zu Gott stehen, kann man am besten daran erkennen, wie wir mit unseren Mitmenschen umgehen. Im Zusammenhang mit dem Jüngsten Tag erwähnt die Bibel nichts davon, dass Leute über ihre »Glaubensüberzeugungen« befragt werden, sondern die Leute werden ausschließlich über ihr Verhalten befragt, und zwar geht es immer um das Verhalten anderer Menschen, im Besonderen den sozial Benachteiligten, gegenüber. Das ist eine Tatsache, der wir nicht ausweichen können! Im Gleichnis von den Schafen und den Böcken in Matthäus 25 sind die guten Taten ausschlaggebend dafür, dass die Schafe aufgenommen werden in »Gottes Neue Welt, die er euch von Anfang an zugedacht hat. Denn ich war hungrig, und ihr habt mir zu essen gegeben; ich war durstig, und ihr habt mir zu trinken gegeben, ich war fremd, und ihr habt mich bei euch aufgenommen; ich war nackt, und ihr habt mir etwas anzuziehen gegeben; ich war krank, und ihr habt mich versorgt; ich war im Gefängnis, und ihr habt mich besucht.« (Mt 25,35.36). Dagegen sagte er zu den »Böcken«: »Geht mir aus den Augen, Gott hat euch verflucht! Fort mit euch in das ewige Feuer, das für den Teufel und seine Engel vorbereitet ist! Denn ich war hungrig, und ihr habt mir nichts zu essen gegeben; ich war durstig, aber ihr habt mir nichts zu

trinken gegeben; ich war fremd, aber ihr habt mich nicht aufgenommen; ich war nackt, aber ihr habt mir nichts anzuziehen
gegeben; ich war krank und im Gefängnis, aber ihr habt euch
nicht um mich gekümmert« (Mt 25,41–43). In dieser ganzen
Geschichte geht es um nichts anderes, als dass an unserem
Verhalten anderen Leuten gegenüber sichtbar wird, wie wir in
Wirklichkeit zu Jesus Christus stehen; auf diesem Gebiet zeigt
es sich, ob wir wirklich Buße getan haben oder nicht.

Wenn Leute mich fragen, wie sie sicher sein können, ob sie
wirklich Christen sind, dann sage ich ihnen, dass der einzige
wirkliche Beweis für ihr Christsein in ihren Verhaltensmustern
liegt. Das können wir aus biblischen Texten wie dem
1.Johannesbrief und dem Jakobusbrief lernen, es ist die Haupt-
aussage dieser Briefe. Ein »soziales Anliegen« ist nicht etwas,
was man mit dem christlichen Leben verbinden kann – wenn es
zufällig in der evangelikalen Bewegung gerade im Trend liegt–,
sondern es ist eine elementare Ausdrucksform für das Leben,
das Jesus Christus in uns lebt, wenn es echt ist, und wenn
Christus uneingeschränkt in uns wirken kann.

Im Geschäftsleben: »Auch Zolleinnehmer kamen und
wollten sich taufen lassen; sie fragten ihn: ›Lehrer, was sollen
wir tun?‹ Seine Antwort war: ›Verlangt nicht mehr, als fest-
gesetzt ist!‹ (Lk 3,12.13). Buße kommt in unserer Integrität und
Ehrlichkeit im Berufsleben zum Ausdruck. Der Beruf des
Zolleinnehmers bot viele Möglichkeiten zum Amtsmissbrauch.
Die Zolleinnehmer konnten sich persönlich bereichern, indem
sie von den Leuten überhöhte Gebühren einforderten, und
meistens taten sie das auch. Es war so einfach und nahe liegend
und die Leute erwarteten es ja geradezu. Als der Herr Jesus es
einmal mit einem Steuereinnehmer zu tun hatte, war dessen
erste Reaktion: »Herr, ich verspreche dir, ich werde die Hälfte
meines Besitzes den Armen geben. Und wenn ich jemand zu
viel abgenommen habe, will ich es ihm vierfach zurückgeben«
(Lk 19,8). Kein Wunder, dass Jesus darauf erwiderte: »Heute ist
dir und deiner ganzen Hausgemeinschaft die Rettung zuteil
geworden.« Denn durch seine veränderte Einstellung bewies er,

dass er gerettet worden war. Ein Christ sollte bei seiner Arbeit der verlässlichste Mensch der Welt sein. Paulus hat sogar Sklaven, deren es im Römischen Reich viele gab, ermutigt: »Tut eure Arbeit mit Lust und Liebe, als Leute, die nicht Menschen dienen, sondern dem Herrn« (Eph 6,7). Damit hat er nicht die Praxis der Sklaverei gebilligt, sondern er wollte Anweisungen geben, wie ein Christ sich verhält, sollte er sich in einer solchen Situation befinden, was ja für viele der damaligen Christen zutraf.

Im Umgang mit Geld: »Auch Soldaten fragten ihn: ›Was sollen denn wir tun?‹ Die Antwort war: ›Beraubt und erpresst niemand, sondern gebt euch mit eurem Sold zufrieden!‹ (Lk 3,14). Hier kommen auch die beiden anderen Gebiete noch einmal zur Sprache, das Verhalten den Mitmenschen gegenüber und die berufliche Integrität, aber Johannes fügt noch eine Anweisung über das Geld hinzu: »Beraubt und erpresst niemand ... gebt euch zufrieden mit eurem Sold.« Wer von Herzen Buße getan hat, sieht das Geld unter einer neuen Perspektive. »Geldgier ist eine Wurzel alles Bösen«, schrieb Paulus an Timotheus. »Du aber gehörst Gott, deshalb fliehe vor all diesem ...« (1Tim 6,10.11). Geld ist ein nützlicher Diener, aber ein furchtbarer Herr. Der reiche junge Mann aus den oberen zehntausend wurde von Jesus weggeschickt, weil er sich von seinem Geld nicht trennen wollte, und im Anschluss daran sagte Jesus zu seinen Jüngern, die das Gespräch zwischen ihm und dem jungen Mann mit angehört hatten und ganz verwirrt und bestürzt waren: »Wie schwer haben es doch die Besitzenden, in die neue Welt Gottes zu kommen« (Mk 10,23). Es ist wunderbar, wie zufrieden man wird, wenn man weiß, Gott wird mich mit allem versorgen, was nötig ist, damit ich seine Pläne erfüllen kann. Eine Person, die Buße getan hat, lernt zufrieden zu sein. Wir könnten ein ganzes Kapitel dem Thema widmen, was die Bibel über Zufriedenheit sagt. Lassen wir es an dieser Stelle bei dem Hinweis bewenden, dass nach Johannes dem Täufer ein Mensch, der Buße getan hat, ein zufriedener Mensch ist!

Das bisher Gesagte ist nur ein Teil der Auswirkungen der Buße. Worum es Gott geht, ist ein Verhalten, das aus der Buße hervorgegangen ist. Der Herr Jesus ist nicht deshalb in die Welt gekommen, damit wir ordentlich glauben und die richtigen theologischen Dogmen aufstellen können, sondern damit auf der Grundlage des richtigen Glaubens ein Verhaltensmuster entsteht, an dem er Gefallen hat. »Glaube« ist nur ein Mittel zum Zweck und das angestrebte Endprodukt ist unsere Lebensführung. Eine Sinnesänderung muss eine Verhaltensänderung zur Folge haben, oder sie kann als falsch entlarvt werden, und am Tag des Gerichtes wird sie zu dem »Holz, Schilf oder Stroh« gehören (1 Kor 3,12), die verbrannt werden.

Arbeitsblätter

Kapitel 5:
Umdenken (Seite 86–103)

• Was ist die Folge, wenn Menschen zu Bewusstsein kommt, wer Jesus Christus ist – an welchen 4 Beispielen wird dies erläutert? (Seite 86–91)

• ....
....
....

• Warum ist »Buße« ein Schlüsselwort, wenn es um unsere Beziehung zu Gott geht? (Seite 91–96)

• ....
....
....

• Was bedeutet »Buße tun« konkret – und was bedeutet es *nicht*? (Seite 96–99, 103)

• ....
....
....

• In welchen zwei Schritten vollzieht sich das Umdenken, das mit »Buße« gemeint ist? (Seite 99–100)

• ....
....
....

• In welchen Lebensbereichen muss Buße sichtbar werden? (Seite 100–103)

• ....
....
....

Kapitel 6

Vergebung und die Gerechtigkeit Gottes

Der Vorstand einer Nervenheilanstalt in Schottland hielt einmal einen Vortrag im Rundfunk, wobei er eine ganz erstaunliche Bemerkung machte. »Wenn meine Patienten sicher sein könnten, dass ihnen vergeben worden ist, könnte die Hälfte von ihnen morgen entlassen werden«, behauptete er. Ein gewaltiger Anteil aller Nervenzusammenbrüche geht auf Schuld zurück, die nie aufgearbeitet worden ist. Laut Meinung des Referenten in dem Rundfunkvortrag sind es nicht weniger als fünfzig Prozent.

Wie immer wir auch über Schuld denken mögen, feststeht, dass Schuld ein destruktives Potential enthält und dass wir lernen müssen, damit umzugehen. David dichtete einen Psalm, in dem er offen über die Erfahrungen spricht, die er in seinem eigenen Leben mit den Folgen von Schuld gemacht hat: »Herr, erst wollte ich meine Schuld verschweigen; doch davon wurde ich so krank, dass ich von früh bis spät nur stöhnen konnte. Ich spürte deine Hand bei Tag und Nacht; sie drückte mich zu Boden, ließ meine Lebenskraft entschwinden wie in der schlimmsten Sommerdürre« (Psalm 32,3.4). Schuld ist belastend! Schuld zehrt an unseren Kräften! Sünde lässt uns ächzen und stöhnen! Aber wie werden wir fertig mit ihr?

Es gibt im Wesentlichen zwei Wege, um mit Schuld umzugehen. Der eine nimmt eine Umdeutung des Begriffes vor mit dem Ziel, das mit Schuld verbundene Empfinden von persönlicher Verantwortung und persönlichem Versagen zu reduzieren. Viele Psychologen verbringen daher einen großen Teil ihrer Zeit damit, nach äußeren Ursachen für die Schuldgefühle ihrer Klienten zu suchen. Wenn dann solche

Ursachen gefunden sind, etwa in der Erziehung, in den Eltern, Großeltern, Nachbarn, in der Kirchengemeinde, dem Geburtsland oder der Regierung, dann können die Opfer ihren Gefühlen Luft machen, sie können schimpfen und fluchen auf die Umstände, für die sie nichts konnten, und wenn sie sich auf diese Weise selbst freigesprochen haben, ist das ein erster Schritt zur Besserung. Als Nächstes müssen sie lernen, ihre Schuldgefühle von sich zu weisen, da diese ja nun für »falsch« erklärt werden können und in Wirklichkeit nichts anderes sind als Fehler anderer, die diese im Umgang mit ihnen begangen haben. Das alles soll den Menschen helfen, besser in Harmonie mit sich selbst zu leben, und zweifellos hilft es tatsächlich, zumindest oberflächlich. In Wirklichkeit löst es jedoch das Problem nicht, sondern verlagert es nur.

Der zweite Weg besteht darin, sich der Schuld als einer Realität zu stellen, Verantwortung dafür zu übernehmen und im Bewusstsein meiner Verantwortung die Schuld in den Griff zu bekommen. Vom christlichen Standpunkt aus heißt das, wenn wir uns für den zweiten Weg entschieden und die Verantwortung für unsere Schuld übernommen haben, führt es dazu, dass wir die Schuld bekennen und Vergebung dafür empfangen. Vergebung ist die unmittelbare Konsequenz von Buße.

Als die Menge der Zuhörer am Pfingsttag fragte »Was sollen wir tun«, da antwortete Petrus: »Tut Buße und jeder von euch lasse sich taufen auf den Namen Jesu Christi zur Vergebung eurer Sünden« (Apg 2,38). »Vergebung« bedeutet, dass unsere Schuld getilgt wird. Wir werden der Sünden, die wir in der Vergangenheit begangen haben, als »nicht schuldig« befunden, und sie werden nie mehr gegen uns angeführt oder als Beweismaterial verwendet werden, um uns zu verdammen. Das ist eine atemberaubende Behauptung, es ist viel leichter, sie als biblisch begründete Gaubenslehre zu akzeptieren, als zu glauben, dass diese Wahrheit für mein persönliches Leben gilt. Viele Leute können über Vergebung gut theologisieren, aber praktisch nichts damit anfangen. Sie haben keine Schwierigkeiten zu glauben, dass andere Leute Vergebung erhalten können, aber sie finden es extrem schwierig, an die Möglichkeit zu glauben, dass ihnen selbst vergeben werden kann.

Ich bin nun schon einige Jahre als Prediger und Seelsorger unterwegs und ich bin immer wieder überrascht, wie viele Christen – auch solche, die schon jahrelang Christen sind – Zweifel hegen, ob die Vergebung, die sie empfangen haben, wirklich so umfassend ist, wie sie das gerne glauben möchten. Immer wieder werden sie von ihrem Schuldbewusstsein bedrängt, manche von ihnen bekennen ihre Sünden wieder und wieder, aber sie haben nie die Gewissheit, dass ihnen vergeben worden ist.

Eine Dame über fünfzig beichtete mir, dass sie als Teenager, mehr als dreißig Jahre zuvor, in eine gewisse üble Sache verwickelt gewesen war. Sie war damals schon Christ, wodurch ihr Schuldbewusstsein wahrscheinlich geschärft worden war. All die Jahre hatte sie mit diesem Schuldbewusstsein gelebt, es war ihr nicht gelungen, davon freizukommen. Sie sagte mir, dass sie fast jeden Abend vor dem Schlafengehen diese dreißig Jahre alten Sünden bekannte, aber sie war nie sicher, dass ihr vergeben worden war. Sie ging regelmäßig zum Gottesdienst in ihrer Kirche, aber sie hatte nie verantwortlich in der Pfarrgemeinde mitgearbeitet, weil sie sich unwürdig fühlte. Man hatte ihr mehrmals angeboten, als Lehrerin in der Sonntagsschule zu arbeiten, und sie wäre für diese Aufgabe geeignet gewesen, aber wegen ihres Schuldbewusstseins hatte sie immer abgelehnt. Ihre Sünde hatte sie auch daran gehindert, eine gute Ehefrau und eine gute Mutter für ihre drei Kinder zu werden (zumindest ihrer Meinung nach), und nun war sie krank geworden und die Ärzte konnten ihr nicht versprechen, dass sie wieder gesund würde. Ihrer Meinung nach gab es dafür nur einen Grund: Endlich hole Gottes Strafgericht sie ein. Ist das ein Extremfall? Bei weitem nicht so extrem, wie Sie vielleicht denken. Ich habe mich entschlossen, ihre Geschichte stellvertretend für viele andere zu erzählen, denn ich kenne viele Geschichten von anderen Leuten, mit denen ich zu tun gehabt habe, und die in einer ganz ähnlichen Situation waren. Vielleicht können Sie sich mit ihr identifizieren. Viele Christen wirken äußerlich ruhig, aber dahinter verbirgt sich ein Problem von unbewältigter Schuld. Einige werden von der Angst gequält, sie könnten die »Sünde, für die es keine Vergebung gibt« (s. Mk 3,29) begangen haben und obwohl sie Christen sind, könnten sie nur mit Furcht an den Jüngsten Tag denken. Ich habe mit der oben erwähnten Dame über die Wahrheiten gesprochen, die ich jetzt auch mit Ihnen auf den folgenden Seiten betrachten will.

Für schuldig befunden werden oder verdammt werden?

Zwei Personen sind besonders daran interessiert, mit Ihnen über Ihre Sünde zu sprechen: der Heilige Geist und der Teufel. Über den Heiligen Geist hat Jesus gesagt: »Wenn er kommt, wird er gegen die Welt auftreten. Er wird den Menschen zeigen, was Sünde ist …« (Joh 16,8). Das heißt, wenn der Heilige Geist am Wirken ist, führt das unweigerlich und schonungslos dazu, dass wir als Sünder entlarvt werden. Der Teufel hingegen tritt in einer ganz anderen Absicht auf. Er wird beschrieben als »Der Ankläger unserer Brüder …« (Offb 12,10b). Er hat es sich zur Aufgabe gemacht, uns nicht nur für schuldig zu erklären, sondern zu verdammen. Der oben genannte Vers führt das weiter aus. »Er, der sie Tag und Nacht vor Gott beschuldigte …«. Mit anderen Worten, er ist ständig dabei, Gott Geschichten über Sie und mich zu erzählen, in der Absicht unsere Motive und unseren Charakter schlecht zu machen. (Ein Beispiel dafür finden Sie in Hiob 1,9–11, wo er Hiob beschuldigt, er habe unrechte Motive für seinen frommen Lebenswandel.) Da er uns sogar in Gottes Gegenwart beschuldigt, können wir sicher sein, dass er uns selbst gegenüber dasselbe tut.

Es ist ein großer Unterschied, für schuldig befunden zu werden, wie es durch den Heiligen Geist geschieht, oder verdammt zu werden, wie es durch den Teufel geschieht. Verdammt zu werden bedeutet, dass man unsere Schuld über uns wirft wie eine nasse Decke, unter der wir ersticken sollen, und es gibt keine Möglichkeit, sich zu befreien. Für schuldig befunden werden durch den Heiligen Geist bedeutet, dass man uns unsere Sünde bewusst macht, aber zugleich auch den Ausweg und die Möglichkeit der Vergebung zeigt. Der Heilige Geist bringt unsere Sünde nicht ans Licht, um uns zu verdammen, sondern immer, um uns zu befreien und die Dinge wieder in Ordnung zu bringen. Wenn unser Sündenbewusstsein dazu führt, dass wir ständig niedergedrückt sind und glauben, wir wären verdammt, wenn wir keinen Ausweg sehen und uns nicht vorstellen können, dass sich je etwas ändern wird, dann kommt das vom Satan. Manche von uns haben hier ein Problem: Es fällt uns oft viel leichter, das Wertesystem des Teufels zu verstehen, als das Wertesystem Gottes! Wir finden es viel leichter, die schlechten Nachrichten zu glauben, als die guten. Wir haben eine negative Grundeinstellung zu uns selbst und deshalb fällt es uns leichter zu glauben, dass wir Fehler gemacht haben, dass wir schuldig und verdammt sind, als dass wir glauben könnten, dass uns vergeben wird, dass wir gerechtfertigt werden und frei sind. Ich sage das alles nicht, um Sünde und Schuld zu relativieren oder zu verharmlosen, aber ich möchte betonen, dass Sünde und Schuld nicht das letzte Wort haben. Das Problem Sünde ist erledigt, die Schuld kann getilgt werden!

Eine Bekannte von mir glaubt jedes Mal, wenn sie mit ihrem Auto durch die Stadt fährt und irgendwo jemand hupt, dass es ihr gilt und dass sie etwas falsch gemacht hat! Sie macht das ganz instinktiv. Auch wenn noch fünfzig andere Autos um sie herum sind, geht sie davon aus, dass sie es ist, die angehupt worden ist. Noch bevor sie weiß, was los ist, ist sie sicher, sie war schuld. Überrascht es Sie, wenn ich Ihnen sage, dass es für sie lange Zeit schwierig war, mit Schuld umzugehen? Sie war ein Christ, aber da sie ein Mensch war, der sich selbst ständig sehr kritisch und argwöhnisch beobachtete, nahm sie natürlich an, Gott würde es genauso machen! Satan konzentriert sich auf diese negative Grundeinstellung, die wir zu uns selbst haben, denn sie hilft ihm, ständig Furcht und Schuldgefühle in uns wachzuhalten.

Der Teufel wird als Lügner bezeichnet. Jesus sagte von ihm: »Er ist von Anfang an ein Mörder gewesen und hat niemals etwas mit der Wahrheit zu tun gehabt, weil es in ihm keine Wahrheit gibt. Wenn er lügt, so entspricht das seinem Wesen; denn er ist ein Lügner und alle Lüge stammt von ihm« (Joh 8,44). Die einzige Gelegenheit, wo er nicht lügt, ist, wenn er mit uns über unsere Sünde spricht – aber da ist die Wahrheit ja auch schon schlimm genug, wie die meisten von uns zugeben werden! Und doch lügt er auch hier, denn er holt die Sünde wieder hervor unter dem Blut Christi, durch das sie doch erledigt, vergeben und vergessen ist, und er hält sie uns neuerlich vor, um uns zu verdammen. Interessanterweise verdammt er uns nicht, solange wir getrennt von Christus leben. Das braucht er auch nicht, denn getrennt von Christus gibt es nur Verdammnis wegen der Sünde, keine Vergebung. Das ist die Wahrheit und die interessiert den Teufel nicht, er ist ja spezialisiert auf Lügen. Und außerdem wäre es für seine Ziele kontraproduktiv, bei Leuten ein schlechtes Gewissen zu erzeugen, die mit ihrer Sünde ganz zufrieden leben. Wenn er solchen Leuten ein schlechtes Gewissen macht, fangen sie womöglich noch an, Vergebung zu suchen. Aber in dem Moment, wo wir zu Christus kommen und uns vergeben wird, zeigt sich Satans wahres Wesen als Lügner und Betrüger: Er gräbt wieder aus, was Gott begraben hat, und verwendet es als Waffe gegen uns, um uns zu verdammen und unsere Freiheit und die Freude über unsere Vergebung kaputt zu machen.

Die Grundlage der Vergebung

Eines der Hindernisse, warum wir Vergebung nicht erleben können, ist, dass wir sie nicht verstehen. Welche von Gottes Charaktereigenschaften – und wir wissen, dass er heilig und gerecht ist – macht ihn fähig, mir meine Sünde zu vergeben? Wenn ich über dieses Thema sprach, habe ich schon öfter meine Zuhörer gebeten, mir durch Handzeichen zu zeigen, ob sie glauben, dass Gott uns aufgrund seiner Barmherzigkeit vergibt oder aufgrund seiner Gerechtigkeit.

Vergibt er uns, weil er großmütig und gütig zu uns ist oder weil er uns absolut korrekt und gerecht behandelt? Natürlich glaubt die Mehrheit, dass Gott aufgrund seiner Barmherzigkeit vergibt. Aber sie irren sich! Gott vergibt uns aufgrund seiner Gerechtigkeit. »Wenn wir unsere Verfehlungen eingestehen, können wir damit rechnen, dass Gott treu und gerecht ist; Er wird uns dann unsere Verfehlungen vergeben und uns von aller Schuld reinigen, die wir auf uns geladen haben« (1Joh 1,9). Sollte Gott uns nur aufgrund seiner Barmherzigkeit vergeben, dann hätte es das Kreuz nie geben müssen. Der Tod Christi am Kreuz macht Gottes Vergebung zu einem Akt der Gerechtigkeit. Vergebung bekommen wir, wenn wir uns an seine Gerechtigkeit wenden, nicht an seine Barmherzigkeit. Lassen Sie mich versuchen, das zu erklären.

Gerechtigkeit und Barmherzigkeit sind allem Anschein nach von ihrem Wesen her unvereinbar. Es ist nicht möglich, ein und derselben Person zu ein und demselben Anlass Gerechtigkeit und Barmherzigkeit zugleich widerfahren zu lassen. Wenn ich als Autofahrer wegen Überschreiten der zulässigen Höchstgeschwindigkeit vor Gericht müsste und für schuldig befunden würde, hätte mein Richter die Wahl zwischen zwei Möglichkeiten. Entweder könnte er mich barmherzig behandeln und laufen lassen, oder er könnte mich gerecht behandeln und darauf bestehen, dass ich die Strafe für mein Vergehen bezahle. Aber er könnte nicht beides zugleich tun. Wenn er barmherzig zu mir wäre und mich unter Berücksichtigung meines ansonsten unbescholtenen Lebenswandels ungestraft davonkommen ließe, dann könnte er nicht zugleich gerecht sein und eine Geldstrafe über mich verhängen. Andererseits, wenn er sich entschlösse, gerecht zu sein und darauf zu bestehen, dass ich die Strafe bezahle, dann könnte er nicht zugleich barmherzig sein. Es sind und bleiben zwei Möglichkeiten, die sich gegenseitig ausschließen.

Nun stellen Sie sich vor, dass der Richter zwar gerne barmherzig sein möchte, aber andererseits seine Verantwortung als Richter sehr ernst nimmt. So verhängt er, nachdem er alle Einzelheiten meines Vergehens noch einmal gründlich überdacht hat, eine Strafe von etwa 100 Euro. Das wäre eine völlig gerechte Maßnahme und unter der Bedingung, dass ich die Strafe bezahle, kann das Verfahren gegen mich eingestellt und das Delikt aus meinem Vorstrafenregister gelöscht werden. Und nun versuchen Sie sich vorzustellen, der Richter würde, aus reiner Barmherzigkeit und Gnade mir gegenüber, sich von seinem Richterstuhl erheben, sein Scheckbuch zücken und meine Strafe bezahlen. In den Akten würde über diesen Prozess vermerkt, dass ich meines Vergehens für schuldig befunden und zur Zahlung einer Strafe von 100 Euro verurteilt worden wäre, aber außerdem noch, dass die Strafe bezahlt worden sei. Das Verhalten des Richters mir gegenüber hätte zum Ausdruck gebracht, dass Barmherzigkeit und Güte ihn motivierten, die Strafe für mich zu bezahlen. Aber vom Standpunkt des Gesetzes aus verlasse ich nicht aufgrund eines Gnadenaktes das Gerichtsgebäude als freier Mann, sondern weil dem Gesetz Genüge getan worden ist. Die Strafe ist bezahlt und das Verfahren gegen mich ist ordnungsgemäß abgeschlossen. Vielleicht finden Sie dieses Beispiel zu einfach, aber es macht den Punkt klar, auf den es ankommt. Dass ich freikomme, geschieht auf einer rechtlichen Basis!

Es ist vollkommen richtig, dass Liebe und Barmherzigkeit für uns Gottes Herz bewegt haben, als er das Kreuz zu einer historischen Tatsache werden ließ. »Gott hat die Menschen so sehr geliebt, dass er seinen einzigen Sohn hergab …« (Joh 3,16), aber nachdem er Christus gesandt hat, um stellvertretend für uns am Kreuz zu sterben, behandelt er nun unsere Sünde auf einer rechtlichen Grundlage. Petrus stellt fest: »Auch Christus hat ja für die Sünden der Menschen gelitten, der Gerechte für die Schuldigen, ein für alle Mal. Damit hat er euch den Zugang zu Gott eröffnet« (1Petr 3,18). Wenn dem von ihm selbst eingesetzten Recht Genüge getan ist, ist Gott rechtlich und moralisch verpflichtet, uns zu vergeben! Das ist die Grundlage, auf der wir Vergebung beanspruchen und empfangen. Es ist nicht anmaßend von mir, zu glauben, dass meine Sünde vergeben ist, sondern in Anbetracht von Gottes Gerechtigkeit und Integrität muss ich es für die Wahrheit halten.

Wenn ich dem Gericht den Rücken kehre, nachdem der Richter meine Strafe bezahlt hat, dann ist das völlig legal, auch wenn ich selbst nicht das Geringste bezahlt habe! Niemand hat das Recht, mich aufzuhalten und zu verlangen, dass ich auch einen Beitrag leiste. Wenn ich auch nur einen Euro aus eigener Tasche beisteuere, nur um ein besseres Gewissen zu haben, stimmt die Buchhaltung nicht mehr. Die Strafe wäre mit einem Betrag von 100 Euro veranschlagt, aber tatsächlich wären 101 Euro bezahlt worden. Aus diesem Grund sind Bußübungen überflüssig. Wer auf Bußübungen – welcher Art auch immer – besteht, bringt damit zum Ausdruck, dass er das, was Christus vollbracht hat, nicht für ausreichend hält. Ich kann nichts hinzufügen zu dem, was für meine Sünde bezahlt worden ist, und es ist auch gar nicht nötig, denn der Betrag ist vollständig bezahlt worden. Deshalb kann mir vergeben werden, und zwar auf der Basis von Gottes Gerechtigkeit.

Solange ich mir Vergebung als Resultat von Gottes Barmherzigkeit mir gegenüber vorstelle, bleibt mir immer die Überlegung, dass Gott moralisch nicht verpflichtet ist, mir zu vergeben. Deshalb kann ich zu dem Schluss kommen, dass ich einmal zu oft gesündigt habe, dass seine Barmherzigkeit erschöpft ist, so dass er mir in Zukunft wahrscheinlich nicht mehr vergeben wird, obwohl er es früher vielleicht getan hat. Diese Vorstellung ist der Grund, warum so viele Menschen ständig Schuldgefühle haben. De facto heißt das, wenn sie darüber nachdenken, wie Gott mit ihrer Sünde umgeht, lassen sie das Kreuz und seine Bedeutung außer acht. Der Teufel wird seine Angriffe immer gegen das Kreuz richten und in Frage stellen, dass das Kreuz ausreichend ist für unsere Versöhnung mit Gott, denn es war am Kreuz, dass die Sünde zerstört und Satan zum Untergang verurteilt wurde. Es ist eine Tragödie, wie viele Menschen das einfach nicht glauben!

Gott vergibt, weil er gerecht ist, und deshalb wäre es ungerecht und unmoralisch von ihm, nicht zu vergeben. An der Vergebung zweifeln heißt, an Gottes Gerechtigkeit und moralischer Integrität zu zweifeln. Das dürfen wir niemals tun und es wird niemals einen Grund dafür geben.

Darf ich Sie daran erinnern, dass es natürlich Voraussetzungen gibt, damit ich Vergebung erfahren kann. Petrus erklärte: »Tut Buße ... dann wird Gott euch eure Schuld vergeben« (Apg 2,38). Johannes schrieb: »Wenn wir aber unsere Verfehlungen eingestehen, können wir damit rechnen, dass Gott treu und gerecht ist: Er wird uns dann unsere Verfehlungen vergeben ...« (1Joh 1,9).

Jesus sagte in der Bergpredigt: »Wenn ihr den andern vergebt, was sie euch angetan haben, dann wird euer Vater im Himmel euch auch vergeben. Wenn ihr aber den andern nicht vergebt, dann wird euer Vater euch eure Verfehlungen auch nicht vergeben« (Mt 6,14.15).

Aus der Heiligen Schrift geht klar hervor, dass wir unsere Sünden bekennen und vor Gott darüber Buße tun müssen, und wir müssen anderen in derselben Weise vergeben, wie wir erwarten, dass Gott uns vergeben wird. Ich kann nicht Vergebung von Gott empfangen und mich zugleich weigern, jemand anderem zu vergeben. Das hat Jesus ganz eindeutig festgestellt und im »Vaterunser« hat er uns gelehrt zu sagen, »Vergib uns unsere Schuld, wie auch wir allen vergeben haben, die an uns schuldig geworden sind« (Mt 6,12). Deshalb haben wir kein Recht, Vergebung zu erwarten, wenn wir selbst jemand anderem gegenüber unversöhnlich sind. Wenn wir tatsächlich Buße tun, dann gehört dazu auch, dass wir bereit sind, anderen zu vergeben.

Die Sünde, die nicht vergeben werden kann.

Es gibt unter den Christen einige Leute, deren Leben von einer furchtbaren Angst überschattet wird. Es ist die Angst, sie könnten »die Sünde, die nicht vergeben werden kann« begangen haben. Sie fürchten, dass es am Tag des Jüngsten Gerichts für sie nicht gut aussehen wird, und in der Zwischenzeit sind sie für Gott nur in sehr begrenztem Maße brauchbar, denn sie sind geistlich verkrüppelt. Jesus hat von einer Sünde gesprochen, die nicht vergeben werden kann, das ist uns durch Matthäus, Markus und Lukas überliefert worden. Bei Markus heißt es: »Wer aber den Heiligen Geist beleidigt, für den gibt es keine Vergebung; er ist auf ewig schuldig geworden« (Mk 3,29). Es geht jetzt darum zu verstehen, was mit »den Heiligen Geist beleidigen« gemeint war. Der größere Zusammenhang, in dem dieser Ausspruch steht, handelt von den Schriftgelehrten und ihrer konstanten Weigerung, das Wirken des Heiligen Geistes im Leben Jesu anzuerkennen; stattdessen führten sie seine übernatürlichen Kräfte auf Beelzebub, den Herrscher über die Dämonen, zurück.

Es ist immer von Wichtigkeit, die einzelnen Aussagen der Heiligen Schrift in ihrem größeren Zusammenhang, nämlich mit der Grundaussage der ganzen Heiligen Schrift zu sehen. Besonders wichtig ist es dann, wenn ein Ausspruch scheinbar im Widerspruch mit dieser Grundaussage steht. Die Bibel ist eine Einheit und wir müssen die einzelnen Details immer als Teil dieser Einheit verstehen. Hüten wir uns davor, einen Text aus seinem Zusammenhang zu nehmen und daraus etwas abzuleiten, was nicht wahr ist!

An anderen Stellen in der Bibel wird davon gesprochen, dass die Vergebung alle unsere Sünden einschließt. Johannes schrieb: »...das Blut, das Jesus für uns vergossen hat, reinigt uns von jeder Schuld« (1Joh 1,7); und: »Wenn wir aber unsere Verfehlungen eingestehen, können wir damit rechnen, dass Gott treu und gerecht ist: Er wird uns dann unsere Verfehlungen vergeben und uns von aller Schuld reinigen, die wir auf uns geladen haben« (1Joh 1,9). Paulus schrieb: »Vor dem Gericht Gottes gibt es also keine Verurteilung mehr für die, die mit Jesus Christus verbunden sind« (Röm 8,1). Nehmen wir bitte zur Kenntnis, dass bei diesen Versen keine Ausnahmebestimmungen angefügt sind, wie etwa »... reinigt uns von jeder Schuld, außer Sie haben zufällig die Sünde begangen, für die es keine Vergebung gibt. Sollte das zutreffen, so werden Sie dieser Sünde weiterhin für schuldig befunden!« Nein, die Vergebung der Sünden wird immer als allumfassend dargestellt, Sonderfälle – teilweise Vergebung für Menschen, die unverzeihliche Sünden begangen haben – sind nicht vorgesehen. Das muss uns zu denken geben.

Der einzige Weg zur Vergebung ist, sich auf den Tod Christi zu berufen, wenn uns der Heilige Geist für schuldig befindet. Es ist der Geist, der uns unsere Sünde bewusst macht und uns durch Christus den Ausweg aus unserer Sünde zeigt. Wer sich dem Wirken des Heiligen Geistes widersetzt, versperrt sich daher selbst den einzigen Weg, auf dem er Vergebung erlangen könnte. Und die Schriftgelehrten waren dabei, genau das zu tun, als Jesus sie vor der Möglichkeit warnte, dass ihnen nicht vergeben werden könnte. Sie waren dermaßen verhärtet gegen Jesus, dass sie eher bereit waren, das übernatürliche Element in seinem Wirken – das sie ja nicht leugnen konnten – einem Dämon zuzuschreiben als dem Geist Gottes. Indem sie den Geist auf diese Weise ablehnten und beleidigten, schlossen sie sich selbst von jeder Möglichkeit aus, Vergebung zu erlangen. Die Sünde, die nicht vergeben wird, ist also nicht eine Tat, die man vielleicht in einem Augenblick begeht und dann nie mehr ungeschehen machen kann, sondern es ist die Weigerung, den einzigen Weg zur Vergebung zu akzeptieren, indem man den Heiligen Geist ablehnt und es vorzieht, weiter in der Sünde zu bleiben, ohne Vergebung und mit keiner anderen Möglichkeit, rein zu werden.

Aus diesem Grund ist es unmöglich, dass jemand, der bereits Christ ist, sich der Sünde schuldig macht, die nicht vergeben werden kann. Dass er überhaupt Christ werden konnte, beweist ja, dass er sich dem Heiligen Geist nicht widersetzt, sondern ihn anerkannt hat und als Christ ist er nun gerechtfertigt und darf jede Schuld von sich weisen. Wenn Sie als Christ Angst haben, Sie könnten eine »Sünde, die nicht vergeben wird«, begangen haben, betrachten Sie den Vers, der Sie verurteilt, nicht losgelöst von der Gesamtaussage der Heiligen Schrift. Freuen Sie sich vielmehr, dass die Vergebung, die Gott Ihnen gewährt, allumfassend ist. Und dann beginnen Sie, so zu glauben und zu leben, als ob Sie rein wären – denn Sie sind es!

Was Gott mit unserer Sünde tut

Es gibt einige Verse in der Bibel, die ganz anschaulich beschreiben, was Gott mit unserer Sünde tut, und es könnte eine sehr ermutigende Erfahrung für uns sein, über diese Verse nachzudenken.

1.»So weit der Osten vom Westen liegt, so weit entfernt er die Schuld von uns.« (Ps 103,12)

Das ist ein sehr schönes Bild. Es wird nicht gesagt, dass unsere Sünde so weit von uns weggetan wird wie der »Norden vom Süden«, sondern so weit wie der »Osten vom Westen«. Der Norden und der Süden sind Fixpunkte, der Osten und der Westen nicht. Kürzlich flog ich von London nach Japan. Nach unserem Start von London flogen wir nach Norden, zuerst über die gesamte britische Insel, dann über die Orkney Inseln vor der Nordküste Schottlands, und schließlich über den Polarkreis. Wir flogen immer geradeaus, aber es dauerte nicht lange, bis wir den nördlichsten Punkt überschritten und von da an Kurs nach Süden hatten. Wir überflogen Alaska in südlicher Richtung, und nach einer Zwischenlandung in Anchorage flogen wir in südwestlicher Richtung weiter mit Kurs auf Tokio. Der Norden ist ein Fixpunkt und ebenso der Süden, nicht aber der Osten und der Westen. Sie könnten mit einem Flugzeug in Richtung Westen starten, die ganze Erde umrunden und wieder an die Stelle kommen, von wo Sie gestartet sind, ohne dass Sie jemals nach Osten fliegen mussten. Ebenso könnten Sie in östlicher Richtung einmal um die ganze Erde fliegen, ohne jemals Kurs nach Westen nehmen zu müssen. Ost und West sind zwei Punkte, die gar nicht existieren, und Gott hat unsere Übertretungen so weit von uns weggetan, wie diese beiden nicht existierenden Punkte von einander entfernt sind. Ist das nicht ein wundervolles Bild? Wenn wir von unserer Sünde so weit entfernt sind wie der Osten vom Westen, dann heißt das, dass wir ihr nie mehr begegnen können! Wenn Sie also ein Sünder sind, dem vergeben worden ist, versuchen Sie nicht, Ihre Sünde wieder zu finden und wehren sie sich entschieden, wenn der Teufel versucht, sie Ihnen »nachzutragen«.

2. »*Alle meine Schuld hast du genommen und sie weit hinter dich geworfen*« *(Jes 38,17)*

Auch das ist ein sehr plastisches Bild! Wenn Gott allgegenwärtig ist (an jedem Ort und zu jeder Zeit), wo kann es dann einen Ort »hinter ihm« geben? Wo auch immer, jedenfalls ist dieser Ort so weit entfernt, dass er außerhalb des Raumes und per definitionem jenseits von allem ist, was existiert! Vielleicht haben Sie den Eindruck, dass ich das Bild zu wörtlich nehme, dass es einfach nur heißt, dass Gott uns unsere Sünde nicht mehr zurechnet, statt dass sie buchstäblich »hinter ihm« ist. Wahrscheinlich haben Sie recht, so zu denken, aber dieses Bild zeigt jedenfalls sehr anschaulich, wie unendlich weit Gott unsere Sünde von uns entfernt hat.

3. »Ich, ich tilge deine Übertretungen um meinetwillen und gedenke deiner Sünden nicht« (Jes 43,25)

Gott besitzt eine einzigartige Fähigkeit. Er vergibt nicht nur, sondern er vergisst, oder genauer gesagt, er erinnert sich nicht. Ich hatte früher einmal an dieser Stelle ein Problem. Wenn Gott unsere Sünde vergisst, so überlegte ich, und wir reden dann mit jemand über Sünden, die wir früher begangen haben, dann denkt Gott vielleicht, wir lügen, denn er hat es ja vergessen! In Wahrheit »vergisst« er aber nicht, sondern er »denkt nicht mehr daran«.

Das bedeutet, der Gott, der alle Dinge weiß, wird sich niemals ins Gedächtnis rufen, was er über mich weiß, er wird mich nie dafür zur Rechenschaft ziehen, es nie gegen mich verwenden und mich niemals dafür verdammen. Er »denkt nicht mehr daran« und behandelt mich, als ob es meine Sünde nie gegeben hätte. Wir haben die Fähigkeit, zu vergeben, aber vergessen können wir nicht so leicht! Ich kann mich erinnern, wie ich einmal in New York City, in einer Gemeinde im Zentrum Manhattans, predigte. Der Versammlungsraum war voll und ungefähr in der Mitte der Predigt stand plötzlich ein Mann auf, der auf einem Platz ganz an der Wand gesessen hatte. Er schaute die Sitzreihe entlang, als ob er hinaus wollte, aber niemand in der Reihe machte Anstalten, ihn vorbeizulassen. Im nächsten Moment stand jemand auf, der hinter ihm saß, tippte ihm auf die Schulter und flüsterte – aber so laut, dass ich es hören konnte: »Setzen Sie sich hin, sonst sehe ich nichts.« Der erste Mann drehte sich um und flüsterte ebenso laut zurück, »Ich will hinaus.« »Dann gehen Sie hinaus, oder setzen Sie sich«, antwortete der andere, »aber stehen Sie nicht hier herum, bitte.« Daraufhin fuhr der erste Mann herum und versetzte dem anderen einen Fausthieb, dass es nur so krachte und der andere zu Boden ging, und dann kniete der erste sich auf seinen Sessel, holte noch einmal aus und versetzte dem anderen noch einen zweiten Hieb! Im nächsten Moment packten ihn zwei oder drei Männer aus den Zuhörern und das Letzte, was ich von ihm sah, war, dass er am anderen Ende des Versammlungsraumes zur Tür hinaus befördert wurde!

Am Ende des Gottesdienstes bat der Mann um die Erlaubnis, wieder hereinzukommen und sich bei mir zu entschuldigen, dass er die Versammlung gestört habe. Als man ihn schließlich zu mir brachte, erklärte er, dass er getrunken und sich infolge dessen nicht normal verhalten hätte (das Erste hatte ich vermutet, über das Zweite hatte ich so meine Zweifel!) und er bat mich, ihm zu vergeben. Das tat ich und ich meinte es wirklich ehrlich. Aber nun stellen Sie sich vor: Als ich am nächsten Abend gerade mit meiner Ansprache beginnen wollte, ging die Tür auf und wer kam herein? Genau dieser Mann! Sofort hörte ich eine leise innere Stimme in mir sagen, »Achtung, gleich gibt es Ärger!« Warum das? Weil ich ihm nicht vergeben hatte? Nein, vergeben hatte ich ihm. Aber ich hatte nicht vergessen. Sollte ich ihm wieder aus der Nähe begegnen, würde ich darauf achten, außerhalb seiner Reichweite zu bleiben – falls er etwa einen rechten Aufwärtshaken versuchen sollte! Ich habe zwar die Fähigkeit, zu vergeben, aber nicht die Fähigkeit, »mich nicht mehr zu erinnern«. Gott hat diese Fähigkeit. Er behandelt mich nicht als den Versager oder Sünder, der ich früher einmal war. Meine Vergangenheit, sofern sie bereinigt worden ist, ist heute völlig belanglos für ihn. Die Vergangenheit ist weg und er behandelt uns, als ob unsere Sünden nie stattgefunden hätten. Das und nicht weniger bedeutet Vergebung.

4. »So gibt es nun keine Verdammnis für die, die in Christus Jesus sind« (Röm 8,1)

Das und nicht weniger heißt es, dass Gott sich an unsere Sünden nicht mehr erinnert! Dieser Vers steht in der Zeitform des Präsens. Heute gilt, dass es keine Verdammnis gibt und Gott nichts gegen mich hat. Der Konflikt ist beendet, die Schuld ist weggenommen und wir sind nicht verdammt. Denken Sie daran, immer, wenn ein Christ sich verdammt fühlt, dann hat dieses Gefühl einen satanischen Ursprung und kommt nicht von Gott. Hier müssen wir dem Satan Widerstand leisten.

»Auch darin hat die Liebe Gottes bei uns ihr Ziel erreicht, dass wir dem Tag des Gerichts voller Zuversicht entgegensehen können; denn so wie Christus mit dem Vater verbunden ist, so sind ja auch wir es in dieser Welt« (Joh 4,17). Dieser Vers ist bemerkenswert. Am Tag des Gerichtes werden wir nicht geduckt und ängstlich in Gottes Gegenwart kommen, nicht voll Furcht vor dieser Begegnung, sondern wir werden bescheiden, aber tapfer und zuversichtlich kommen. Das und nicht weniger bewirkt Gottes Liebe in unserem Leben. Warum? Johannes sagt, dass das volle Ausmaß von Gottes Liebe zu uns darin zum Ausdruck kommt, dass »wir in dieser Welt mit ihm verbunden sind wie Christus«.

Wir werden in der Gegenwart des Vaters ebenso rein und gerecht dastehen wie der Herr Jesus Christus, und so, wie der Vater den Sohn willkommen heißt, so wird er auch Sie und mich willkommen heißen.

Warum ist das so? Haben wir es verdient? Natürlich nicht. Aber einmal – und das ist eine geschichtliche Tatsache – einmal hat es einen Tag gegeben, an dem der Himmel sich verfinsterte und der Vater sich von seinem Sohn abwandte, damals, als der reine, heilige Sohn Gottes zur Sünde wurde. All mein Schmutz, mein Versagen und meine Sünde wurden dem Herrn Jesus aufgeladen, und stattdessen wurde all seine Güte und Reinheit über mich ausgegossen als einen Sünder, dem vergeben worden ist. Paulus hat es so ausgedrückt: »Denn er hat den, der von keiner Sünde wusste, für uns zur Sünde gemacht, damit wir in ihm die Gerechtigkeit würden, die vor Gott gilt« (2Kor 5,21). In der modernen Bibelübersetzung »Die Gute Nachricht« heißt es folgendermaßen: »Gott hat Christus, der ohne Sünde war, an unserer Stelle als Sünder verurteilt, damit wir durch ihn vor Gott als gerecht bestehen können.« Er hat unsere Sünde übernommen und dafür übernehmen wir seine Gerechtigkeit. Ist das nicht Grund zur Begeisterung – und zur Bescheidenheit?

Lassen Sie nicht zu, dass der Teufel Sie um diese unvergleichliche Erfahrung bringt, von Ihrer Sünde vollkommen gereinigt zu sein.

Aber, so wunderbar es auch ist, Vergebung zu haben und rein zu sein – im christlichen Leben geht es um mehr als das! Jesus Christus ist nicht nur deshalb in die Welt gekommen, um uns rein zu machen. Unsere Reinigung ist notwendig und sie ist wunderbar, aber dass wir unsere Sünden loswerden, ist nur ein Mittel zum Zweck. Damit soll der eigentliche Sinn der Vergebung erst verwirklicht werden, und was dieser eigentliche Sinn der Vergebung ist, damit wollen wir uns nun beschäftigen.

Arbeitsblätter

Kapitel 6:
Vergebung und die Gerechtigkeit Gottes

- Welche Probleme entstehen aus menschlicher Schuld, die nie bearbeitet worden ist? (Seite 104, Seite 107)
- ....
....
....

- Welche Möglichkeiten gibt es, um Schuld zu bearbeiten? (Seite 104–107)
- ....
....
....

»Zwei Personen sind besonders daran interessiert, mit Ihnen über Ihre Sünde zu sprechen« (Seite 108–110)

- Welche zwei Personen sind das?
- ....
....
....

- Was haben sie uns über unsere Sünde zu sagen?
- ....
....
....

- Warum vergibt uns Gott? (Seite 110–114)
- ....
....
....

- Gibt es eine Sünde, die nicht vergeben werden kann? (Seite 115–117)
- ....
  ....
- Worin besteht diese Sünde?
- ....
  ....
  ....

Was Gott mit unserer Sünde tut (Seite 117–122)
- Was sagt die Bibel zu dieser Frage?
- ....
  ....
  ....

Der Geist, der in euch lebt

Jesus Christus hat noch mehr mit uns vor, als dass unsere Schuld vergeben wird und wir von unserer Sünde gereinigt werden. Vergebung der Schuld und Reinigung von Sünde ist sicher eines der tiefsten Bedürfnisse, die Menschen haben können – wir haben das im vorigen Kapitel besprochen.

Der Mensch braucht jedoch nicht nur Vergebung, vielmehr hat er auch die Sehnsucht, gut zu sein. Das Schuldbewusstsein eines Menschen entspringt ja aus dem Bewusstsein, dass er gut sein müsste – und genau das und nicht weniger will Christus möglich machen: Er will, dass das Gute in uns entstehen kann. Christus vergibt uns unsere Sünde, aber sein eigentliches Ziel ist nicht einfach, dass wir rein sind. Dass wir rein sind, ist vielmehr die Voraussetzung dafür, dass er kommen und Sein Leben in uns leben kann, und zwar durch den Heiligen Geist.

Es ist das Kommen des Heiligen Geistes – nachdem die Reinigung vollzogen ist –, das einen Menschen zum Christen macht.

Man ist nicht deshalb Christ, weil die Sünde weg ist, sondern weil der Heilige Geist gekommen ist! Paulus schrieb: »Wer diesen Geist – den Geist von Christus – nicht hat, gehört auch nicht zu ihm« (Röm 8,9). Wenn ich in eine Buchhandlung ginge, um ein Buch zum Preis von 4,50 Euro zu kaufen, würden zwei Dinge passieren: Ich würde die 4,50 Euro weggeben und ich würde das Buch bekommen. Sollte ich dann beim Verlassen der Buchhandlung einen Freund treffen, der mich fragt, was ich gemacht habe – würde ich dann antworten: »Ich habe gerade 4,50 Euro weggegeben«? Diese Aussage wäre zwar vollkommen richtig, trotzdem würde ich aber antworten: »Ich habe ein Buch gekauft.« Um das zu tun, musste ich 4,50 Euro weggeben, aber das war nur ein Mittel zum Zweck, nicht der Sinn der ganzen Aktion! Es ging doch darum, dass ich das Buch bekomme.

Ebenso ist es mit der Vergebung der Sünden: So lebensnotwendig und wunderbar sie ist (und wir wollen nicht einen Augenblick lang ihre Bedeutung schmälern), es ist nicht die Vergebung der Sünden, die uns zu Christen macht, und ebenso wenig erschöpft sich der Sinn des christlichen Lebens in der Vergebung der Sünden. Sie ist vielmehr nur ein Mittel zum Zweck. Sie macht es möglich, dass der Heilige Geist in das Leben des Menschen kommt, dem vergeben worden ist, um in diesem Menschen das Leben Jesu Christi zu leben und den Charakter Jesu Christi sichtbar werden zu lassen. Deshalb ist es traurig, wenn man Christen trifft, die zwar sehr dankbar sind, dass sie Vergebung empfangen haben, aber sie haben nie erfahren, zu welchem Zweck ihnen vergeben ist, denn sie leben nicht aus der Energie des Heiligen Geistes. Das ist fast so, als wenn man nur mehr weiß, dass man 4,50 Euro weggegeben hat, aber von dem Buch, das man gekauft hat, profitiert man nicht – vielleicht hat man sogar vergessen, dass es ursprünglich eigentlich um das Buch ging!

Auf Golgatha hat Christus dafür gesorgt, dass uns vergeben wird, als er am Kreuz starb, aber zu Pfingsten hat er dafür gesorgt, dass wir die Kraft haben zu einem Leben, an dem Gott gefallen hat. Denn zu Pfingsten wurde der Heilige Geist frei zugänglich für jeden, der bereit war, die Bedingungen zu erfüllen, unter denen man den Geist Gottes empfangen kann. Ob jemand ein Christ ist, entscheidet sich daran, ob der Heilige Geist in seinem Leben anwesend ist.

Wer ist der Heilige Geist?

Wer ist er? Es ist interessant, dass in der ganzen Heiligen Schrift der Heilige Geist nie mit einem eigenen Namen benannt wird, sondern er wird immer charakterisiert durch das, was er bewirkt. Er wird »der Geist der Wahrheit« genannt (Joh 16,13),

»der Helfer« (Joh 14,23), »der Heilige Geist«, und er hat noch einige andere Titel. Sowohl der Vater als auch der Sohn haben Namen, z. B. heißt der Vater unter anderem Jahwe oder Elohim, der Sohn heißt Jesus oder Immanuel, aber der Heilige Geist bleibt in dieser Hinsicht anonym, er hat keine Identität in Form eines Namens. Wir werden uns später damit auseinander setzen, was diese Tatsache möglicherweise bedeutet. Zuerst einmal möchte ich darauf hinweisen, dass das Fehlen eines eigenen Namens manchmal dazu geführt hat, dass der Heilige Geist nicht als vollwertige Person angesehen wurde. Manchmal stellt man sich ihn als Macht oder als Kraft oder als Einfluss vor und man meint, man könne diese Kraft erschließen und sich zunutze machen, so wie man etwa den Wind nutzt, um Drachen steigen zu lassen, oder Dampf, um eine Maschine anzutreiben, oder Wasserkraft für eine Turbine. Aber diese Vorstellung ist unrichtig. Der Heilige Geist wird zwar manchmal mit dem Wind verglichen oder mit Feuer (sowohl im Hebräischen als auch im Griechischen wird im Alten und im Neuen Testament übrigens dasselbe Wort verwendet für »Geist« und für »Wind«), trotzdem dürfen wir ihn uns nicht als etwas denken, sondern als jemand. Er ist eine Person. Die Eigenschaften, die eine Person ausmachen, sind die Fähigkeit zu denken, die Fähigkeit zu fühlen, und die Fähigkeit, Entscheidungen zu treffen. Das heißt, eine Person verfügt über Verstand, Gefühle und einen Willen. Der Heilige Geist hat keinen physischen Körper, auch der Vater hat keinen, aber es ist nicht der Körper, der eine Person ausmacht, es ist die Kombination der drei oben genannten Eigenschaften.

Der Heilige Geist denkt: »Wie die Gedanken eines Menschen nur seinem eigenen Geist bekannt sind, so weiß auch nur der Geist Gottes, was in Gott vorgeht. Wir haben aber nicht den Geist dieser Welt erhalten, sondern den Geist, der von Gott kommt. Darum können wir erkennen, was Gott uns geschenkt hat« (1Kor 2,11.12). Wenn der Heilige Geist derjenige ist, der Gottes Gedanken kennt und sie uns offenbart und uns darin unterweist, dann zeigt das, dass er über die Fähigkeit verfügt, zu denken. In den Versen, die dem oben zitierten Abschnitt vorangehen, sagt Paulus, dass man die Wahrheit Gottes nicht einfach durch Beobachtung erfahren kann »Was kein Auge jemals gesehen und kein Ohr gehört hat«, und auch nicht durch Meditation »worauf kein Mensch jemals gekommen ist, das hält Gott bereit für die, die ihn lieben« sondern durch Offenbarung »Uns aber hat es Gott offenbart durch seinen Geist« (1Kor 2,9.10). Offenbarung ist das Amt des Geistes Gottes in dieser Welt. Prophezeiungen kommen durch Menschen, die »vom Geist Gottes ergriffen worden« sind (2Petr 1,21), und an vielen Stellen in der Heiligen Schrift erfahren wir, dass der Heilige Geist zu Menschen gesprochen hat.

Der Heilige Geist hat Gefühle: Die Heilige Schrift sagt, dass der Heilige Geist sowohl positive als auch negative Gefühle erlebt. »Ich ermahne euch aber, liebe Brüder, durch unseren Herrn Jesus Christus und durch die Liebe des Geistes, dass ihr mir kämpfen helft durch eure Gebete für mich zu Gott« (Röm 15,30). Der Heilige Geist liebt nicht nur selbst, er bringt auch so positive Gefühle wie Liebe, Freude und Frieden hervor; daran können wir sein Wirken erfahren. Ich weiß, dass es bei diesen Werten um mehr geht als nur um Gefühl, andererseits sind sie aber untrennbar mit Gefühlen verbunden.

Der Geist Gottes erlebt auch negative Gefühle. Paulus warnte die Christen in Ephesus: »Beleidigt nicht durch euer Verhalten den Heiligen Geist!« (Eph 4,30). Er kann verletzt, gekränkt und traurig gemacht werden. Ich hörte einmal, wie George B. Duncan sagte: »Wir kränken den Heiligen Geist, wenn wir ihn in uns nicht das tun lassen, wofür er uns gegeben worden ist.« Das ist ein ernstes Thema. Wir müssen uns bewusst machen, dass wir dem Geist Gottes Freude oder Kummer bereiten können. Wenn ich Gott von ganzem Herzen, von ganzer Seele, mit all meiner Kraft und mit all meinen Sinnen liebe, dann gibt es keinen stärkeren Ansporn für ein heiliges Leben, als zu wissen, dass ich ihm Freude bereiten kann, und ebenso werde ich keine Mühe scheuen, um alles zu vermeiden, was ihn schmerzt.

Der Heilige Geist trifft Entscheidungen: Im Zusammenhang mit geistlichen Gaben schreibt Paulus: »Aber alles das bewirkt ein und derselbe Geist. So wie er es will, teilt er jedem und jeder in der Gemeinde seine eigene Fähigkeit zu« (1Kor 12,11). Es ist das Vorrecht des Heiligen Geistes, Seine Gaben auszuteilen, wie er will, er teilt dieses Vorrecht mit dem Vater und mit dem Sohn. Aus diesem Grund steht es uns nicht zu, für uns selbst oder andere bestimmte Gaben einzufordern; wir müssen vielmehr anerkennen, dass es ihm freisteht zu geben wie er will.

In der ganzen Bibel übt der Heilige Geist Tätigkeiten aus, zu denen nur ein personales Wesen in der Lage ist:

Er spricht: Als sie einmal für einige Zeit fasteten und sich ganz dem Gebet widmeten, sagte ihnen der Heilige Geist: »Gebt mir Barnabas und Saulus für die besondere Aufgabe frei, zu der ich sie berufen habe!« (Apg 13,2). Es wird sehr oft erwähnt, dass der Heilige Geist spricht. Auf welche Weise er spricht, das ist seine eigene Angelegenheit! Es wäre gefährlich, ihn festlegen zu wollen oder zu erwarten, dass er nur in vorhersehbaren Formen sprechen wird. Aber halten wir das eine fest: Wenn Gott Sie oder mich etwas wissen lassen will, dann ist es Aufgabe des Heiligen Geistes, uns das mitzuteilen – auf jede beliebige Weise, die ihm dafür als passend erscheint.

Er lehrt: »Der Vater wird euch in meinem Namen den Helfer senden, der an meine Stelle tritt, den Heiligen Geist. Der wird euch alles Weitere lehren und euch an alles erinnern, was ich selbst schon gesagt habe.« Wenn wir von Christus lernen und wenn wir erfahren wollen, was Gott uns wissen lassen will, müssen wir uns demütig dem Heiligen Geist anvertrauen. Dann wird er unser Lehrer.

Er tritt für uns ein: »Aber ebenso wie wir seufzt auch der Geist Gottes, der uns zu Hilfe kommt. Wir sind schwache Menschen und unfähig, unsere Bitten in der rechten Weise vor Gott zu bringen. Deshalb tritt sein Geist für uns ein mit einem Seufzen, das sich nicht in Worte fassen lässt. ... Denn so, wie es vor Gott angemessen ist, legt er Fürsprache ein für die, die

Gott als sein Eigentum ausgesondert hat.« (Röm 8,26.27). Wie ermutigend ist doch dieses Versprechen! Es gibt Zeiten, wo wir einfach keine Ahnung haben, was wir beten sollen. Aber der heilige Geist nimmt die Last, die auf unserem Herzen liegt, und bringt sie vor den Vater und dabei filtert er sie durch den Willen Gottes, so dass aus unserer Last und aus unserem Seufzen und Stöhnen ein intelligentes Gebet wird, das vollkommen übereinstimmt mit dem Willen Gottes.

Er leitet: Jesus hat versprochen, dass der Geist »euch in alle Wahrheit leiten« wird (Joh 16,13). Das heißt nicht, dass wir in einer einzigen großen Eingebung direkt vom Himmel plötzlich die Wahrheit erkennen! Das Wort, auf das es ankommt, ist »leiten.« Wenn wir gewissenhaft die Bibel studieren und gründlich und vorurteilsfrei über ihre Wahrheit nachdenken, wird der Heilige Geist uns in unserem Nachdenken leiten und uns zur vollen Wahrheit führen. Leitung kann es aber nur geben, wo etwas in Bewegung ist. Der oben zitierte Vers rechtfertigt in keiner Weise irgendwelche Vorstellungen, dass der heilige Geist uns plötzlich aus irgendwelchen unbekannten Regionen die Wahrheit bringt. Das geschieht nur, wenn wir von uns aus aktiv werden und nach der Wahrheit suchen.

Er führt das Kommando: »Danach zogen sie weiter durch Phrygien und die Landschaft Galatien; denn der Heilige Geist erlaubte ihnen nicht, in der Provinz Asien die Botschaft Gottes zu verkünden. Als sie, westwärts ziehend, an die Grenze von Mysien kamen, wollten sie von dort in das nördlich gelegene Bithynien weiterziehen. Aber auch das ließ der Geist, durch den Jesus sie leitete, nicht zu« (Apg 16,6.7). Hier haben wir eine sehr interessante Situation: Der Heilige Geist verbietet Paulus und seinen Freunden zu predigen! Niemand hat das Recht zu predigen, nur weil Predigen eine gute Sache ist. Wir dürfen nur predigen, wenn der heilige Geist uns gesandt hat und wir bei dem, was wir tun, unter seiner Autorität stehen. Er muss in unserem Leben und in unserer Arbeit der Stratege sein und wir müssen ihm das Recht einräumen, die Richtung zu bestimmen, in die wir gehen sollen.

Er beruft zu Ämtern und Aufgaben: Paulus sagte den Ältesten der Gemeinde in Ephesus: »Gebt Acht auf euch selbst und auf die ganze Herde, die der Heilige Geist eurer Aufsicht und Leitung anvertraut hat! Seid treue Hirten der Gemeinde, die Gott durch das Blut seines eigenen Sohnes für sich erworben hat!« (Apg 20,28). Die Gemeinde Jesu ist nicht als Demokratie gedacht, in der die Leiter das tun, was die Mehrheit der Leute will, sondern sie ist eine Theokratie, in der die Leiter ausführen, was Gott will. In der Bibel wollte die Mehrheit fast immer das Falsche! Wenn die Gemeinde Jesu demokratischen Grundsätzen folgt, wird sie ziemlich unvermeidlich früher oder später in Konflikt geraten mit dem, was Gott will. Gemeindeleiter und Kirchenführer müssen, wie damals die Ältesten in Ephesus, fromme Leute sein, die sich Zeit nehmen, um auf Gott zu hören, und sie müssen nach seinen Plänen und seinem Programm arbeiten. Paulus erinnert die Ältesten in Ephesus daran, dass es der Heilige Geist war, der sie zu Leitern berufen hat.

Er kann beleidigt werden: Der Hebräerbrief redet von der verdienten Strafe, die jemand bekommt, der den Sohn Gottes mit Füßen tritt und »den Geist beleidigt, dem er die Gnade verdankt!« (Hebr 10,29). Einen Gegenstand kann man entweihen, aber beleidigen kann man nur eine Person. Der Geist Gottes kann beleidigt werden.

Man kann ihn anlügen: »Doch Petrus sagte zu ihm: ›Hananias, warum hast du dein Herz dem Satan geöffnet? Warum belügst du den Heiligen Geist ... Du hast nicht Menschen, sondern Gott belogen!‹« (Apg 5,3.4). Sie kennen sicher die Geschichte, wie Hananias und seine Frau Saphira übereinkamen, vor der Gemeinde in Jerusalem so zu tun, als hätten sie ihr ganzes Vermögen der Gemeinde gespendet, obwohl das doch gar nicht stimmte. Petrus sagte, dass sie damit den Heiligen Geist angelogen haben.

All die hier aufgeführten Eigenschaften zeigen uns, dass der Heilige Geist eine Person ist, die frei und unabhängig denken und handeln und die sowohl Freude als auch Schmerz empfinden kann.

Das hat wichtige Konsequenzen für uns. Vor allem eines wollen wir an dieser Stelle festhalten. Weil der Heilige Geist eine Person ist, dürfen wir ihn uns nicht als eine Kraft vorstellen, die wir uns aneignen oder zunutze machen können. Wenn wir ihn uns als abstrakten Begriff denken, kommen wir in Versuchung zu glauben, wir könnten ihn ausnützen und für unsere Zwecke gebrauchen, so wie man z. B. die elektrische Energie im Haushalt für alles Mögliche gebrauchen kann. Aber wenn wir ihn als Person ansehen, stellt sich die Frage ganz anders: nicht, »Wofür kann ich ihn gebrauchen?«, sondern »Wofür kann er mich gebrauchen?«. Man gibt ihm keine Befehle, man gehorcht ihm! Es ist nicht seine Aufgabe, uns Energie zu geben, damit wir »unser Ding« tun können, sondern er gibt jedem von uns das Vorrecht, ein Kanal zu sein, durch den er seine Dinge tut!

Der Heilige Geist ist Gott

Wenn klargestellt ist, dass der Heilige Geist eine Person ist, müssen wir auch zur Kenntnis nehmen, dass der Heilige Geist Gott ist. Er ist nicht nur ein Diener oder ein Beauftragter Gottes, sondern er ist Gott. Ich werde vier Dinge aufzählen, durch die seine Göttlichkeit zum Ausdruck kommt:

1. Göttlichkeit wird ihm zugesprochen

Als Hananias und seine Frau Saphira versuchten, die Apostel in Jerusalem hinters Licht zu führen, sagte Petrus zu ihnen, »Warum belügst du den Heiligen Geist ... Du hast nicht Menschen, sondern Gott belogen« (Apg 5,3.4). Der Heilige Geist wurde von Petrus »Gott« genannt. Es kommt auch immer wieder vor, dass die Schreiber des Neuen Testaments bei Zitaten aus dem Alten Testament ganz unbedenklich »der Herr« durch den Titel »Heiliger Geist« ersetzten und auf diese Weise klar zum Ausdruck brachten, dass sie den Gott des Alten Testaments mit dem Heiligen Geist identifizierten. (Wenn Sie Beispiele dafür wollen, vergleichen Sie Jer 31,33 mit Hebr 10,15, und Jes 6,8–10 mit Apg 28, 26.27).

2. Er besitzt göttliche Wesensmerkmale

Gewisse Eigenschaften, die der Heilige Geist besitzt, sind ausschließlich Gott vorbehalten:

Er vermag alles (allmächtig): Der Engel Gabriel wurde zu Maria gesandt, um ihr zu verkündigen, dass sie den Messias zur Welt bringen würde, und auf ihre Frage, wie das möglich wäre, da sie doch Jungfrau war, antwortete er, »Gottes Geist wird über dich kommen, seine Kraft wird das Wunder vollbringen. ... Für Gott ist nichts unmöglich« (Lk 1,35–37). Im Neuen Testament kommt die Vorstellung, dass »bei Gott nichts unmöglich ist« zweimal vor, einmal im Zusammenhang mit einer physischen Geburt, eben bei der Verheißung, die Maria erhielt, und einmal im Zusammenhang mit einer geistlichen Geburt, als die Jünger Jesus fragten, wer überhaupt gerettet werden könne, wenn die Bedingungen dafür so streng waren, dass er den reichen jungen Mann aus den oberen zehntausend mit leeren Händen weggeschickt hatte. Maria wurde verkündigt, dass das »Vollbringen des Unmöglichen« Aufgabe des Heiligen Geistes sei.

Er weiß alles (allwissend): Paulus schrieb von ihm: »... der Geist erforscht alles, auch die geheimsten Absichten Gottes. ... so weiß auch nur der Geist Gottes, was in Gott vorgeht« (1Kor.2,10.11). Niemand kann den Heiligen Geist über irgendetwas belehren! Es ist wunderbar zu wissen, dass der Geist, der in uns wohnt, alles weiß, was es zu wissen gibt, dass er nie überrascht oder überrumpelt oder unvorbereitet sein wird, ganz egal, welche Ereignisse sich in unserem Leben abspielen. Der Heilige Geist weiß alles, was wir nicht wissen, und da er in uns lebt, um uns den Plänen Gottes entsprechend zu leiten, braucht es für uns keine Zufälle oder Pannen zu geben. Er ist den Situationen in unserem Leben immer um einen Schritt voraus!

Er ist überall (allgegenwärtig): David schrieb: »Wohin kann ich gehen, um dir zu entrinnen, wohin fliehen, damit du mich nicht siehst? Steige ich hinauf in den Himmel – du bist da. Verstecke ich mich in der Totenwelt – dort bist du auch. Fliege ich dorthin, wo die Sonne aufgeht, oder zum Ende des Meeres, wo sie versinkt – auch dort wird deine Hand nach mir greifen, auch dort lässt du mich nicht los« (Ps 139,7–10). Dieser ganze Psalm bezeugt Gottes unbegrenzte Anteilnahme an den Menschen. David spricht davon, wie Gott ihn »durchschaut« und bis auf den Grund kennt und alles von ihm weiß. Schon vor der Geburt hat Gott ihn gesehen und Pläne mit ihm gehabt und hat in einem Buch jeden seiner Tage schon im Voraus aufgeschrieben, bevor sie noch angefangen hatten zu sein. In der Mitte des Psalms beschreibt David jedoch, wie es völlig unmöglich ist, der Gegenwart des Heiligen Geistes zu entfliehen. Niemand kann sich jemals in eine Position bringen, die außerhalb seiner Reichweite liegt. Je weiter jemand wegrennt, desto besser kann er erkennen, wie groß Gott ist! Aus diesem Grund ist es nicht immer eine Tragödie, wenn jemand von Gott wegrennt. Während sie rennen, bringt Gott ihnen bei, wie groß er ist! Jona hat das festgestellt, als er vor den Anweisungen, die Gott ihm gab, davonlief. Gott stand hinter allem, was passierte, und schließlich hatte er Jona gestellt, dem nicht viel anderes übrig blieb, als sein Verhältnis zu Gott wieder ins Reine zu bringen.

Er ist ewig: Ewig sein bedeutet, keinen Anfang und kein Ende zu haben. Ein Christ ist unvergänglich (d. h. er hat kein Ende) denn er hat ewiges Leben empfangen, das Leben des ewigen Gottes. Seine Gegenwart in uns gibt uns die Gewissheit, dass unsere Existenz zwar einen zeitlichen Beginn hatte, aber kein Ende haben wird. Das ewige Leben ist Gottes Leben und wir haben ewiges Leben, weil Gott sich an uns verschenkt. Gottes Geschenk an uns ist nicht ewiges Leben – er ist selbst das Geschenk, und in dem Augenblick, wo wir seine Gegenwart und sein Leben in Empfang nehmen, bekommen wir auch das ewige Leben!

Der Heilige Geist wird als ewig bezeichnet: »Um wieviel mehr wird dann das Blut von Christus uns im Innern reinigen von den Folgen unseres Götzendienstes, so dass wir dem lebendigen Gott dienen können! Denn in der Kraft des ewigen göttlichen Geistes hat Christus sich selbst als fehlerloses Opfer Gott dargebracht« (Hebr 9,14).

3. Er vollbringt göttliche Taten

Es werden dem Heiligen Geist einige Taten zugeschrieben, von denen wir wissen, dass sie ausschließlich Gott vorbehalten sind:

Er erschafft: Am Anfang der Bibel, schon in den ersten Sätzen, ist vom Heiligen Geist die Rede. Die Erde war noch öde und leer, und » über den Fluten schwebte Gottes Geist« (1Mose 1,2). Ein Psalmendichter schreibt: »Du sendest aus deinen Odem, so werden sie geschaffen und du machst neu die Gestalt der Erde« (Ps 104,30). Alle drei Personen des dreieinigen Gottes waren gemeinsam an der Schöpfung beteiligt, wie es auch bei den meisten anderen entscheidenden Ereignissen der Fall ist. Dr. G. Campbell Morgan vertritt in seinem Buch »The Spirit of God« (Der Geist Gottes) die Ansicht, dass Gottes Wille in Gottes Wort zum Ausdruck kam, aber von Gottes Geist ausgeführt wurde. Der Vater bringt seine Gedanken und Absichten zum Ausdruck durch den Sohn, von dem es heißt: »Am Anfang war das Wort. Das Wort war bei Gott und in allem war es Gott gleich« (Joh 1,1). Aber es ist der Geist, der das Wort Gottes zur Ausführung bringt und seinen Willen verwirklicht. Die Untersuchungen, die ich in diesem Buch anstelle, dienen vor allem dem einen Zweck, herauszufinden wer dieser Gott ist, der kommt, um sein Leben in Sündern zu leben, denen vergeben worden ist. Ich möchte Sie noch einmal darauf hinweisen, dass zu Beginn die Aufgabe des Heiligen

Geistes darin bestand, »etwas« aus »nichts« zu schaffen. Dann dürfte es ihm nicht allzu schwer fallen, auch aus Ihrem Leben etwas zu machen! Es frustriert mich, wenn ich mit Leuten spreche, denen es kein Problem macht zu glauben, dass Gott das Universum erschaffen konnte, aber es macht ihnen ein Problem zu glauben, dass Gott mit ihnen etwas Rechtes anfangen kann! Der Eine, der alles, was es gibt, geschaffen hat, lebt in Ihnen und macht Ihr Leben zu seiner Werkstatt!

Er erneuert: Jesus sagte: »Nur wer von Wasser und Geist geboren wird, kann in Gottes neue Welt hineinkommen« (Joh 3,5). Paulus schrieb: »Der Geist, der in euch lebt, ist ja der Geist dessen, der Jesus vom Tod auferweckt hat. Dann wird derselbe Gott, der Jesus Christus vom Tod auferweckt hat, auch euren todverfallenen Leib lebendig machen. Das bewirkt er durch seinen Geist, der schon jetzt in euch lebt« (Röm 8,11). Es ist niemals die Aufgabe eines menschlichen Wesens, jemand anderen zu einem Christen zu machen. Das ist ein Ding der Unmöglichkeit. Was wir tun können, ist, Leute mit Jesus bekannt zu machen. Er allein hat die Fähigkeit, ihnen neues Leben zu geben. C.H. Spurgeon, der berühmte Londoner Prediger aus dem 19. Jahrhundert, wurde einmal auf der Straße auf einen Betrunkenen aufmerksam gemacht und einer seiner Gegner sagte spöttisch zu ihm, dieser Betrunkene sei einer von seinen Bekehrten. Spurgeon antwortete, der Mann sehe möglicherweise so aus wie einer von seinen Bekehrten, aber sicher sei er keiner von Gottes Bekehrten! Kein Prediger hat jemals irgendjemanden bekehrt. Seine Aufgabe ist einfach nur, die Botschaft von Jesus Christus klar zu machen, und wenn die Leute sich zu Jesus rufen lassen, vollbringt der Heilige Geist das Werk der Bekehrung und Erneuerung. Darum können die Bekehrten auch ohne den Prediger weiterbestehen, wenn er gewissenhaft dafür gesorgt hat, dass sie Jesus verstehen.

Er ist souverän: Im Zusammenhang mit den geistlichen Gaben, die der heilige Geist schenkt, schreibt Paulus: »So wie er es will, teilt er jedem und jeder in der Gemeinde die eigene Fähigkeit zu« (1Kor 12,11). Geistliche Gaben sind kein

Spielzeug, mit dem man sich die Zeit vertreibt, sondern Werkzeug, mit dem man arbeitet! Der Heilige Geist gibt der Gemeinde die Fähigkeiten, die benötigt werden, um die Pläne des Herrn Jesus Christus auszuführen, der das Oberhaupt der Gemeinde ist. Geistliche Gaben sind für die Gemeinde als Ganzes bestimmt und sollen zum Aufbau der Gemeinde eingesetzt werden, aber sie sind nicht dazu da, dass Individualisten sich damit profilieren! Es ist der Heilige Geist, der souverän entscheidet, wie er seine Gaben verteilt.

Er ist der Urheber prophetischer Worte: Petrus schreibt: »Keine Voraussage in den Heiligen Schriften darf eigenwillig gedeutet werden; sie ist ja auch nicht durch menschlichen Willen entstanden. Die Propheten sind vom Geist Gottes ergriffen worden und haben verkündet, was Gott ihnen aufgetragen hatte« (2Petr 1,20.21). Es ist so gut wie sicher, dass sich Petrus hier auf die prophetischen Bücher des Alten Testaments bezieht und erklärt, warum diese Schriften so absolut verlässlich sind. Nicht aufgrund ihres Inhalts sind diese Schriften verlässlich und vertrauenswürdig, sondern aufgrund ihrer Entstehung. Der Grund, warum wir die Bibel ernst nehmen, ist nicht das, was sie sagt, sondern wer es sagt. Wenn wir die Bibel deshalb akzeptieren, weil wir zufällig einverstanden sind mit dem, was sie sagt, dann sind wir um nichts besser als jemand, der die Bibel ablehnt, weil er eben nicht einverstanden ist mit dem, was sie sagt! Ablehnung und Akzeptieren beruhen dabei auf derselben Grundlage. Warum wir die Bibel wirklich akzeptieren, ist, weil sie Gottes Wort ist. Er redet. Er offenbart sich und er offenbart seine Absichten und es ist von ganz untergeordneter Bedeutung, ob uns gefällt, was er sagt, oder nicht. Der Heilige Geist hat bei der Entstehung der biblischen Schriften mitgewirkt, indem die Gottesmänner, die sie verfassten, »vom Heiligen Geist ergriffen« wurden.

Der Heilige Geist vollbringt göttliche Taten. Immer dann, wenn Gott etwas Großes tut, ist der Heilige Geist aktiv. Seien es die Erschaffung der Erde, Empfängnis, Tod und Auferstehung Jesu Christi oder die Neuwerdung eines Menschen durch

Befreiung aus seiner Sünde: Die Kraft Gottes, die dabei zur Auswirkung kommt, ist der Heilige Geist.

4. Er hat Anteil an der göttlichen Machtfülle

In allen Aussagen der Heiligen Schrift über die Dreieinigkeit, die Trinität, hat der Heilige Geist eine Stellung, die dem Vater und dem Sohn ebenbürtig ist. Der letzte Auftrag Jesu an seine Jünger, unmittelbar vor seiner Himmelfahrt und Rückkehr zum Vater, lautete: »Geht nun zu allen Völkern der Welt und macht die Menschen zu meinen Jüngern und Jüngerinnen! Tauft sie im Namen des Vaters und des Sohnes und des Heiligen Geistes« (Mt 28,19). Alle drei Vertreter der Trinität sind an dem Programm der Weltevangelisation beteiligt und in ihrem Zusammenwirken bilden sie eine Einheit. Am Ende des zweiten Briefes an die Korinther grüßt Paulus mit den Worten: »Die Gnade unseres Herrn Jesus Christus und die Liebe Gottes und die Gemeinschaft stiftende Kraft des Heiligen Geistes sei mit euch allen!« (2Kor 13,13). Auch hier werden dem Heiligen Geist göttliche Identität und ein Gott ebenbürtiger Status zugesprochen.

Die Tatsache der Trinität stellt für uns ein Geheimnis dar. Es handelt sich um drei verschiedene Wesen, mit unterschiedlicher Identität und unterschiedlichen Aufgaben. Sie alle sind Gott, aber trotzdem gibt es nur einen Gott. Und der Vater ist nicht der Sohn, der Sohn ist nicht der Geist und der Geist ist nicht der Vater, obwohl sie alle der eine Gott sind! Dass diese Tatsache unsere Denkmöglichkeiten übersteigt, sollte uns aber kein unnötiges Kopfzerbrechen machen. Wenn Gott der ist, der er ist, dann ist es ja wohl zu erwarten, dass manche Aspekte seines Wesens und seiner Wirkungsweise außerhalb unseres begrenzten Denkens bleiben. Ein Gott, der vollständig in unseren menschlichen Denksystemen Platz hätte, wäre kein besonders großer Gott! Wir erfahren von Gott, dass er unendlich ist in seiner Existenz, denn er hatte keinen Anfang und wird kein Ende haben. Das übersteigt unseren Verstand! Außerdem müssen wir zur Kenntnis nehmen, dass Gott unendlich ist in seinem Wirken, denn er hat »etwas« aus »nichts« geschaffen. Auch das übersteigt unseren Verstand! Und ebenso müssen wir akzeptieren, dass Gott unendlich ist in seiner Person. Gottes Wesen ist von einer Komplexität, für die es in keinem Bereich der Schöpfung etwas Vergleichbares gibt (es gibt nichts in der Natur, was uns als Beispiel für die Trinität dienen könnte). Deshalb wissen wir darüber nur so viel, wie uns offenbart worden ist, und was jenseits der Offenbarung liegt, bleibt bis auf weiteres ein Geheimnis. Das fünfte Buch Mose sagt: »Seinen verborgenen Plan kennt der Herr, unser Gott, allein; aber seinen Willen hat er uns und unseren Nachkommen für alle Zeiten klar und deutlich verkündigt« (5Mose 29,28). Über den »verborgenen Plan« können wir nur spekulieren, und auch das ist nicht weise. Wir müssen uns vielmehr konzentrieren auf »seinen Willen, der klar und deutlich verkündet ist«. Das »klar und deutlich Verkündete«, mit dem ich mich in dieser Studie auseinander setze, ist die Göttlichkeit des Heiligen Geistes und seine Ebenbürtigkeit mit dem Vater und dem Sohn

Der Heilige Geist und Christus

Zwischen dem Wirken des Heiligen Geistes und dem Wirken Christi besteht ein wichtiger Zusammenhang. Johannes berichtet, dass Jesus zu seinen Jüngern sagte: »Und ich werde den Vater bitten, dass er euch an meiner Stelle einen anderen Helfer gibt, der für immer bei euch bleibt, den Geist der Wahrheit« (Joh 14,16.17). Das griechische Wort, das hier mit »einen anderen« übersetzt wird, ist bedeutsam. Es ist das Wort »allos«, was bedeutet, »ein anderer von derselben Art«. Ein weiteres griechisches Wort für »ein anderer« ist »heteros«, und dieses Wort bedeutet, »ein anderer von einer anderen Art«. Wenn Sie einen Teelöffel in der Hand halten und darum bitten, dass man Ihnen noch einen anderen Löffel bringt, und Sie sagen dabei »heteros«, dann bringt man Ihnen vielleicht einen Esslöffel oder einen Löffel aus Holz: Noch einen Löffel, aber von einer anderen Art. Wenn Sie jedoch »allos« sagen, dann meinen Sie damit noch einen anderen Löffel, der aber identisch ist mit dem, den Sie schon haben, also bringt man Ihnen noch einen anderen Teelöffel. Die Identität und der Dienst des Heiligen Geistes sind von derselben Art wie die von Jesus Christus. Zwischen dem Wirken des Heiligen Geistes und dem Wirken von Christus gibt es keinerlei Diskrepanzen, Konflikte oder Unstimmigkeiten.

In der Heiligen Schrift werden die Ausdrücke »Christus in euch« und »der Geist in euch« öfters abwechselnd verwendet. Das soll nicht dazu dienen, Verwirrung zu stiften, und ebenso wenig heißt es, dass das geistliche Leben eines Christen einem dualistischen Prinzip folgt, so als ob Christus und der Heilige Geist getrennt in ihm anwesend wären und wirkten.

Der Heilige Geist ist es, der das Leben Jesu Christi in uns lebt und den Charakter Jesu Christi durch uns zum Ausdruck bringen will. Die Gegenwart und das Wirken des Heiligen Geistes haben Christus zum Ziel und sind vollkommen auf ihn ausgerichtet.

Der Heilige Geist verkündet nicht seine eigene Lehre, sondern die Wahrheit Christi. Jesus sagte: »Aber wenn der Helfer kommt, der Geist der Wahrheit, wird er euch anleiten, in der vollen Wahrheit zu leben. Was er euch sagen wird, hat er nicht von sich selbst, sondern er wird euch nur sagen, was er hört. Er wird euch jeweils vorbereiten auf das, was auf euch zukommt. Er wird meine Herrlichkeit sichtbar machen; denn was er an euch weitergibt, hat er von mir« (Joh 16, 13.14).

Er bringt Christus in unser Bewusstsein und der Beweis für sein Wirken liegt nicht so sehr in unserem Wissen um den Heiligen Geist, sondern in unserem Wissen um Christus. Vielleicht liegt hier ein Grund, warum der Heilige Geist in der Schrift anonym bleibt, anonym in Bezug auf einen persönlichen Namen. Wir erkennen ihn an seinem Titel, aber nicht an irgendeinem Namen.

Er hat das Ziel, Christus zu verherrlichen und uns Christus ins Bewusstsein zu bringen und er will uns anleiten, in unserem Leben auf Christus ausgerichtet zu sein, nicht auf den Heiligen Geist. Damit sollen keinerlei Abstriche von seiner eigenen Würde und Göttlichkeit gemacht werden, vielmehr soll es uns möglich werden, sein Wirken zu verstehen.

Der Sohn ist derjenige Vertreter der Trinität, der uns zum Vater führt. Jesus sagte: » Ich bin der Weg, denn ich bin die Wahrheit und das Leben. Einen anderen Weg zum Vater gibt es nicht« (Joh 14,6). Aber es ist der Geist, der uns befähigt, den Sohn zu erkennen. »Niemand kann sagen: ›Jesus ist der Herr‹, wenn nicht der Heilige Geist in ihm wirkt« (1Kor 12,3). Der Heilige Geist offenbart uns Christus und dadurch, dass wir Christus kennen, kommen wir zum Vater und können seine Liebe erfahren. Dass wir geistliches Leben haben, erweist sich darin, dass wir Christus kennen. Dass wir ein geistliches Leben leben, erweist sich darin, dass wir Christus ähnlich werden. Wir müssen sehr auf der Hut sein vor einem Christentum, das sich auf die Kraft des Heiligen Geistes konzentriert, aber dabei den Charakter Christi außer Acht lässt. Der Heilige Geist lässt den Charakter Christi in uns Gestalt gewinnen, wie wir im nächsten Kapitel sehen werden, so dass die Menschen in unserer Umgebung durch uns auf Christus aufmerksam werden.

Ich hörte einmal eine Geschichte von einem Mann, der für einige Jahre nach Übersee ging. Er versprach seiner Freundin zu Hause, ihr jeden Tag einen Brief zu schreiben und das tat er auch, ganz treu. Tag für Tag gab er einen Brief auf und Tag für Tag erhielt sie einen. Als er dann endlich zurück nach Hause kam, stellte er fest, dass sie den Briefträger geheiratet hatte! Als der Herr Jesus Christus die Erde verließ, versprach er uns den Heiligen Geist und sagte von ihm: »Er wird meine Herrlichkeit sichtbar machen.« Heiraten Sie nicht den Briefträger, sondern lassen Sie es zu, dass der Heilige Geist Jesus Christus offenbart, dass er in Ihrem Herzen eine tiefe Liebe zu ihm entstehen lässt und dass er in Ihrem Charakter die Schönheit Christi zum Ausdruck bringt.

Woran erkennt man den Heiligen Geist?

Wie können Sie wissen, dass der Heilige Geist in Ihnen lebt? Dass wir es wissen müssen, ist ganz klar! Schließlich haben wir behauptet, dass er Gott ist und dass er kommt, um Sein Leben im Leben derer zu leben, die sich zu ihrer Sünde bekannt und dafür Buße getan haben. Dann sollte man wohl irgendwie feststellen können, ob er da ist. Er kommt ja nicht, um in unserem Leben einen Winterschlaf zu halten, sondern um lebendig zu sein und zu wirken! Was wir über den Heiligen Geist glauben, hat nur dann einen Wert, wenn es zu einem Teil unserer Erfahrung wird. Wir müssen die Wahrheiten, die uns die Heilige Schrift über den Heiligen Geist offenbart, zur Kenntnis nehmen und anerkennen, aber das ist noch nicht genug. Die Wahrheit muss aus der Bibel heraus- und in unser konkretes Leben hineinkommen.

Ich kann dastehen mit einem Busfahrplan in der Hand, der mir die Abfahrtszeiten aller Busse in eine bestimmte Stadt nennt, wo ich hinfahren möchte. Der Fahrplan kann noch so genau und richtig sein, er wird mich nicht in diese Stadt bringen! Der Fahrplan sagt mir die Wahrheit und es ist wichtig, dass ich mir die notwendige Information aus ihm hole, aber letztlich hat der Fahrplan nur dann einen Wert für mich, wenn ich zu der angegebenen Abfahrtszeit in einen der Busse einsteige und in die Stadt fahre und somit die Wahrheit aus dem Fahrplan zu meiner eigenen Erfahrung geworden ist. Es ist traurig, dass so viele in der Gemeinde Jesu Christi den wahren Glauben daran messen, ob jemand die Wahrheit glaubt, anstatt daran, ob er die Wahrheit erfährt. Ich rede hier nicht einem Christentum das Wort, das sich nur auf menschliche Erfahrungen gründet. Wir müssen die objektive Offenbarung der Heiligen Schrift als einzige und feste Grundlage haben und wir dürfen nichts von ihr weglassen und nichts zu ihr hinzufügen. Aber die Wahrheiten der Bibel müssen in die eigene Erfahrung übersetzt werden und sich im Leben als wirksam erweisen.

Als der Apostel Paulus auf seiner dritten Missionsreise nach Ephesus kam, traf er dort einige Leute, die »Jünger« genannt wurden, und er stellte ihnen eine interessante Frage: »Habt ihr den Heiligen Geist empfangen, als ihr zum Glauben gekommen seid?« (Apg 19,2). Suchen Sie nicht nach einer hintergründigen Bedeutung in dieser Frage, sie war ganz einfach und direkt. Er fragte: »Seid ihr Christen?« Hätte er sie in dieser Form gefragt, dann hätten sie die Frage möglicherweise bejaht, ohne aber genau zu wissen, was es bedeutet, ein Christ zu sein. Aber die Formulierung, die er hier gewählt hat, lässt keine Unklarheiten zu. Er stellte ihnen keine Frage über religiöse Dogmen, sondern über ihre persönliche Erfahrung. Gab es irgendwelche Anzeichen dafür, dass der Heilige Geist angefangen hatte, in ihnen zu leben? Er erwartete von ihnen, dass sie das aufgrund ihrer Erfahrung beurteilen konnten. Später schrieb Paulus an die Römer: »So macht sein Geist uns im Innersten gewiss, dass wir Kinder Gottes sind« (Röm 8,16). Wir sollten nicht nur objektiv, in den Aussagen der Heiligen Schrift, die Bestätigung finden, dass wir das neue Leben haben, sondern auch subjektiv, durch die Erfahrung der Gegenwart des Geistes Gottes in unserem alltäglichen Leben. Johannes schrieb: »Durch den Geist, den er uns gegeben hat, wissen wir, dass Gott in uns lebt« (1Joh 3,24). Und etwas weiter heißt es: »Gott hat uns Anteil an seinem Geist gegeben. Daran können wir erkennen, dass wir mit ihm verbunden sind und er mit uns« (1Joh 4,13). Er sagt, wir wissen, dass wir Christen sind, weil wir wissen, dass der Heilige Geist in uns ist. Ich habe zu verschiedenen Anlässen die Feststellung gehört, wenn man Christ ist, muss man den Heiligen Geist in sich haben. Diese Feststellung stimmt in gewisser Weise, aber meiner Meinung nach erscheint sie im neuen Testament in umgekehrter Reihenfolge. Wer den Heiligen Geist hat, muss ein Christ sein. Es ist nicht so, dass »ein Christ zu sein« uns dazu berechtigt, den Heiligen Geist zu haben, sondern wenn wir den Heiligen Geist in uns haben, sind wir berechtigt, Christen zu sein. Vielleicht halten Sie das nur für ein Spiel mit Worten, aber es geht dabei um etwas sehr Wichtiges. Paulus forderte die

Korinther auf: »Anstatt mich zu prüfen, prüft lieber euch selbst, ob ihr überhaupt noch im Glauben steht! Tretet ihr den Beweis an, dass ihr euch bewährt habt, anstatt von mir einen zu verlangen! Ihr müsst ja doch an euch selbst erkennen können, ob Jesus Christus noch in eurer Mitte ist. Wenn er es nicht ist, dann habt ihr versagt!« (2Kor 13,5).

Er sagte nicht: »Prüft in euren Bibeln nach, ob ihr im Glauben steht«, sondern: »Prüft euch selbst«. Ich bin mir völlig im Klaren, dass sie damals noch keine Bibeln hatten, aber trotzdem gilt das Prinzip, dass wir den Beweis für die Gegenwart des Heiligen Geistes in unserem Leben genau da suchen sollen – in unserem Leben.

Welche Beweise für die Anwesenheit des Heiligen Geistes sollten wir erwarten? Darüber gibt es mehrere verschiedene Ansichten. Ich möchte drei Dinge nennen und ich glaube, in diesen Bereichen kann man das Wirken des Heiligen Geistes in all seiner Vielfalt erkennen. Ich behaupte nicht, dass ich damit eine vollständige Erörterung biete über alles, was der Heilige Geist in uns bewirkt, aber ich nenne die grundlegenden Merkmale, die wir bei einer Persönlichkeit erwarten können, in der der Heilige Geist ungehindert arbeiten kann.

Ein Hunger danach, Jesus Christus zu kennen

Der erste Beweis für die Anwesenheit des Heiligen Geistes ist ein Hunger danach, Jesus Christus zu kennen. Der Heilige Geist preist und verherrlicht nicht sich selbst, sondern er preist und verherrlicht Christus. Es ist Aufgabe des Heiligen Geistes, Christus zu offenbaren (1Kor 12,3), uns an alles zu erinnern, was Christus gesagt hat (Joh 14,26), als Zeuge für Christus auszusagen (Joh 15,26), die Herrlichkeit Christi sichtbar zu machen (Joh 16,14) und an uns weiterzugeben, was er von Christus hat (Joh 16,15).

Es ist daher eines der ersten Anzeichen, dass der Heilige Geist im Leben eines Menschen am Wirken ist, wenn dieser beginnt, sich zu Jesus Christus hingezogen zu fühlen. Jesus ist nicht mehr länger irgendwo weit weg oder unbegreiflich und mystisch, er wird real. Es ist der Heilige Geist, der das zustande bringt. Meine Frau und ich können beobachten, wie sich ungefähr seit derselben Zeit, wo ich mit diesem Buch begonnen habe, im Leben einer Bekannten von uns eine völlig neue Einstellung zu Jesus Christus entwickelt, weil der Heilige Geist begonnen hat, sie zu Christus zu ziehen. Wir glauben, dass sie bald zu einer persönlichen und lebendigen Beziehung zu Christus finden wird, aber schon jetzt ist ihre veränderte Einstellung zu ihm ein untrügliches Zeichen für das Wirken des Heiligen Geistes.

Warum ist es vielen Leuten, die sich als Christen bezeichnen, peinlich, von Jesus Christus zu reden? Sie reden von der Kirche und von der Gemeinde und von Versammlungen, auch von allen möglichen schwierigen theologischen Fragen, aber sie fühlen sich irgendwie ungut, wenn sie von Christus reden. Vor kurzem hielt ich in einer Kirchengemeinde in Südengland eine Reihe von Versammlungen ab. Zu diesen Veranstaltungen brachte eine Familie ein achtzehnjähriges Mädchen mit, das vorübergehend bei ihnen wohnte und das noch nie zuvor in dieser Weise mit dem Evangelium konfrontiert worden war. Gott begann in ihrem Leben zu wirken, und sie borgte sich eine Bibel aus und las den ganzen Tag darin. Bei den Versammlungen saugte sie buchstäblich jedes Wort in sich auf und sie konnte nicht verstehen, warum offenbar niemand weiter über Christus reden wollte, sobald die Versammlung beendet war! Die Leute blieben noch für eine Tasse Tee, sie redeten über das Wetter und über ihren Urlaub, oder »schön, das die Veranstaltung so gut besucht war«, aber anscheinend wollte niemand über Christus reden! Einige Leute in dieser Kirchengemeinde sind »super« und viele sind wirklich fromm und vielleicht war die Behauptung dieses Mädchens ja eine Verallgemeinerung, aber sie trifft trotzdem oft zu. Wo kein Hunger nach Christus spürbar ist, kein Verlangen, ihn besser zu kennen und ihm näher zu kommen, da ist der Geist Gottes entweder nicht anwesend, oder er wird unterdrückt und betrübt. Wir haben schon darauf hingewiesen, dass das christliche Leben eine Beziehung ist, nicht nur eine Erfahrung oder Gefühle. Christsein heißt nicht nur, zu wissen, was man glaubt, sondern, wie Paulus gesagt hat: »Ich weiß, wem ich Glauben geschenkt habe.« Und wenn wir ihn besser kennen lernen, ist das ein Zeichen, dass der Heilige Geist in uns lebt.

Wenn Leute verliebt sind, erkennt man es als Erstes daran, dass sie ein ungeheures Bedürfnis haben, den Menschen, den sie lieben, besser kennen zu lernen. Es macht sie glücklich, über diesen Menschen zu sprechen oder zuzuhören, wenn andere über ihn sprechen, und vor allem versuchen sie, so viel Zeit wie nur möglich mit diesem Menschen gemeinsam zu verbringen. Schüchternheit oder Hemmungen können sie zwar davon abhalten, so offen zu sein, wie sie es eigentlich möchten, dann kann man ihnen nur wünschen, dass sie diese Hemmungen überwinden – aber die große Sehnsucht, den Menschen, den sie lieben, besser kennen zu lernen, ist jedenfalls da.

Fühlen Sie tief in Ihrem Inneren einen Hunger danach, den Herrn Jesus Christus besser kennen zu lernen und mehr zu lieben? Auch wenn Sie vielleicht irgendwie Angst haben, das zum Ausdruck zu bringen: Wenn die Sehnsucht in Ihnen da ist, ist das ein Zeichen, dass der Heilige Geist in Ihnen ist.

Unsere Sehnsucht, mehr über Christus zu wissen, drückt sich unter anderem darin aus, dass wir plötzlich einen ganz neuen Appetit auf die Bibel haben. Die Bibel ist im Tiefsten eine Offenbarung Christi. Jesus sagte in einer seiner Diskussionen mit den Juden, es wäre sinnlos, die Bibel zu studieren! Er sagte: »Ihr forscht doch in den Heiligen Schriften und seid überzeugt, in ihnen das ewige Leben zu finden – und gerade sie weisen auf mich hin. Aber ihr seid nicht bereit, zu mir zu kommen und so das ewige Leben zu haben« (Joh 5,39–40). Sie forschten in den Heiligen Schriften, um über deren Inhalt Bescheid zu wissen und es nützte ihnen überhaupt nichts! Jesus sagte zu ihnen, in den Heiligen Schriften zu forschen habe nur einen Sinn, wenn man dabei Christus entdeckt, denn die

Heiligen Schriften offenbaren ihn. Aus diesem Grund ist es gut, täglich die Bibel zu lesen. Nicht, als ob die Bibel eine Art Talisman wäre und wir Gefahr laufen, von einem Bus niedergefahren zu werden, wenn wir das Haus verlassen, ohne vorher in der Bibel gelesen zu haben. Sondern wir lesen täglich die Bibel, weil sie Christus offenbart und weil wir doch in unseren Herzen Hunger danach haben, Christus besser kennen zu lernen. Deshalb ist die Bibel auch so ein langweiliges Buch, solange Christus keine Realität für uns ist! Die Bibel macht nur Sinn, wenn wir sie im Hinblick auf Jesus Christus betrachten. Wenn Leute Christus kennen lernen, wird die Bibel ein ganz neues Buch für sie.

Ich verbringe einen großen Teil meiner Zeit im Reisedienst und oft bin ich für Wochen oder Monate im Ausland, manchmal sogar auf anderen Kontinenten. In solchen Situationen ist es sehr wichtig für mich, Post zu bekommen, und vor allem liebe ich es, wenn meine Frau mir schreibt. Ich genieße es jedes Mal, wenn ich ihre Briefe lese (das ist eine der wenigen guten Seiten, die es hat, wenn man nicht zu Hause ist!), und ich nehme mir jeden Brief wieder und wieder vor. Aber wenn ich dieselben Briefe jemand anderem zu lesen geben würde, würde derjenige sie wahrscheinlich ziemlich langweilig finden. Vielleicht würde er sie aus Höflichkeit einmal durchlesen, aber es ist unwahrscheinlich, dass er sie ein zweites Mal lesen oder sich eine Kopie davon machen würde! Das hat einen ganz einfachen Grund. Die Verfasserin dieser Briefe ist jemand, den ich kenne und liebe, und der mir wichtig ist und alles, was sie beschäftigt, beschäftigt mich auch. Mich interessiert, was in der Familie gerade los ist, mich interessiert, wie das Wetter ist, mich interessieren die unerfreulichen Dinge, die passiert sind, und die erfreulichen. Der Brief ist wertvoll für mich, weil er die Person offenbart, die ihn geschrieben hat. Und genauso ist es mit der Heiligen Schrift. Die Liebe zu Jesus führt uns immer zu seinem Wort, um durch das geschriebene Wort eine Offenbarung zu empfangen über das Lebendige Wort, über Jesus selbst. Ich mache mir große Sorgen, wenn Leute behaupten, der Heilige

Geist sei in ihnen am Werk, dabei aber zugleich ihr Appetit auf die Bibel nachlässt. So etwas ist bedenklich, denn das Wirken des Heiligen Geistes besteht darin, dass er uns immer näher zu Christus bringt, und dadurch zu seinem Wort führt.

2. Ein Hunger danach, so zu sein wie Jesus Christus

Wir finden das Wirken des Heiligen Geistes nicht nur in dem Hunger danach, Christus kennen zu lernen, es zeigt sich auch in einem Hunger danach, so zu sein wie Christus. Paulus spricht von den Dingen, die sich als »Frucht, die der Geist wachsen lässt« im Leben der Christen zeigen. Was er mit »Frucht« beschreibt, sind Dinge, die unweigerlich geschehen, wenn der Heilige Geist im Leben eines Menschen anwesend ist. »Der Geist Gottes dagegen lässt als Frucht eine Fülle von Gutem wachsen, nämlich: Liebe, Freude und Frieden, Geduld, Freundlichkeit und Güte, Treue, Bescheidenheit und Selbstbeherrschung« (Gal 5,22.23). Es ist Ihnen sicher aufgefallen, dass die Liste im Singular steht, »als Frucht …« und nicht »als Früchte…«. Es handelt sich nicht um neun verschiedene Früchte, von denen einige im Leben des einen Menschen sichtbar werden und andere in dem eines anderen, sondern alle neun Eigenschaften zusammen bilden die Form, in der das Wirken des Heiligen Geistes sich in unserem Leben ausdrückt. Diese ganze Liste kann man mit einem Wort zusammenfassen: Charakter. Genauer gesagt ist es der Charakter von Jesus Christus. Derselbe Geist, der sich im Charakter und im Leben von Christus so vollkommen ausgedrückt hat, will seine Charaktereigenschaften auch in unserem Leben zum Ausdruck bringen. Der Teufel kann Fälschungen von den »Gaben« des Geistes produzieren (wir kommen später noch darauf zu sprechen, zu welchem Zweck diese Gaben verliehen werden), aber er kann die Frucht des Geistes nicht fälschen, denn sie ist der Ausdruck von Gottes ureigenstem Charakter und der ist dem Teufel verhasst!

Wenn der Heilige Geist unseren Charakter nach dem Vorbild von Gottes Charakter verändert, drückt sich das in drei Bereichen aus:

a) in einer veränderten Einstellung zu Menschen;
b) in einer veränderten Einstellung zu den Gegebenheiten des Lebens;
c) in einer veränderten Einstellung zu uns selbst.

a) Eine veränderte Einstellung zu Menschen

Das erste Wort auf der Liste von Eigenschaften, die die Frucht bilden, die der Geist Gottes wachsen lässt, ist »Liebe«, und später folgen noch »Freundlichkeit, Güte, Treue« und »Bescheidenheit«, alles Ausdrucksformen von Liebe, die in unserem Verhalten anderen Menschen gegenüber sichtbar werden.

Jesus hat Liebe als Erkennungszeichen der Christen bezeichnet, als er sagte: »An eurer Liebe zueinander werden alle erkennen, dass ihr meine Jünger seid« (Joh 13,35). Der Grund dafür ist klar: »Gott ist Liebe« (1Joh 4,8). Und wo Liebe sichtbar wird, ist sie ein Zeichen dafür, dass der Charakter Gottes in einem Menschen wiederhergestellt worden ist. In einem der vorhergehenden Kapitel haben wir ja schon gesehen, dass die Errettung den Sinn hat, dass wir wieder unsere Bestimmung erfüllen können, Ebenbild Gottes zu sein. Es gibt im Neuen Testament zwei Ausdrucke für »Liebe«, der eine davon, der in unserem Zusammenhang hier Verwendung findet, ist »agape«. Dieser Begriff meint nicht so sehr eine emotionale als eine willentliche Liebe, das heißt, es geht nicht einfach nur um ein Gefühl, das ich für jemanden hege, sondern um eine Geistes- und Willenshaltung anderen Menschen gegenüber. Am besten drückt es der Brief des Apostels Paulus an die Philipper aus, wo es heißt: »Handelt nicht aus Selbstsucht oder Eitelkeit! Seid bescheiden und achtet den Bruder oder die Schwester mehr als euch selbst. Denkt nicht an euren eigenen Vorteil, sondern an den der anderen, jeder und jede von euch« (Phil 2,3.4). In der Formulierung »achtet den Bruder oder die Schwester mehr als euch selbst« klingt vielleicht ein Werturteil mit, so als ob ich selbst nicht so gut wäre wie die anderen, aber die Übersetzung in der New American Standard Version hilft zu einem besseren Verständnis: »But with humility of mind let each of you regard one another more important than himself« – »Sondern in bescheidener Gesinnung soll jeder von euch den anderen für wichtiger halten als sich selbst«. Das ist der Inbegriff der »agape«-Liebe, andere für wichtiger zu halten als sich selbst. Wenn jemand Sie liebt, merken Sie es unter anderem daran, dass Sie das Gefühl haben, Sie sind wichtig für ihn. Wenn der Heilige Geist in unserem Leben am Werk ist, werden uns andere Menschen wichtig, und überhaupt verändert sich unsere Einstellung zu ihnen.

Liebe ist mehr als ein Gefühl, das wir für Leute empfinden, die wir mögen. Es ist eine Einstellung, sogar gegenüber Menschen, die wir nicht mögen oder mit denen wir von Natur aus nicht gut auskommen, und diese Einstellung lautet: »Während der Zeit, die ich mit dieser Person konkret zu tun habe, ist sie wichtiger für mich, als ich selbst es bin.« Wir wollen diese Angelegenheit realistisch sehen. Die meisten Leute schaffen es, mit Menschen, die sie mögen, gut auszukommen, ohne dass sie dazu die Hilfe des Heiligen Geistes brauchen. Aber wenn die Liebe Gottes durch einen Menschen wirkt, schafft sie viel mehr als das.

Einmal leitete ich ein zweiwöchiges Ferienlager in Österreich, an dem auch einige Leute aus Großbritannien teilnahmen. Einer der Teilnehmer erzählte mir, was für großartige Dinge Gott unter den jungen Leuten in seiner Pfarrgemeinde zu Hause getan habe und vor allem, wie sie in wirklicher Liebe miteinander verbunden wären. Das hörte sich gut an und ich bat ihn deshalb eines Morgens, er möge doch in einer der Unterrichtseinheiten, wenn alle Teilnehmer versammelt seien, kurz etwas von den Erfahrungen seiner Gruppe mitteilen, denn ich dachte, das könnte uns alle ermutigen. Während er redete, fiel mir aber auf, dass er nur die jungen Leute in seiner Pfarrgemeinde erwähnte und nichts über Ältere sagte. Im späteren Verlauf des Tages fragte ich ihn dann, ob es in seiner Gemeinde auch ältere Leute gebe. Da lächelte er und sagte, »Ach, das ist eine eigene Geschichte. Die jungen Leute und die ältere Generation in unserer Gemeinde kommen nicht gut miteinander aus. Außer am Sonntagvormittag haben wir keine gemeinsamen Aktivitäten.« Darauf antwortete ich ihm, dass es möglicherweise ein Fehler sei, die große Liebe der jungen Leute untereinander auf den Heiligen Geist zurückzuführen, so wie er das in seinem Beitrag in unserem Unterrichtsprogramm getan hatte. Man muss nicht den Geist Gottes bemühen, damit eine Gruppe von jungen Leuten, die ähnliche Ansichten haben, aus ähnlichen sozialen Verhältnissen kommen und ähnliche Erfahrungen machen, Liebe füreinander entwickeln. Das liegt in der Natur der Sache. Ebenso wenig braucht es den Heiligen Geist, damit die älteren Leute in seiner Gemeinde sich zu einer Clique zusammenschließen und es netter finden, wenn die jungen Leute nicht dabei sind, weil sie einander in vielem nicht wirklich verstehen. Die Liebe, die den Heiligen Geist zum Urheber hat, erkennen Sie, wenn die älteren Leute sagen, dass sie die Jungen zwar nicht verstehen und sich auch in ihrer Gesellschaft vielleicht nicht besonders wohl fühlen, dass sie sie aber trotzdem für wichtiger halten als sich selbst und ihr eigenes Wohlbefinden und dass sie sie ermutigen und ihnen dienen möchten. Und ebenso ist es die Liebe, die aus dem Heiligen Geist entspringt, wenn die jungen Leute über die Älteren sagen, dass sie zwar ihre Ansichten über verschiedene Dinge nicht gerade toll finden, dass sie sie aber trotzdem lieben und für wichtiger halten als ihren eigenen Freiraum und dass sie sie unterstützen, von ihnen lernen und sie ihrerseits ermutigen wollen.

Nur die zu lieben, die uns lieben, wird von Jesus als »heidnische Liebe« bezeichnet. »Wie könnt ihr von Gott eine Belohnung erwarten, wenn ihr nur die liebt, die euch ebenfalls lieben? Das tun auch die Betrüger! Was ist denn schon Besonderes daran, wenn ihr nur zu euresgleichen freundlich seid? Das tun auch die, die Gott nicht kennen!« (Mt 5,46.47). Die Art von Liebe, die unser Mann von vorhin unter den jungen Leuten in seiner Kirchengemeinde geschildert hatte, findet man möglicherweise auch in der Kneipe an der Straßenecke, wo man einfach deshalb zusammenkommt, weil man gerne zusammen ist, und wer nicht dazu paßt, muss eben anderswo hingehen!

Die Liebe Gottes in unserem Leben ist nie eine Liebe, die das Trennende zwischen Menschen noch verstärkt, indem sie die Liebe, die wir für manche Leute sowieso schon empfinden, nur intensiviert, sondern es ist eine Liebe, die von Natur aus vorhandene Trennwände niederreißt. Bitte verstehen Sie mich nicht falsch. Ich behaupte nicht, dass Liebe uns dazu führt, Konflikte zu vermeiden. Aber wir müssen uns in einem Kontext von Liebe mit Konflikten auseinander setzen und sie bearbeiten. Wenn es um ernste Meinungsverschiedenheiten geht, dürfen wir nicht auf Kosten von Wahrhaftigkeit und Überzeugungen lieben, das wäre gar keine echte Liebe!

Schwierigkeiten, die wir aus falsch verstandener Liebe verdrängen, werden immer wieder aufbrechen. In einem Kontext der Liebe sollten wir unsere Meinungsverschiedenheiten ehrlich und genau aufarbeiten, und das kann sogar so weit gehen, dass als letzte Möglichkeit nur noch die Trennung übrig bleibt, wie in dem Fall der Auseinandersetzung zwischen Paulus und Barnabas, von dem das fünfzehnte Kapitel der Apostelgeschichte berichtet. Diese Auseinandersetzung war so heftig, dass es schließlich die beste Lösung war, sich zu trennen.

Aber selbst wenn man sich nicht einigen kann und aufgrund unterschiedlicher Ideen und Überzeugungen schließlich getrennte Wege geht, muss der andere oder müssen die anderen immer Gegenstand unserer Liebe bleiben, als Menschen müssen sie für uns wichtiger sein als wir selbst! Ohne den Heiligen Geist wird das nicht möglich sein, aber genau das ist es ja, was der Heilige Geist bewirken will.

Die klassische Bibelstelle zum Thema »Liebe« findet sich im Ersten Brief des Paulus an die Korinther, wo es unter anderem heißt: »Die Liebe ist geduldig und gütig. Die Liebe eifert nicht für den eigenen Standpunkt, sie prahlt nicht und spielt sich nicht auf. Die Liebe nimmt sich keine Freiheiten heraus, sie sucht nicht den eigenen Vorteil. Sie lässt sich nicht zum Zorn reizen und trägt das Böse nicht nach. Sie ist nicht schadenfroh, wenn anderen Unrecht geschieht, sondern freut sich mit, wenn jemand das Rechte tut. Die Liebe gibt nie jemand auf, in jeder Lage vertraut und hofft sie für andere; alles erträgt sie mit großer Geduld. Niemals wird die Liebe vergehen.« (1Kor 13,4–8). Sie könnten diese Stelle nun ein zweites Mal lesen und dabei das Wort »Liebe« jeweils mit »Christus« ersetzen – und es würde eine vollkommen richtige Aussage ergeben. Jesus Christus war die menschgewordene Liebe, denn Gott ist Liebe. Und der Heilige Geist strebt danach, eben diese Liebe in Ihrem und meinem Leben zu verwirklichen. Nehmen Sie sich irgendwann einmal die Zeit und lesen Sie die oben genannten Verse noch einmal, und jedes Mal, wenn Sie »Liebe« lesen, setzen Sie stattdessen Ihren eigenen Namen ein! Möglicherweise wird das eine aufwühlende und demütigende Erfahrung für Sie. Daran, wie peinlich wir berührt sind, lässt sich ermessen, wie weit wir uns noch entwickeln müssen – oder auch, wie ehrlich wir sind! In diesem Leben werden wir nie vollkommen sein, aber doch wird einmal der Tag kommen, an dem wir umgewandelt werden, um endlich wieder, gemäß unserer Bestimmung, ein vollkommenes Abbild Christi zu sein. Bis es so weit ist, streben wir auf dieses Ziel zu, und unser Bedürfnis, wie Christus zu sein, entsteht aus der Anwesenheit und dem Wirken des Heiligen Geistes in uns.

Auf der Liste von Eigenschaften, die Paulus den Christen in Galatien als Frucht des Geistes genannt hat, finden sich im Zusammenhang mit unserer Einstellung zu anderen Menschen auch Freundlichkeit, Güte, Treue und Bescheidenheit. Das sind sehr praktische Möglichkeiten, um unsere Liebe und Wertschätzung für andere Menschen auszudrücken.

Das Bedürfnis, wie Jesus zu sein, besteht nicht in einem netten frommen Gefühl, wo wir in sicherer Entfernung von der bösen Welt gemütlich in einer Ecke sitzen und unsere Heiligenscheine glänzend polieren, sondern es zeigt sich darin, dass wir andere Leute für wichtiger halten als uns selbst – egal, ob sie zu unserer Glaubensgemeinschaft gehören oder nicht – und dass wir bereit sind, uns ihretwegen die Hände schmutzig zu machen.

b) Eine veränderte Einstellung zu den Gegebenheiten des Lebens

Einige weitere Eigenschaften, die Paulus als Frucht des Geistes aufzählt, sind »Freude«, »Frieden« und »Geduld«. Jede dieser Eigenschaften ist sehr anfällig für Schwierigkeiten. Es gibt so vieles, was uns die Freude verderben, den Frieden rauben und uns an die Grenzen unserer Geduld bringen kann. Der Heilige Geist gibt uns eine vollkommen neue Einstellung zu unseren Problemen und eine neue Perspektive!

Ein Christ bleibt nicht vor Schwierigkeiten verschont, auch wenn manche Leute das gerne glauben möchten. Aber ein Christ hat eine Überlebensausrüstung, mit der er die Schwierigkeiten durchstehen kann.

»Freude« ist etwas anderes als »Glücklich sein«. Glücklich sein ist ein angenehmes Gefühl, das erzeugt wird durch die Situation, in der wir uns befinden. Wenn Sie an einem schönen Sommertag am Strand liegen, mit einem großen Eis in der einen Hand und die andere Hand berührt jemanden, den Sie lieben, dann beschreibt »glücklich sein« Ihren Zustand sehr gut. Aber wenn sich plötzlich schwarze Wolken zwischen Sie und die Sonne schieben und große kalte Regentropfen auf Sie herunterfallen, und Ihr Partner oder Ihre Partnerin aufsteht und geht und das Eis fällt Ihnen in den Sand und die Flut kommt und spült Ihre Kleider weg, dann könnte ich mir vorstellen, dass Ihnen Ihr glückliches Gefühl schnell abhanden kommt! Das

Gefühl war abhängig von günstigen äußeren Bedingungen und es war oberflächlich. Freude jedoch ist etwas viel Tieferes. Es ist ein Vertrauen zu Gott, das über die momentanen Gegebenheiten hinaus sieht. Als Paulus seinen Brief an die Philipper schrieb, war er in Rom in Haft. Er schreibt davon, dass er in Ketten liegt, er schreibt von Leuten, die seinen Zustand ausnützen und versuchen, seine Schwierigkeiten noch zu vergrößern und er gibt zu, dass ihm die Tränen kommen, wenn er über die Feinde des Kreuzes Christi schreibt, und doch schreibt er in demselben Brief: »Freut euch immerzu, mit der Freude, die vom Herrn kommt! Und noch einmal sage ich: Freut euch!« (Phil 4,4). Paulus schrieb das alles nicht, weil er es genoss zu leiden, sondern weil er über seine persönliche Notlage hinaussehen konnte und fähig war, zu jubeln über die Güte Gottes und das Wirken Gottes. Auch Nehemia sah sich seinerzeit mit einer sehr schwierigen Lage konfrontiert und dennoch konnte er sagen: »Macht euch keine Sorgen, denn die Freude am Herrn umgibt euch wie eine schützende Mauer« (Neh 8,10).

»Friede« ist etwas anderes als Ruhe. Es wurde einmal ein Malwettbewerb veranstaltet unter dem Thema »Friede«. Zwei Künstler erhielten einen Preis. Der eine hatte ein schönes Landschaftsbild aus dem Lake District im Nordwesten Englands gemalt, mit einem stillen See im Vordergrund und dahinter Hügel, bedeckt mit Nadelwald, der bis herunter ans Seeufer reichte. Das Wasser zeigte ein fast vollkommenes Spiegelbild der Bäume am Ufer. Am Himmel waren einige zarte weiße Wölkchen und im Vordergrund zog eine Ente mit ihren Küken ihre Bahn auf dem See im warmen Sonnenschein. Die ganze Szene strahlte Ruhe aus. Dieses Bild erhielt den zweiten Preis.

Der andere Künstler hatte sein Motiv in Cornwall gefunden, er hatte eine Gewitterszene gemalt. Auf der linken Bildhälfte sah man ein Stück der zerklüfteten Küste Cornwalls mitten in der Brandung, das Meer tobte und die Wogen brachen sich an den Felsen. Oben auf den Felsen war ein Baum, der von dem

Sturm, der vom Meer her wehte, beinahe zu Boden gedrückt wurde. Der Himmel war mit schwarzen Wolken bedeckt, der Regen fiel in Strömen und die obere rechte Hälfte des Bildes wurde von einem Blitz ausgefüllt. Auf etwas mehr als der halben Höhe des Küstenfelsens sah man eine Spalte im Gestein und in dieser Spalte ein Nest und in dem Nest saß mit geschlossenen Augen eine Möwe. Der Künstler gab diesem Bild den Titel »Friede« und gewann damit den ersten Preis!

Der Friede Gottes bedeutet nicht, dass uns alle Schwierigkeiten erspart bleiben, aber es wird uns verheißen, dass wir den Frieden Gottes erleben, wenn wir in Schwierigkeiten sind, wie der Herr Jesus bei seinen Jüngern im Boot ruhig auf einem Kissen schlief, »als ein schwerer Sturm aufkam, und die Wellen drohten, das Boot unter sich zu begraben« (Mt 8,24). Das konnte man wohl einen Sturm nennen, wenn die Wellen schon über dem Boot zusammenschlugen! Alle anderen waren in Panik, aber der Herr Jesus schlief. Es dauerte nicht lange, bis seine Jünger ihn aufweckten und ihm Vorwürfe machten, dass er verantwortungslos wäre! Er hingegen wusste sich geborgen bei jemandem, der mächtiger war als die Naturgewalten, und deshalb machte er seinerseits den Jüngern Vorwürfe, dass sie so wenig Glauben hätten.

Paulus gab den Christen von Philippi die Anweisung: »Macht euch keine Sorgen, sondern wendet euch in jeder Lage an Gott und bringt eure Bitten vor ihn. Tut es mit Dank für das, was er euch geschenkt hat. Dann wird der Frieden Gottes, der alles menschliche Begreifen weit übersteigt, euer Denken und Wollen im Guten bewahren, geborgen in der Gemeinschaft mit Jesus Christus« (Phil 4,6.7). Er gesteht zu, dass es immer wieder Situationen geben wird, wo wir normalerweise Angst bekommen müssten, aber statt Angst zu haben, sollten Sie Gott die Lage schildern und alles ihm überlassen. Wenn Sie ihm vertrauen können, gibt es für Sie keinen Grund, sich Sorgen zu machen, denn er wird sich um alles kümmern. Ihn bringt nichts aus der Fassung – weder Ihre Probleme noch seine eigenen – und so herrscht anstelle von Panik Friede, ein Friede, »der alles menschliche Begreifen übersteigt«. Das heißt, Sie können ihn vielleicht selbst nicht erklären, und es könnte sein, dass Ihre Umgebung der Auffassung ist, Sie könnten sich ruhig etwas mehr Gedanken über Ihre schwierige Lage machen! Gott fordert uns nicht auf, vor unseren Problemen davonzulaufen, sondern er will uns beweisen, dass er sie meistern kann!

»Geduld« steht in engem Zusammenhang mit »Frieden«. Unser Friede ist gefährdet, sobald wir anfangen, beunruhigt zu sein über das, was uns gerade passiert. Wenn es vorbei ist und wir darauf zurückblicken können, erscheint es uns oft in einem anderen Licht.

Geduld hilft uns, über den gegenwärtigen Moment hinauszusehen und abzuwarten! Interessanterweise sind es die Schwierigkeiten, die uns Geduld lernen lassen. Paulus schrieb: »Durch Leiden lernen wir Geduld« (Röm 5,3).

Ein bekannter Prediger wurde einmal von einer Dame ersucht, er möge doch für sie beten, denn sie hätte so dringend Geduld nötig, aber anscheinend habe sie immer zu wenig davon! Er war einverstanden und so knieten sie zusammen nieder und er begann den Herrn zu bitten, er möge diese Dame in ihrem Leben harte Zeiten durchmachen lassen und Kummer, wie sie ihn nie zuvor erlebt hatte. Bevor er noch mit seinem Gebet zu Ende war, sprang die Dame schon auf, rüttelte ihn an der Schulter und sagte: »Hören Sie auf! Schwierigkeiten und Kummer habe ich doch ohnehin schon genug.« Aber er erklärte ihr, »dass wir durch Leiden Geduld lernen« und dass sie nur durch ihre Schwierigkeiten zu Geduld finden könne. Sehr oft erweisen sich unsere Schwierigkeiten als unsere besten Freunde, weil sie so viel bei uns bewirken und wir so viel aus ihnen lernen können.

Man erkennt, dass der Heilige Geist in unserem Leben anwesend ist, wenn wir eine veränderte Einstellung zu den Gegebenheiten des Lebens haben, die durch Freude, Frieden und Geduld gekennzeichnet ist.

c) Eine veränderte Einstellung zu uns selbst

Zum Dritten wird die Anwesenheit des Heiligen Geistes sichtbar durch »Selbstbeherrschung«. Die Bibel meint nicht, dass der Heilige Geist über uns herrschen will, sondern vielmehr, dass der Heilige Geist uns zur Selbstbeherrschung führen will. In den letzten Jahren ist man vielerorts dazu übergegangen, vom Heiligen Geist, der uns beherrschen oder in uns regieren soll, zu reden, aber genau genommen ist diese Vorstellung nicht biblisch. In manchen modernen Bibelübersetzungen finden sich zwar entsprechende Formulierungen, die ich persönlich aber nicht befürworten kann. Der Heilige Geist »regiert« oder »beherrscht« uns nicht in dem Sinne, dass er uns veranlasst, bestimmte Dinge zu tun, sondern er befähigt uns zu Selbstbeherrschung. Es gibt vieles, was uns zu beherrschen droht, wie z.B. Gewohnheiten, Habgier, Selbstsucht und Stolz. Der Heilige Geist jedoch versetzt uns in die Lage, nicht aus unkontrollierten Impulsen heraus zu handeln, sondern mit Selbstbeherrschung. Ohne Frage ist das die wahre Freiheit. Salomo schrieb: »Wie eine Stadt ohne Schutzwall, so ist ein Mann ohne Selbstbeherrschung« (Spr 25,28).

Nichts von alledem, was hier besprochen wurde, gelingt uns automatisch, sondern es muss erarbeitet werden. Der Heilige Geist erzeugt die Sehnsucht danach und gibt uns die Fähigkeit, die Frucht des Geistes hervorzubringen, aber deswegen bleibt es uns nicht erspart, diszipliniert in jedem einzelnen Bereich zu arbeiten. Petrus schrieb: »Gott in seiner Macht hat uns alles geschenkt, was wir zu einem Leben in wahrer Frömmigkeit brauchen. Er hat es dadurch getan, dass er uns Jesus Christus erkennen ließ, ihn, der uns in seiner Herrlichkeit und Kraft berufen hat ... Setzt deshalb alles daran, dass aus eurem Glauben sittliche Bewährung erwächst ... Erkenntnis ... Selbstbeherrschung ... Standhaftigkeit ... echte Frömmigkeit ... Liebe zu den Glaubensgeschwistern ... Liebe zu allen Menschen« (2Petr 1,3–7). Unter der Voraussetzung, dass Christus alles gibt, was uns zu einem Leben in wahrer Frömmigkeit befähigt, sagt

Petrus, wir müssen alles daran setzen, um uns diese Eigenschaften auch mehr und mehr praktisch anzueignen.

Das Wirken des Heiligen Geistes besteht also zu einem Teil darin, dass er in uns die Sehnsucht erzeugt, so zu sein wie Jesus Christus, damit dieselben Eigenschaften, durch die sein Leben für andere Menschen so attraktiv wurde und Gottes Zustimmung gewann, zunehmend auch in unserem Leben zur Geltung kommen.

Nur noch eine letzte kleine Anmerkung zu diesem Thema: Womit wir uns jetzt auseinander gesetzt haben, war die Frucht des Geistes, nicht die Blüten des Geistes! Zwischen Blüten und Frucht besteht ein Unterschied. Blüten sind dekorativ. Sie sind hübsch anzusehen und man kann mit ihnen eine angenehme Atmosphäre erzeugen. Früchte hingegen sind zum Verzehr bestimmt! Sie sind dazu da, um von hungrigen Menschen gegessen zu werden.

Wir sprechen hier nicht von Eigenschaften, durch die Christen zu einem hübschen Anblick für andere werden, sondern durch die sie die Bedürfnisse anderer Menschen erfüllen können.

Es werden uns Menschen begegnen, die nach Liebe hungern, und sie haben ein Recht, die Frucht unserer Liebe zu verzehren. Andere hungern nach Freude, Frieden und Geduld und sie sollen davon profitieren, dass diese Werte in unserem Leben vorhanden sind. Anderen kann vielleicht unsere Verlässlichkeit, die aus unserer Selbstbeherrschung kommt, zur Stütze werden, wenn sie entmutigt und verwirrt sind, weil in ihrem eigenen Leben so vieles außer Kontrolle geraten ist. Der Heilige Geist lässt in unserem Leben Frucht entstehen für andere, dass sie kommen und sich daran sättigen können.

Sind Sie dazu bereit? Bei alledem geht es darum, dass wir fähig werden zu dienen, und damit kommen wir zu dem dritten Beweis für das Wirken des Heiligen Geistes in unserem Leben.

Einen Hunger danach, Jesus Christus zu dienen

Der Heilige Geist kommt in uns hinein, damit er aus uns heraus-fließen kann. Am letzten Tag des Laubhüttenfestes in Jerusalem trat Jesus einst auf und sagte: »Wer durstig ist, soll zu mir kommen und trinken – jeder, der mir vertraut! Denn in den Heiligen Schriften heißt es: ›Aus seinem Innern wird lebendiges Wasser strömen‹, und Johannes fügt die Erklärung hinzu: »Jesus meinte damit den Geist Gottes, den die erhalten sollten, die ihn im Glauben annehmen« (Joh 7,37–39). Jesus beschreibt den Heiligen Geist als einen Strom von lebendigem Wasser, der aus dem Innern des Glaubenden fließt. Der Heilige Geist wird nicht in unser Leben gegossen wie in eine Tasse, sondern wie in ein Rohr! Wenn eine Tasse voll ist, dann ist sie eben voll! Aber alles, was in ein Rohr eingefüllt wird, fließt durch dieses Rohr hindurch. So soll unser Leben aussehen.

Es ist ein Beweis für die Anwesenheit des Heiligen Geistes, wenn wir eine tiefe Sehnsucht danach haben, dass Gott durch uns hindurch fließt zu anderen, um sie zu segnen und zu bereichern. Wenn wir immer zuerst an uns selbst denken, dann hat das nichts mit dem Leben als Christ zu tun und ebenso wenig mit dem Wirken des Heiligen Geistes.

Als Jesus seinen Jüngern Kraft versprach dadurch, dass ihnen bald nach seiner Himmelfahrt der Heilige Geist gegeben werde, da meinte er die Kraft, Zeugen für ihn zu sein. »… ihr werdet mit dem Heiligen Geist erfüllt werden und dieser Geist wird euch die Kraft geben, überall als meine Zeugen aufzutreten: in Jerusalem, in ganz Judäa und Samarien und bis ans äußerste Ende der Erde« (Apg 1,8). Das Versprechen besagte nicht, dass ihnen die Kraft als Selbstzweck gegeben würde, sondern vielmehr als Ausrüstung, um Gott zu dienen und seine Pläne auszuführen, nämlich überall auf der ganzen Welt Zeugen für Jesus Christus zu sein. Wenn der Geist Gottes in Ihrem Leben anwesend ist, werden Sie ein ganz neues Bedürfnis verspüren, Christus zu dienen, es sei denn, Sie unterdrücken Gottes Geist.

In diesem Zusammenhang ist es zu verstehen, wenn das Neue Testament von geistlichen Gaben spricht, die der Gemeinde verliehen werden. Ich habe insgesamt zweiundzwanzig Fähigkeiten gefunden, die im Neuen Testament als »Gaben« des Geistes beschrieben werden. Dabei handelt es sich aber nicht um eine Aufzählung in einem Stück und die Liste hat auch keinen Anspruch auf Vollständigkeit. Die längste Aufzählung in einem Stück enthält elf Gaben des Geistes, also genau die Hälfte von allen, die jemals erwähnt werden, sie findet sich übrigens im ersten Brief an die Korinther. Außerdem gibt es Fähigkeiten, die wir ebenso als »Gaben des Geistes« ansehen sollten, obwohl sie in der Bibel überhaupt nicht erwähnt werden. Das Neue Testament spricht nirgends von der Gabe zu singen oder geistliche Lieder zu schreiben oder andere Menschen seelsorgerlich zu beraten, aber trotzdem können wir sehen, dass diese Dinge beim Aufbau und der Weiterentwicklung der Gemeinde eine wichtige Rolle spielen. Wir wollen uns an dieser Stelle nicht so sehr mit dem Inhalt der Gaben des Geistes auseinander setzen, sondern mit dem Zweck, zu dem sie gegeben werden. Sie werden uns als Ausrüstung gegeben, damit wir dem Herrn Jesus Christus möglichst wirkungsvoll dienen können.

Petrus schrieb: »Dient einander mit den Fähigkeiten, die Gott euch geschenkt hat – jeder und jede mit der eigenen, besonderen Gabe! Dann seid ihr gute Verwalter der vielfältigen Gnade Gottes« (1Petr 4,10). Paulus schrieb: »Doch an einem jeden und jeder in der Gemeinde zeigt der Heilige Geist seine Wirkung in der Weise und mit dem Ziel, dass alle etwas davon haben« (1Kor 12,7). Die Gaben des Geistes werden uns nie zum persönlichen Gebrauch oder zur Selbstbestätigung gegeben, sondern um die Gemeinde Jesu Christi damit aufzubauen.

Unter diesem Aspekt halte ich es für einen Fehler, sich auf »Gaben« zu konzentrieren. Vielmehr müssen wir uns auf den »Dienst« konzentrieren. Ich finde es nicht passend, jemanden zu fragen: »Was für eine geistliche Gabe haben Sie?«, sondern stattdessen sollten wir fragen: »Was tun Sie, um dem Herrn Jesus Christus zu dienen?« Ich selber habe bis zum heutigen

Tag noch nie versucht, meine möglichen Gaben zu analysieren, ich versuche einfach, so gut ich nur kann zu dienen und zu tun, was Gott mir zu tun gibt. Meiner Überzeugung nach lernen wir auf diesem Weg ganz praktisch, wie wir uns nützlich machen können und wo möglicherweise unsere Begabungen und Fähigkeiten liegen. Ich habe ein ungutes Gefühl, wenn Leute mich fragen, wie sie ihre »Gaben« entdecken können. Ich hätte viel lieber, wenn sie fragen, wo und wie sie sich in den Dienst für Jesus Christus einbringen können. Denn wenn wir einmal anfangen, aktiv zu werden, entdecken wir schnell genug, wofür wir begabt sind und wofür nicht.

Stellen Sie sich einfach einmal vor, Sie gehören zu einem Team, das in einem Haus den Frühjahrsputz durchführen soll. Bevor Sie anfangen, sagt der Einsatzleiter in etwa Folgendes: »Wir sind zusammen ein Dutzend Leute für diesen Job, und hier gibt es einige Hilfsmittel, damit wir die Arbeit gut durchführen können. Wir haben zwei Staubsauger, einen Besen, einen Schrubber, zwei Malerpinsel, zwei Dosen mit Lack, einen Schrubber zum Fensterputzen und drei feuchte Lappen. Wenn sich jetzt bitte jeder von Ihnen eins von diesen Geräten nimmt – und dann an die Arbeit.«

Dieser Gedankengang steht offenbar auch hinter der Aufforderung des Paulus an die Christen in Korinth: »Bemüht euch um die Gaben des Geistes!« (1Kor 14,1). Er will damit sagen, es gibt Arbeit für uns, Gott hat uns mit verschiedenen Fähigkeiten ausgerüstet, damit wir diese Arbeit ausführen können und daher sollte es unser dringender Wunsch sein, uns in Gottes Programm einbauen zu lassen und die Arbeit in Angriff zu nehmen. Die beiden, die sich die Staubsauger genommen haben, sind für den Hausputz nicht wichtiger als die mit den feuchten Lappen. Sie alle führen ein und dieselbe Arbeit aus, aber in verschiedenen Funktionen. Gott hat etwas zu tun für Sie – das ist ein Privileg. Die Anwesenheit des Heiligen Geistes in Ihrem Leben zeigt sich darin, dass Sie den Wunsch haben, Ihm zu dienen, und dass Sie entdecken, wie er Sie dazu befähigt.

Darüber wäre noch vieles zu sagen, aber kehren wir zurück zu unserem Thema: die Zeichen, an denen man erkennt, ob sich der Heilige Geist in unserem Leben frei entfalten und aktiv sein kann.

Haben Sie Lust darauf, dem Herrn Jesus Christus zu dienen und ihm Freude zu machen, auch wenn Ihre Umgebung wenig Notiz nimmt von dem, was Sie tun?

Das Wirken des Heiligen Geistes umfasst viele verschiedene Dinge. Aber da es immer auf Christus ausgerichtet ist, wird es immer in einem der drei genannten Bereiche sichtbar werden: als ein Hunger danach, Jesus Christus besser kennen zu lernen, als ein Hunger danach, so zu sein wie Jesus Christus, und als ein Hunger danach, Jesus Christus zu dienen – mit allem, was dazugehört.

Abschließend möchte ich betonen, dass ich bewusst das Wort »Hunger« gewählt habe, um zu beschreiben, worum es hier geht. Nach etwas Hunger zu haben bedeutet, man braucht es, man möchte es und man empfindet den Mangel, solange man es nicht hat. Hunger ist kein sattes, zufriedenes Gefühl, sondern ein Verlangen nach etwas. Jesus hat dieses Wort gebraucht in seinem Ausspruch: »Selig sind, die da hungert und dürstet nach der Gerechtigkeit« (Mt 5,6). Wir sind wahrlich noch in keinem der drei Bereiche ans Ziel gelangt, aber wir haben ein Bedürfnis danach, wir haben Lust darauf. Jesus hat nicht gesagt: »Selig sind die Gerechten«, sondern » ... die da hungert und dürstet nach der Gerechtigkeit.« Er hat versprochen, dass dieses Verlangen gestillt werden soll, und wir bekommen jetzt schon einen Vorgeschmack davon, in dem Maße, wie wir dem Heiligen Geist die Möglichkeit geben, uns immer tiefer in das Wesen und den Willen von Jesus Christus eindringen zu lassen. Alles, was wir über Ihn in Erfahrung bringen, und alles, was er uns zu tun gibt, wird dazu beitragen, dass unsere eigenen innersten Bedürfnisse gestillt werden. Und daran erkennt man, dass der Heilige Geist in uns ist.

Arbeitsblätter

Kapitel 7:
Der Geist, der in euch lebt (Seite 125–139)
- Was macht einen Menschen zum Christen? (Seite 125–126)
- ....

 ....

 ....

- Welche Rolle spielt dabei die Vergebung der Sünden?
- ....

 ....

 ....

Wer ist der Heilige Geist?
- Gegen welche falschen Vorstellungen über den Heiligen Geist wendet sich der Autor auf Seite 126 und 127?
- ....

 ....

 ....

- Welche Eigenschaften und welche Tätigkeiten, die er ausübt, kennzeichnen den Heiligen Geist als Person? (Seite 127–132)
- ....

 ....

 ....

- An welchen Eigenschaften und von ihm ausgeübten Tätigkeiten erkennt man, dass der Heilige Geist Gott ist? (Seite 132–138)
- ....

 ....

 ....

- Wie geht Charles Price mit den Schwierigkeiten um, die uns die Vorstellung von der Dreieinigkeit Gottes bereitet? (Seite 138–139)

- ....
....
....

Der Heilige Geist und Christus (Seite 139–142)

- Welcher Zusammenhang besteht zwischen dem Wirken des Heiligen Geistes und dem Wirken Christi?

- ....
....
....

Woran erkennt man den Heiligen Geist? (Seite 142–144)

- Wie erläutert der Autor den Unterschied zwischen »die Wahrheit glauben« und »die Wahrheit erfahren«?

- ....
....
....

- Welchen Stellenwert hat die persönliche Erfahrung im christlichen Leben?

- ....
....
....

- An welchen drei grundlegenden Merkmalen kann man erkennen, ob der Heilige Geist in einem Menschen wirkt? (Seite 144, 148, 160 und 163)

- ....
....
....

Was bewirkt der Heilige Geist

- in unserer Einstellung zu Jesus Christus (Seite 144–146)
- ....
  ....
  ....

-

- in unserer Einstellung zur Bibel (Seite 146–148)
- ....
  ....
  ....

- »So sein wie Jesus Christus« – wie ist er? (Seite 148–149)
- ....
  ....
  ....

- In welchen Bereichen zeigt sich, ob wir so sind wie Christus – und wie zeigt es sich?
- (Seite 149–154)
- ....
  ....
  ....

- (Seite 154–158)
- ....
  ....
  ....

- (Seite 158–159)
- ....
  ....
  ....

- Warum spricht nach Meinung von Charles Price die Bibel von der »Frucht« und nicht von den »Blüten« des Geistes? (Seite 159–160)

- ....
....
....

- Welche Gaben des Geistes gibt es, und wie kommen sie zum Vorschein? (Seite 161–163)

- ....
....
....

Erfüllt vom Geist Gottes

Jeder Christ kann mit vollem Recht für sich in Anspruch nehmen, dass der Heilige Geist in ihm wohnt. Aber trotzdem ist es noch etwas ganz anderes, vom Geist Gottes erfüllt zu sein. Als Paulus an die Christen in Ephesus schrieb, gab er ihnen die folgende Anweisung: »Betrinkt euch nicht, denn zu viel Wein verführt zu einem liederlichen Lebenswandel. Lasst euch lieber vom Geist Gottes erfüllen!« (Eph 5,18). Was genau meinte er damit?

Der Ausdruck »erfüllt vom Geist Gottes« kommt im ganzen Neuen Testament nur vierzehnmal vor: viermal im Lukasevangelium, neunmal in der Apostelgeschichte und einmal im Epheserbrief. In den vier Stellen bei Lukas geht es darum, dass der Geist Gottes Johannes den Täufer (1,15) sowie seine Mutter Elisabeth (1,41) und seinen Vater Zacharias erfüllt (1,67) und dann Jesus im Anschluss an seine Taufe im Jordan (4,1). Diese Ereignisse liegen zeitlich vor dem ersten Pfingstfest und gehören somit in eine andere Kategorie als Ereignisse nach Pfingsten, denn zu Pfingsten wurde der Heilige Geist für »alle Menschen« (s. Apg 2,17) zugänglich. Vor Pfingsten kam der Heilige Geist vor allem dann über Menschen, wenn sie zu einer bestimmten Aufgabe befähigt werden sollten, aber er war nicht ständig in den Menschen anwesend, die ihre Beziehung zu Gott in Ordnung gebracht hatten. Er war nicht die Bestätigung für die bereinigte Beziehung zu Gott, so wie das seit Pfingsten der Fall ist. Jesus sprach einmal mit seinen Jüngern über den Heiligen Geist und sagte bei dieser Gelegenheit: »... er wird bei euch bleiben und in euch leben« (Joh 14,17). Um dieses »in euch leben« geht es bei dem, was zu Pfingsten geschehen ist.

Aus der Zeit nach dem ersten Pfingstfest gibt es zehn Anlässe, wo es um das Erfülltwerden mit dem Heiligen Geist geht. Wir müssen zunächst diese Anlässe betrachten und aus ihrem historischen Kontext heraus begreifen, erst dann können wir versuchen zu verstehen, was sie bedeuten und wie wir sie auf uns persönlich anwenden können. Ich bin der Meinung, dass man die historischen Anlässe in vier verschiedene Gruppen einteilen kann.

1. »Mit dem Heiligen Geist erfüllt zu werden« war die Erfahrung einiger Leute, als sie den Heiligen Geist empfingen

Das gilt für all die, die schon auf den Heiligen Geist warteten, als sich das erste Pfingstfest tatsächlich ereignete. »Alle wurden vom Geist Gottes erfüllt und begannen in anderen Sprachen zu reden, jeder und jede, wie es ihnen der Geist Gottes eingab« (Apg 2,4). Bis zu diesem Zeitpunkt war der Heilige Geist bei ihnen gewesen, aber nun kam er in sie. Als Jesus die Jünger nach seiner Auferstehung anhauchte und zu ihnen sagte: »Empfangt den Heiligen Geist!« (Joh 20,22), handelte es sich dabei nur um eine symbolische Handlung, die Pfingsten vorwegnahm, denn später sagte er zu ihnen: »Bleibt in Jerusalem und wartet auf den Geist, den mein Vater versprochen hat« (Apg 1,4). Als Pfingsten kam, empfingen sie den Heiligen Geist, wie er es versprochen hatte und, mehr noch, sie wurden erfüllt mit dem Heiligen Geist.

Saulus aus Tarsus begegnete auf der Straße nach Damaskus dem auferstandenen Christus, aber erst drei Tage danach wurde er vom Geist Gottes wiedergeboren, als Hananias zu ihm kam. Drei Tage lang war er blind und aß und trank nichts; darin kommt symbolisch zum Ausdruck, dass der Heilige Geist in diesen Tagen an ihm arbeitete und ihn von seiner Sünde überführte. Dann schickte Gott Hananias zu ihm und gab ihm durch ihn folgende Anweisung: »… lass dich taufen! Bekenne dich zum Namen von Jesus, und lass dir deine Sünden abwaschen!« (Apg 2,16). Offensichtlich waren seine Sünden bis dahin noch nicht abgewaschen worden. Außerdem sagte

Hananias Saulus noch einen weiteren Grund, warum er zu ihm gesandt worden war: »Du sollst wieder sehen können und mit dem Heiligen Geist erfüllt werden« (Apg 9,17). Daher empfing also Saulus in Damaskus den Heiligen Geist und er wurde zugleich auch vom Heiligen Geist erfüllt.

Eigentlich sollte das der Normalfall sein. Wenn der Heilige Geist kommt, um in einem Menschen zu wohnen, dann immer mit der Absicht, diesen Menschen mit dem Leben Jesu zu erfüllen. Wenn uns diese Erfahrung fehlt, dann ist es entweder, weil wir nicht genug über den Sinn und Zweck des Evangeliums wissen – vielleicht sind wir nicht ausreichend darüber informiert worden – oder wir sind ungehorsam und wehren uns dagegen, den Heiligen Geist das Werk tun zu lassen, weswegen er uns gegeben worden ist. Seine Aufgabe erschöpft sich nicht darin, uns ein reines Gewissen zu verschaffen, uns vor der Hölle zu retten und uns mit Gott zu versöhnen, sondern er will dafür sorgen, dass seine Pläne verwirklicht werden können, und er will uns befähigen, in der Fülle des Heiligen Geistes zu leben.

2. *»Mit dem Heiligen Geist erfüllt sein« ist eine durchgängige Lebenserfahrung*

Als die Apostel in Jerusalem so viel zu tun bekamen, dass sie nicht mehr allen praktischen Anforderungen nachkommen konnten, bestimmten sie, die Gemeinde möge sieben Männer ernennen, die für die Bedürfnisse der Witwen und Waisen zuständig sein sollten. Dabei setzten sie folgende Auswahlkriterien fest: »... wählt aus eurer Mitte sieben Männer aus, die einen guten Ruf haben und vom Geist Gottes und von Weisheit erfüllt sind« (Apg 6,3). Es heißt nicht, »... die vom Heiligen Geist erfüllt worden sind« – zu irgend einem früheren Zeitpunkt – sondern »... die erfüllt sind«. Damit ist ein gegenwärtiger, kontinuierlicher Zustand gemeint. Es ging nicht um ein vereinzeltes Ereignis, sondern um eine Lebensform.

Wenn man ihnen am Sonntag in der Kirche begegnete, dann waren sie erfüllt mit dem Heiligen Geist. Wenn man ihnen am Montag an ihrem Arbeitsplatz begegnete, waren sie erfüllt mit dem Heiligen Geist. Wenn man sie am Dienstagabend zu Hause bei ihrer Familie besuchte, waren sie erfüllt mit dem Heiligen Geist. Wenn man ihnen zufällig über den Weg lief – oder vielleicht sogar mit ihnen zusammenstieß – waren sie erfüllt mit dem Heiligen Geist. Das waren keine Einzelereignisse, es war ein kontinuierlicher Zustand, es war ihre Lebensform.

Stephanus, einer der sieben Männer, die für dieses Amt gewählt wurden, war dazu ausersehen, der erste Märtyrer zu werden; er wurde von einer wütenden Menge zu Tode gesteinigt. Unmittelbar vor seinem Tod heißt es von ihm: »Stephanus aber blickte zum Himmel empor, vom Heiligen Geist erfüllt; er sah Gott im Glanz seiner Herrlichkeit und Jesus an seiner rechten Seite« (Apg 7,55). Beachten wir, dass Stephanus zwar vom Heiligen Geist erfüllt war und eine Vision hatte, in der er Jesus zur rechten Hand Gottes stehen sah, dass es ihm aber dennoch nicht erspart wurde, auf qualvolle und blutige Weise zu sterben. Er wurde von den Steinen zermalmt, die seine Feinde auf ihn schleuderten, aber er starb erfüllt mit dem Heiligen Geist. Ein anderer Mann, der in der Apostelgeschichte auf ähnliche Weise charakterisiert wird, ist Barnabas. Er war »ein tüchtiger Mann, erfüllt mit dem Heiligen Geist und mit lebendigem Glauben. Gott führte der Gemeinde immer mehr Menschen zu« (Apg 11,24). Wann und wo auch immer man mit Barnabas zusammentraf, er war erfüllt mit dem Heiligen Geist, wie zuvor Stephanus .

3. Mit dem Heiligen Geist erfüllt zu sein, befähigt zum wirkungsvollen Dienst

In diesem Zusammenhang wird der Ausdruck in der Apostelgeschichte am häufigsten verwendet. Als Petrus vor dem jüdischen Rat verhört wurde – er war sich bewusst, dass dabei sein Leben auf dem Spiel stand – heißt es von ihm: »Petrus antwortete ihnen, erfüllt vom Heiligen Geist ...« (Apg 4,8). Natürlich war Petrus bereits am Pfingsttag mit dem Heiligen Geist erfüllt worden, aber während er hier vor dem jüdischen Rat spricht, verleiht ihm der Heilige Geist in ganz besonderer Weise Furchtlosigkeit und Autorität. Als man sie wieder freigelassen hatte, suchten Petrus und Johannes die Gläubigen in Jerusalem auf und alle miteinander beteten zu Gott.

»Als sie geendet hatten, bebte die Erde an ihrem Versammlungsort. Alle wurden vom Heiligen Geist erfüllt und verkündeten die Botschaft Gottes ohne Furcht« (Apg 4,31). Sie wurden hier nicht zum ersten Mal überhaupt mit dem Heiligen Geist erfüllt, aber der Heilige Geist wirkte unmittelbar in der Situation, in der sie sich befanden, und das befähigte sie, die Botschaft Gottes ohne Furcht zu verkünden.

Auf seiner ersten Missionsreise hatte Paulus in Zypern eine Begegnung mit einem Magier, der okkulte Praktiken anwendete: »Saulus« – mit seinem römischen Namen heißt er übrigens Paulus – »sah den Magier scharf an; erfüllt vom Heiligen Geist sagte er zu ihm: »Du Sohn des Teufels, du bist voll List und Tücke und kämpfst gegen alles Gute. Der Herr wird dich dafür bestrafen: Du sollst blind sein und für einige Zeit das Sonnenlicht nicht mehr sehen!« Im selben Augenblick fand sich der Magier in die tiefste Dunkelheit getaucht. Er tappte umher und suchte einen, der ihn an der Hand führte« (Apg 13,9–11).

Wir wissen, dass Paulus bereits ein vom Heiligen Geist erfüllter Mann war, aber hier erfüllt ihn der Heilige Geist in einer Weise, die seine Worte und seinen Urteilsspruch über Elymas mit göttlicher Autorität wirken lässt, in der Fülle des Geistes.

Als Paulus und sein Begleiter Barnabas im späteren Verlauf ihrer ersten Missionsreise aus Antiochia in Pisidien ausgewiesen werden, hat sich um sie eine Gemeinde von Gläubigen gebildet: »Die neugewonnenen Jünger und Jüngerinnen in Antiochia aber wurden von Freude und vom Heiligen Geist erfüllt« (Apg 13,52). Dadurch, dass der Heilige

Geist Menschen erfüllte, wurden besondere Taten im Dienst für Gott ermöglicht und ausgeführt.

Außer diesen neun Anlässen finden sich in der Apostelgeschichte keine direkten Hinweise auf das Erfülltwerden mit dem Heiligen Geist. Es finden sich wohl noch viele allgemeine Hinweise auf den Heiligen Geist und sein Wirken, aber die genannten Anlässe sind die einzigen, wo es ausdrücklich heißt, dass der Heilige Geist Menschen erfüllte. Es gibt allerdings noch einen weiteren Hinweis außerhalb der Apostelgeschichte, nur einen einzigen, nämlich im Brief des Paulus an die Epheser. Dabei handelt es sich um die vierte Form, in der das Neue Testament nach Pfingsten vom Erfülltwerden mit dem Heiligen Geist spricht.

4. Mit dem Heiligen Geist erfüllt zu sein, ist ein Befehl, dem man gehorchen muss

Paulus schreibt: »Seid also nicht uneinsichtig, sondern begreift, was der Herr von euch erwartet. Betrinkt euch nicht; denn zu viel Wein verführt zu einem liederlichen Lebenswandel. Lasst euch lieber vom Geist Gottes erfüllen« (Eph 5,17.18). Das ist ein Befehl! Es ist, was der Herr von euch erwartet. Der griechische Originaltext verwendet hier eine Zeitform, die man wörtlich wiedergeben müsste mit: »seid Menschen, die ständig mit dem Heiligen Geist erfüllt werden«. Es geht nicht um ein Ereignis, das irgendwann einmal in Ihrer Lebensgeschichte stattgefunden hat, sondern um eine Erfahrung, die Sie täglich und ständig machen.

Bei alledem bleibt die große Frage, was denn hier wirklich gemeint ist. Als Paulus den oben genannten Befehl ausspricht, redet er nicht von dem Anlass, bei dem ein Mensch zum ersten Mal mit dem Heiligen Geist in Berührung kommt, sondern er setzt dabei voraus, dass der Heilige Geist schon voll am Wirken ist. Er hat davor den Christen von Ephesus bereits mitgeteilt, dass Gott ihnen durch Christus Anteil gegeben hat an der Fülle der Gaben seines Geistes (1,13), dass Juden und Nichtjuden in einem Geist vor Gott, den Vater, treten dürfen (2,18), dass sie als Bausteine in diesen Tempel eingefügt sind, in dem Gott durch seinen Geist wohnt (2,22), er bittet Gott, »dass er euch ... durch seinen Geist innerlich stark macht« (3,16), er fordert sie auf, »die Einheit zu bewahren, die der Geist Gottes euch geschenkt hat« (4,3), und weiter: »Beleidigt nicht durch euer Verhalten den Heiligen Geist!« (4,30). All das setzt voraus, dass der Heilige Geist tatsächlich schon voll am Wirken ist, und trotzdem fühlt sich Paulus noch bemüßigt, die Aufforderung auszusprechen: »Lasst euch ... vom Geist Gottes erfüllen!«

Wenn wir versuchen wollen, das zu verstehen, möchte ich zunächst zwei Punkte klären, die oft für Verwirrung sorgen. Zum Ersten: Es war nicht gemeint, dass die Christen in Ephesus noch mehr an Heiligem Geist empfangen sollten, als sie schon hatten. Der Ausdruck »erfüllen« legt zwar nahe, an so etwas wie »anfüllen« zu denken, wie man zum Beispiel den Tank eines Autos mit Benzin füllt oder einen Krug mit Wasser, aber darum handelt es sich nicht. Der Heilige Geist ist eine Person und keine Flüssigkeit. Entweder wir haben ihn oder wir haben ihn nicht, aber wir können nicht die Hälfte von ihm haben und den Rest später bekommen! Wir können mehr oder weniger von dem Vertrauen einer Person besitzen, von ihrer Aufmerksamkeit oder von ihrer Liebe, aber wir können nicht mehr oder weniger von der Person selbst haben. Der Heilige Geist ist nicht wie Wind, mit dem man Drachen steigen lassen kann, oder Benzin, mit dem man ein Auto in Gang setzt, oder Dampf zum Betreiben irgend einer Maschine. Der Heilige Geist ist eine Person.

Zweitens: Um zu ermöglichen, dass man vom Heiligen Geist erfüllt wird, muss man nicht vorher in irgendeiner Weise »leer werden«. Ich weiß noch, dass ich als junger Christ einmal einen Prediger hörte, der bei seiner Predigt ein Glas Wasser in der Hand hielt. Er fragte uns, was er tun müsse, um das Glas mit Milch füllen zu können. Die Antwort war natürlich, das Wasser ausleeren und danach die Milch einfüllen. Und so, erklärte er uns, müssten auch wir von uns selbst leer werden, um vom Heiligen Geist erfüllt werden zu können. Sein Beispiel mit dem Wasserglas wirkte überzeugend, daher beschloss ich, von mir selbst leer zu werden, damit ich vom Heiligen Geist erfüllt werden könnte. Aber ich entdeckte bald, dass das nicht so einfach war. Denn erstens, wie kann ich identifizieren, was ich selbst bin, und wenn ich es identifiziert habe, wie werde ich leer davon? Ich hatte wirklich große Schwierigkeiten damit und war oft ganz entmutigt, aber schließlich entdeckte ich folgende Stelle im Brief des Apostels Paulus an die Gemeinden in Galatien: »Die menschliche Selbstsucht kämpft gegen den Geist Gottes und der Geist Gottes gegen die menschliche Selbstsucht: Die beiden liegen im Streit miteinander, so dass ihr von euch aus das Gute nicht tun könnt, das ihr doch eigentlich wollt« (Gal 5,17). Was immer ich selbst war, so entdeckte ich, es würde sich nicht unterordnen, geschweige denn das Feld räumen. Der Geist Gottes und mein natürliches Selbst würden immer im Streit miteinander liegen.

Wir erhalten einen wichtigen Hinweis, wie der Ausdruck »erfüllt vom Heiligen Geist« zu verstehen ist, wenn wir uns ansehen, wo das Wort erfüllt sonst noch in der Apostelgeschichte verwendet wird – interessanterweise steht es dann fast immer im Zusammenhang mit den vorhin besprochenen Anlässen, wo auch von dem Erfülltwerden mit dem Heiligen Geist die Rede ist. Als zum Beispiel ein gelähmter Mann, der an der Pforte des Tempels bettelte, von Petrus und Johannes im Namen Jesu Christi geheilt wurde, heißt es von den Leuten, die dieses Wunder an dem stadtbekannten Krüppel und Bettler miterlebten: »Verwunderung und Entsetzen erfüllte sie über das, was ihm widerfahren war« (Apg 3,10). Als sich dann später die religiösen Führer des jüdischen Volkes gegen die neue Bewegung, das Christentum, stellten, heißt es: »Es erhoben sich aber der Hohepriester und alle, die mit ihm waren, nämlich die Partei der Sadduzäer, von Eifersucht erfüllt« (Apg 5,17). Nach seiner Vertreibung aus Antiochia in Pisidien zog Paulus weiter nach Ikonion: »Die Jünger aber wurden erfüllt von Freude«

(Apg 13,52). Was heißt das, von Verwunderung oder Entsetzen, von Eifersucht oder von Freude erfüllt zu werden? Wenn wir das verstanden haben, verstehen wir vielleicht auch, was es heißt, vom Heiligen Geist erfüllt zu werden.

Meiner Meinung nach ist die Erklärung sehr einfach. Wenn jemand von einer dieser genannten Emotionen erfüllt ist, dann bedeutet das, dass er oder sie seine Persönlichkeit und sein Verhalten von dieser Emotion bestimmen läßt.

Wenn die Leute nach der Heilung des gelähmten Mannes an der Tempelpforte »mit Verwunderung und Entsetzen erfüllt« waren, dann heißt das, ihre Persönlichkeit wurde in einem solchen Maß von Verwunderung und Entsetzen dominiert, dass es Auswirkungen auf ihr Verhalten hatte.

Die Leute standen da mit weit aufgerissenen Augen und ungläubigen Gesichtern, das beschreibt Lukas mit »sie waren erfüllt mit Verwunderung«! Die Sadduzäer erlebten, wie die Apostel ganz Jerusalem in Aufruhr versetzen, was für unglaubliche Zeichen und Wunder sie vollbrachten und wie die Leute in Massen zusammenströmten, um sie predigen zu hören. Daraufhin versammelten sie ihre Anhänger, »erfüllt von Eifersucht«. Ihre Persönlichkeit wurde von Eifersucht dominiert und Eifersucht erfüllte ihr Verhalten: »Sie ließen die Apostel verhaften und in das öffentliche Gefängnis werfen« (Apg 5,18). Ihr Verhalten war der Beweis dafür, dass sie von Eifersucht erfüllt waren.

Genau dasselbe trifft zu, wenn wir vom Heiligen Geist erfüllt sind. Es bedeutet einfach, dass wir unsere Persönlichkeit vom Heiligen Geist dominieren und unser Verhalten von ihm bestimmen lassen. Unser spontanes Verhalten beweist, ob wir vom Heiligen Geist erfüllt sind: Nicht in erster Linie das Verhalten, das wir an den Tag legen, wenn wir mit anderen Christen zusammen sind, sondern wie wir uns benehmen, wenn wir allein sind, wenn wir in Schwierigkeiten stecken, wenn wir Widerstand und Feindseligkeiten einstecken müssen, so wie das in den Beispielen in der Apostelgeschichte der Fall war.

Es ist interessant, dass an zwei Stellen in der Apostelgeschichte das Erfülltwerden mit dem Heiligen Geist ausdrücklich in Gegensatz zu Betrunkenheit gesetzt wird. Paulus schrieb: »Betrinkt euch nicht ... Laßt euch lieber vom Heiligen Geist erfüllen!« Er stellt hier zwar keine Gemeinsamkeiten heraus, sondern einen Gegensatz, aber es wird uns weiterhelfen, wenn wir darüber nachdenken. Zu einem früheren Anlaß, nämlich am Pfingsttag, versuchten einige Leute, sich das, was da geschah zu erklären, indem sie sagten: »Die Leute sind doch betrunken!« (Apg 2,13). Als daher Petrus aufstand und seine Predigt begann, widerlegte er zunächst einmal diese Erklärung, indem er sagte: »Die Leute hier sind nicht betrunken, wie ihr meint; es ist ja erst neun Uhr früh.« (Apg 2,15). Also scheint es berechtigt, wenn man die beiden Zustände – betrunken sein und mit dem Heiligen Geist erfüllt sein – miteinander vergleicht.

Wie wird man betrunken? Nicht, indem man zuvor leer wird! Um betrunken zu sein, muss man so viel von einer berauschenden Flüssigkeit zu sich nehmen, dass davon die Persönlichkeit dominiert und das Verhalten geprägt wird. Wenn jemand betrunken ist, wissen Sie es nicht, weil er es Ihnen sagt, sondern weil es aus seinem Verhalten ersichtlich ist.

In meiner Studentenzeit wohnte ich früher einmal im Zentrum von Glasgow. Auf der Straße vor meiner Wohnung sah ich oft Leute, die zu viel getrunken hatten. Woran konnte ich erkennen, wenn jemand betrunken war? Es war nie, weil er es mir gesagt oder sich auf eine Bananenkiste gestellt und öffentlich verkündet hätte: »Heute bin ich betrunken!« Trotzdem konnte ich oft feststellen, dass jemand betrunken war. Wieso? Es waren im wesentlichen drei Dinge, durch die sich die Leute verrieten: Zunächst ihr Gang. Sie stolperten in Zickzack–Linien die Straße entlang, das eine Mal rannten sie gegen einen Laternenpfahl, im nächsten Moment suchten sie Halt an einer Schaufensterscheibe. Das zweite Merkmal war ihre Sprache. In der Hoffnung auf ein Almosen baten sie hin und wieder um etwas Kleingeld für eine Tasse Tee und sobald sie den Mund aufmachten und man hörte, wie sie lallten, wußte man, was los war. Und das Dritte, was sie verriet, war ihr Geruch. Wenn sie nahe genug herankamen, um noch dringlicher um Geld zu bitten, konnte man riechen, wie ihr Atem nach Alkohol stank und spätestens dann wußte man, dass sie betrunken waren!

Wie erkennt man, ob ein Mann oder eine Frau vom Heiligen Geist erfüllt ist? Meiner Meinung nach gibt es drei Dinge, die es verraten. Ihr Gang, ihre Sprache und ihr Geruch.

Der Gang

Paulus sagt in seinem Brief an die Gemeinden in Galatien: »Lebt aus der Kraft, die der Geist Gottes gibt« (Gal 5,16). Im griechischen Originaltext verwendet er hier das Verb »peripateite«, was wörtlich so viel heißt wie »wandelt umher«. Wir sollen also »in der Kraft, die der Geist Gottes gibt, umherwandeln«. An der Art, wie wir uns durchs Leben bewegen, an unserem Lebenswandel, sollte sich zeigen, wovon unser Leben bestimmt wird. Der Geist Gottes gibt die Richtung an, in die wir uns bewegen, er motiviert uns und er bestimmt, welche Schritte wir unternehmen. Die Wahrheit über unser geistliches Leben zeigt sich nicht so sehr in unserer inneren Einstellung, sondern in unserem Lebenswandel – der Art, wie wir uns durchs Leben bewegen. Paulus schrieb weiter in diesem Zusammenhang: »Euer ganzes Leben soll von der Liebe bestimmt sein. Denkt daran, wie Christus uns geliebt ... hat« (Eph 5,2) – wörtlich aus dem Griechischen übersetzt müßte es auch hier wieder heißen: »wandelt umher in Liebe«. Ein Lebenswandel in der Kraft von Gottes Geist ist zugleich ein Lebenswandel in Liebe. Unser Umgang mit anderen Menschen und unsere Einstellung zum Leben sind dann von Liebe geprägt. Wenn wir vom Geist Gottes dominiert werden, dann ist unser Verhalten geprägt von Gottes Charakter, und »Gott ist Liebe« (1Joh 4,16). Ein weiterer Aspekt ist, dass wir im Licht »umherwandeln« sollen. Johannes schrieb in seinem Brief: »Leben wir aber im Licht« – wörtlich wieder: »wandeln wir umher im Licht« – »so wie Gott im Licht ist, dann haben wir

Gemeinschaft miteinander, und das Blut, das sein Sohn Jesus für uns vergossen hat, reinigt uns von jeder Schuld« (1Joh 1,7). Ein Lebenswandel in der Kraft von Gottes Geist ist zugleich ein Lebenswandel in Liebe und ein Lebenswandel im Licht. Jemand, der vom Geist Gottes erfüllt ist, zeichnet sich aus durch Qualitäten wie Offenheit, Ehrlichkeit und Transparenz. Vor einiger Zeit sagte bei einem Begräbnis ein Redner über den Verstorbenen, der ein weithin bekannter Christ gewesen war: »Im Leben dieses Mannes gab es keine peinlichen Enthüllungen, und zwar aus einem einzigen Grund: Er hatte nichts zu verbergen«. Vom Geist Gottes erfüllt zu sein bedeutet, ein Leben der Integrität und der Offenheit zu führen. Wenn es in unserem Leben Bereiche gibt, die wir lieber geheimhalten möchten, sind diese Bereiche sehr wahrscheinlich nicht vom Heiligen Geist dominiert.

Die Sprache

Das Zweite, was einen Menschen verrät, ist, wie er redet. Jesus sagte einmal: »... wovon das Herz voll ist, davon redet der Mund« (Mt 12,34).

Wenn Sie wissen wollen, wovon das Herz eines Menschen erfüllt ist, dann brauchen Sie nur darauf zu achten, was er redet. Mit dem, was wir reden, verraten wir unseren Lebenswandel. Beinahe in jedem Fall, wo das Neue Testament davon erzählt, dass Menschen vom Geist Gottes erfüllt werden, passiert interessanter Weise auch etwas mit ihrer Sprache.

In dem Bericht über Pfingsten heißt es: »Alle wurden vom Geist Gottes erfüllt und begannen in anderen Sprachen zu reden, jeder und jede, wie es ihnen der Geist Gottes eingab« (Apg 2,4). Das Ergebnis davon war, dass Leute aus sechzehn verschiedenen Natonalitäten, die sich für die Festtage in Jerusalem versammelt hatten (vgl. Apg 2,9–11), erstaunt feststellten: »... wir alle hören sie in unserer eigenen Sprache die großen Taten Gottes verkünden« (Apg 2,11). Den Zuhörern

waren diese Sprachen bekannt, nicht aber denen, die sie sprachen: den Jüngern, die soeben mit dem Geist Gottes erfüllt
worden waren und die nun in diesen Sprachen klare, verständliche Aussagen über Gottes Wundertaten machten. Vor
dem jüdischen Rat sprach Petrus zu den jüdischen Führern,
»erfüllt vom Heiligen Geist« (Apg 4,8). Dass er vom Heiligen
Geist erfüllt war, hatte Auswirkungen auf seine Sprache: Es
verlieh dem, was er sagte, Klarheit und Autorität. Bei der
Gelegenheit, wo Paulus die Christen in Ephesus dazu aufrief,
sich vom Geist Gottes erfüllen zu lassen, sagte er unmittelbar
im Anschluß daran: »Ermuntert einander mit Psalmen und
Lobliedern, wie der Geist sie euch eingibt. Singt und spielt dem
Herrn von ganzem Herzen« (Eph 5,19).

Wenn man vom Geist Gottes erfüllt ist, hat das unmittelbare
Auswirkungen auf das Sprechen und auch auf das Singen. Wir
haben etwas zu sagen und wir haben etwas zu singen. Die
Geschichte hat schon oft gezeigt, dass große geistliche
Bewegungen sich durch neue Arten des Singens, neue Arten
von Lobpreis und Anbetung, Ausdruck verschafft haben.

Der Geruch

Paulus schreibt an die Gemeinde in Korinth: »Ich danke Gott,
dass er mich immer im Triumphzug von Christus mitführt und
seine rettende Botschaft durch mich an allen Orten bekannt
macht, wie einen Wohlgeruch, der sich ausbreitet. Von mir geht
der Wohlgeruch der Botschaft von Christus aus, und das zur
Ehre Gottes. Er erreicht die, die gerettet werden, und die, die
verlorengehen. Für die Verlorengehenden ist es ein tödlicher
Duft, an dem sie sterben. Für die, die gerettet werden, ist es ein
Duft, der sie zum Leben führt« (2Kor 2,14–16). Grob
gesprochen sagt Paulus hier: »Wir riechen nach Christus.« Das
heißt, unser Leben verbreitet eine Atmosphäre, die an Christus
erinnert. Für die, die gerettet werden, ist es »ein Duft, der zum
Leben führt«, etwas Positives und Ermutigendes. Für die, die

verloren gehen hingegen ist es »ein tödlicher Duft«, negativ und bedrohlich.

Es ist immer eine wunderbare Erfahrung, wenn man jemanden trifft, von dem man nicht weiß, dass er Christ ist, aber man merkt es, lange bevor er es sagt, einfach weil es an seinem Leben spürbar ist. Ich war einmal mit der Bahn in Indien unterwegs, von Bangalore in Zentralindien nach Kerala ganz an der Südspitze. In meinem überfüllten Bahnabteil fiel mir ein Mann auf. Sein Gesicht war anders als alle anderen, dabei war aber sehr schwer zu sagen, worin denn der Unterschied lag. Rein äußerlich sah er genau so aus wie alle anderen Mitreisenden. Nur wenn man in seine Augen sah, merkte man: Da ist jemand zu Hause – ein lebendiger Mensch. Wir kamen ins Gespräch und bei passender Gelegenheit fragte ich ihn, ob er Christ wäre. Er war überrascht, sagte aber, er wäre Christ. Es stellte sich heraus, dass er an einem Projekt mitarbeitete, um die Bibel in die Sprache einer kleinen Volksgruppe zu übersetzen, der er selbst angehörte, und im Zusammenhang damit hatte er in Bangalore an einer Konferenz teilgenommen. Der Rest der langen Bahnfahrt verlief für uns beide sehr anregend. Es war einfach eine großartige Erfahrung, jemanden kennen zu lernen, bei dem man schon an dem, was Paulus »den Duft Christi« nennen würde, merkte, dass er ein Christ war. Wenn jemand vom Geist Gottes erfüllt ist, dann duftet er nach Jesus! Nur eines war traurig an dieser Geschichte: Als ich meinem Mitreisenden sagte, dass ich auch Christ wäre, war er überrascht!

Fassen wir zusammen: Vom Geist Gottes erfüllt zu sein heißt, unsere Persönlichkeit vom Heiligen Geist dominieren und unser Verhalten von ihm prägen zu lassen, was vor allem in unserem Lebenswandel und in unserer Sprache seinen Niederschlag findet, sowie in der Atmosphäre, die unser Leben verbreitet, unserem »Duft nach Christus«. Nun stellt sich als nächstes die Frage: Wie werden wir vom Heiligen Geist erfüllt?

Wie man erfüllt wird

Es ist interessant, dass die Bibel darüber keine Vorschriften macht. Sie gibt uns kein Patentrezept. Wenn wir jedoch einige verschiedene Aussagen über Ereignisse im Anschluss an Pfingsten zusammentragen, können wir uns ein Bild davon machen, welche Faktoren dabei eine Rolle spielten. Es gibt im Neuen Testament innere Voraussetzungen sowie äußere Symbole für das Erfülltwerden mit dem Heiligen Geist. Zu den äußeren Symbolen zählt das Händeauflegen. In diesem Akt werden zwei Menschen miteinander verbunden, und symbolisch kommt dadurch zum Ausdruck, dass sie in Christus eins sind und dass der eine Geist in ihnen beiden wohnt. »Hände-auflegen« wurde in der Apostelgeschichte keineswegs überall angewendet, wo Menschen mit dem Heiligen Geist erfüllt wurden. In Wirklichkeit findet es sich nur bei drei Gelegenheiten: Petrus und Johannes legten den Gläubigen in Samaria die Hände auf, als diese den Heiligen Geist empfingen (Apg 8,17), Hananias legte Saulus von Tarsus die Hände auf (Apg 9,17) und Paulus legte zwölf Männern in Ephesus die Hände auf (Apg 19,6). Andererseits gibt es viele Beispiele, wo das Händeauflegen nicht stattfand. Es heißt zum Beispiel ausdrücklich, dass Kornelius den Heiligen Geist empfing und von ihm erfüllt wurde, bevor Petrus zu Ende gesprochen hatte (Apg 10,44). Petrus und Kornelius waren davon gleichermaßen überrascht! Als sich zu Pfingsten dreitausend Menschen auf die Predigt von Petrus hin bekehrten, wird nichts davon erwähnt, dass Hände aufgelegt wurden; offensichtlich war das nicht notwendig. Die Geste des Händeauflegens hat eine tiefe Symbolik, aber sie ist nicht unabdingbar notwendig, um den Heiligen Geist zu empfangen oder von ihm erfüllt zu werden.

Über die inneren Voraussetzungen hingegen macht die Bibel sehr wohl dogmatische Aussagen. Im Wesentlichen geht es um die Notwendigkeit von Buße und Glauben. Nachdem zu Pfingsten der Heilige Geist gekommen war, sagte Petrus in seiner Predigt: »Tut Buße und jeder von euch lasse sich taufen auf den Namen Jesu Christi zur Vergebung eurer Sünden, so werdet ihr empfangen die Gabe des Heiligen Geistes« (Apg 2,38). Buße ist eine unabdingbare Notwendigkeit, sowohl, um den Heiligen Geist zu empfangen, als auch, um in der Fülle des Heiligen Geistes zu leben. Wenn man bewusst und absichtlich sündigt, kann man nicht zugleich mit dem Heiligen Geist erfüllt sein, deshalb muss es, während und solange wir mit dem Heiligen Geist erfüllt werden, immer auch echte, ehrliche Buße geben (wir haben darüber schon an anderer Stelle gesprochen).

Der Apostel Paulus fragte die Gemeinden in Galatien geradeheraus: »Hat Gott euch seinen Geist gegeben, weil ihr das Gesetz befolgt habt oder weil ihr die Botschaft gehört und angenommen habt, dass es vor Gott allein auf den vertrauenden Glauben ankommt?« (Gal 3,2). Aus allem Weiteren, das er in diesem Zusammenhang sagt, geht klar hervor, dass es das »Hören und Annehmen der Botschaft« (d. h. der Glaube) war, wodurch sie den Heiligen Geist empfangen hatten. Buße und Glauben sind keine Einzelereignisse, die einmal zu einem bestimmten Zeitpunkt im Leben eines Christen stattfinden. Es handelt sich vielmehr um eine kontinuierliche Haltung, die wir Gott gegenüber einnehmen. Dazu gehört, dass wir uns abkehren von allem, was wir selbst sind, und uns verlassen auf all das, was Gott ist. Eine Möglichkeit, wie wir diese Haltung ganz einfach zum Ausdruck bringen können, ist, indem wir bitten. Jesus hatte zu seinen Jüngern gesagt: »So schlecht ihr auch seid, ihr wißt doch, was euren Kindern gut tut, und gebt es ihnen. Wieviel mehr wird der Vater im Himmel denen den Heiligen Geist geben, die ihn darum bitten« (Lk 11,13). Es ist also eine unabdingbare Notwendigkeit, in einer Haltung der Buße und des Glaubens um den Heiligen Geist zu bitten und dann darauf zu vertrauen, dass Gott genau das tun wird, was er versprochen hat. Wenn wir vom Heiligen Geist erfüllt sind, müssen wir uns nicht unbedingt gut fühlen, es müssen auch nicht immer irgendwelche übernatürlichen Begleiterscheinungen auftreten. Am besten erkennt man die Anwesenheit und das Wirken des Heiligen Geistes, wenn unser Leben eine Gestalt annimmt, an der andere immer deutlicher den Charakter Christi erkennen können.

Die erste Begegnung mit dem Heiligen Geist ist eine Sache, aber diese Begegnung muss immer weiter geführt werden und unser ganzes Leben kontinuierlich bestimmen. Paulus schrieb: »Wie ihr nun den Herrn Jesus Christus angenommen habt, so lebt auch in ihm und seid in ihm verwurzelt und gegründet und fest im Glauben, wie ihr gelehrt worden seid, und seid reichlich dankbar« (Kol 2,6.7). Wir sollen weiter so mit Christus leben, erklärt er, wie wir ihn angenommen haben. Wir haben ihn angenommen durch Buße und Glauben und deshalb müssen wir nun jeden Tag in einer Haltung der Buße und des Glaubens leben. Glaube ist das Thema, mit dem wir uns nun im folgenden Kapitel beschäftigen müssen.

Arbeitsblätter

Kapitel 8:
Erfüllt vom Geist Gottes (Seite 169–185)

- Welche Erfahrungen mit dem Heiligen Geist machten die Menschen vor und nach Pfingsten? Worin besteht der Unterschied? (Seite 169)

- ....
....
....

- In welchen vier verschiedenen Bedeutungen verwendet das Neue Testament den Ausdruck »erfüllt vom Heiligen Geist«? (Seite 170–174)

- ....
....
....

- Welche Deutungen sind mißverständlich? (Seite 175–176)
- ....
....
....

- Welche Vergleiche zieht Charles Price heran, um den Vorgang zu beschreiben? (Seite 176–179)

- ....
....
....

- Woran wird deutlich, ob jemand vom Geist Gottes erfüllt ist? (Seite 179–181)

- ....
....
....

-

- Was muss man tun, um vom Geist Gottes erfüllt zu werden? (Seite 183–185)

....

....

....

Leben im Glauben

Wenn ich eine Hitliste aufstellen sollte für falsch verstandene christliche Fachausdrücke, würde ich das Wort »Glaube« auf die Nummer Eins setzen. Dieses Wort steht für etwas ganz Grundlegendes im christlichen Leben und es wäre geeignet, für uns zu einer befreienden und dynamischen Erfahrung zu werden. Stattdessen hat es, wie kein anderes Wort, Frustration und Entmutigung bei Menschen ausgelöst, bis hin zu der Vorstellung, verdammt zu sein.

Nur durch den Glauben wird eine Wahrheit zur Erfahrung; Wahrheit ohne Glauben bleibt schwer faßlich, abstrakt und theoretisch. Der Verfasser des Briefes an die Hebräer stellt einen Vergleich an zwischen den Israeliten zur Zeit des Alten Testaments und den Lesern seines Briefes und kommt dabei zu der Feststellung: »Denn es ist auch uns verkündigt wie jenen. Aber das Wort der Predigt half jenen nichts, weil sie nicht glaubten, als sie es hörten« (Hebr 4,2). Zwei Gruppen von Menschen hörten dieselbe Wahrheit. Für die eine war sie von unschätzbarem Wert, für die andere hingegen völlig wertlos. Was war der Grund? Die einen stellten eine Verbindung her zwischen dem, was sie wußten und dem Glauben, die anderen nicht. Erst die Verbindung mit dem Glauben machte es möglich, dass die Wahrheit sich im Leben der Menschen auswirken und bewähren konnte.

Wenn wir die Bibel lesen, kommen wir nicht an der Tatsache vorbei, dass Glaube ein unverzichtbarer Teil der christlichen Erfahrung ist. Die Heilige Schrift sagt, dass wir »rein werden durch den Glauben«, wir werden »gerechtfertigt durch den Glauben« und wir haben »Zugang zu Gott durch den Glauben«. Außerdem erfahren wir, dass wir, nachdem wir durch den Glauben gerettet worden sind, auch »im Glauben leben« sollen, und »im Glauben wandeln«. Dabei sollen wir »den guten Kampf des Glaubens kämpfen«, wir sollen »den Schild des Glaubens ergreifen« und wir sollen »die Welt überwinden durch den Glauben«. Außerdem müssen wir feststellen, dass es »ohne Glauben unmöglich ist, ihm zu gefallen« und dass »alles, was nicht im Glauben geschieht, Sünde ist«. Was immer wir auch für Ansichten über den Glauben haben mögen, eins steht jedenfalls fest: Er ist von großer Wichtigkeit! Wenn wir also in unserem Leben als Christen Schwierigkeiten haben, dann hat das aller Wahrscheinlichkeit nach mit der Art und Weise zu tun, wie wir unseren Glauben praktizieren, oder mit unserem Mangel an Glauben!

Was ist Glaube?

Zu allererst müssen wir das Wort definieren. Worte, die man nicht definiert hat, können große Verwirrung stiften, vor allem dann, wenn die Person, die ein Wort hört, etwas anderes darunter versteht als die Person, die es geäußert hat. Dann muss es Verwirrung geben! Bevor ich Glauben positiv definiere, gestatten Sie mir, Stellung zu nehmen zu zwei weit verbreiteten, aber dennoch unrichtigen Ansichten darüber, was Glaube bedeutet.

Glaube hat nichts mit übersinnlichen Kräften zu tun. Manche Leute haben die Vorstellung, der Glaube wäre eine geistige Macht, ein Beweis für die Überlegenheit des Geistes über die Materie, in dem Sinne, dass der Akt des Glaubens an sich das Geglaubte zur Wirklichkeit werden lässt. Einmal hat mich jemand zurechtgewiesen, weil ich sagte: »Der Tag heute wird miserabel«, wo ich doch, wie mir erklärt wurde, hätte sagen müssen: »Der Tag heute wird schön.« Tatsache war, dass wir dem Kalender nach zwar Sommer hatten (sogar im Norden Englands), dass es aber die ganze Nacht hindurch geregnet hatte, dass es zum Zeitpunkt der bewussten Unterhaltung noch immer sehr bewölkt war und der Regen anhielt und dass laut Wetterbericht auch keine Veränderung zu erwarten war. Nachdem ich diese Tatsachen nüchtern zur Kenntnis genommen hatte, gab ich meiner Meinung Ausdruck, dass es nicht so aussah, als würde sich die Lage in absehbarer Zeit ändern und dass es deshalb »ein miserabler Tag« werden würde. Nach der Zurechtweisung und der Belehrung, ich müsste sagen, dass es »schön« würde, machte ich alles noch schlimmer, indem ich widersprach: »Aber es wird kein schöner Tag. Es ist kalt, es regnet in Strömen und laut Vorhersage wird es den ganzen Tag so bleiben.« Ich erhielt eine neuerliche Zurechtweisung: »Aber Sie sollten sagen , dass es schön wird.« »Aber warum?«, fragte ich, und erhielt zur Antwort: »Das ist Glaube. Wenn Sie daran glauben, dass es ein schöner Tag wird, dann wird es auch ein schöner Tag.« Aber das ist nicht Glaube. Es ist vielleicht Wunschdenken, jedenfalls hat es viel mehr mit Verrücktheit zu tun als mit Glauben! Wenn die Fakten sind, dass es regnerisch und kalt ist, dann wird es regnerisch und kalt bleiben, ganz egal, wie sehr Sie an Sonnenschein »glauben«. Der Glaube als solches ändert die Tatsachen nicht. Glaube ist keine übersinnliche Fähigkeit und mit der Kraft des Glaubens allein kann man die realen Gegebenheiten nicht beeinflussen.

Glaube ist kein Ersatz für Fakten. Manche Leute sehen den Glauben als etwas, das nur dann von Bedeutung ist, wenn wir keine Fakten zur Verfügung haben. Solange wir Fakten haben, fühlen wir uns sicher, aber wo die Fakten nicht ausreichen, entsteht Ungewissheit und dann müssen wir uns im Glauben üben. Mit anderen Worten heißt das, für diese Art von Glauben braucht man vor allem eine rege Phantasie! Man braucht die Bereitschaft, an Dinge zu glauben, die sich nicht beweisen lassen.

In Wirklichkeit ist genau das Gegenteil davon der Fall! Glaube ist keine Alternative zu Fakten, vielmehr hat Glaube nur dann eine Berechtigung, wenn er an Fakten festgemacht wird! Glaube muss sich auf etwas beziehen. Glaube existiert nicht an sich, sondern nur als Einstellung zu einem bestimmten

Gegenstand. In dieser Hinsicht lässt er sich mit Liebe vergleichen. Liebe existiert ausschließlich in Beziehung auf etwas oder jemanden. Stellen Sie sich einmal vor, Sie treffen ein Mädchen, das weiche Knie hat, die Augen verdreht und offenbar ein bisschen durcheinander ist! Sie fragen, was los ist, und sie antwortet Ihnen: »Ich bin verliebt.« »In wen denn?«, fragen Sie. »Oh, in niemanden«, antwortet sie. »Ich bin einfach nur verliebt.« Das wäre einfach nicht möglich, es wäre nicht Liebe! Liebe ist kein Gefühl, das man erlebt, wenn man ganz auf sich allein gestellt ist, sondern sie ist eine Haltung, die wir jemandem (oder etwas) gegenüber haben.

Mit dem Glauben ist es ganz ähnlich. Glauben bedeutet nicht, dass man mit geschlossenen Augen und zusammengebissenen Zähnen da steht und sich einredet, dass es das, woran man glaubt, auch wirklich gibt. Vielmehr bedeutet Glaube, Vertrauen zu haben zu etwas und durch dieses Vertrauen kann das »Etwas« dann seine Wirksamkeit entfalten. Wenn ich an mein Auto glaube, bedeutet das, dass ich dem Auto gegenüber eine vertrauensvolle Haltung einnehme, und dadurch wird es dem Auto möglich, mich durch den Straßenverkehr zu befördern. Das Auto macht die Arbeit und meine Bereitschaft einzusteigen und mich von dem Auto befördern zu lassen, ist der Akt des Glaubens. Ob unser Glaube wirkungsvoll ist oder nicht, hängt allein von dem Gegenstand ab, auf den wir den Glauben richten. Wenn ich einen sehr großen Glauben an einen wackligen Stuhl habe und mich entscheide, auf diesem Stuhl Platz zu nehmen, werde ich kurz darauf in einem Trümmerhaufen auf dem Boden sitzen. Das Problem ist nicht mein Mangel an Glauben, sondern dass der Gegenstand, an den ich geglaubt habe, nicht tragfähig war. Der größte Glaube der Welt kann nichts ausrichten, wenn er sich auf ein ungeeignetes Objekt richtet. Umgekehrt ist ein schwacher Glaube kein Hindernis, wenn er auf einen machtvollen und wirksamen Gegenstand ausgerichtet ist. Angenommen, ich habe einen ganz schwachen Glauben an die dicke Eisdecke auf einem See, und ich beginne ganz nervös auf dieser Eisdecke herumzutrippeln, mit einem Rettungsring um den Bauch und mit den Händen klammere ich mich an ein Seil, das ich an einem Baum am Ufer festgemacht habe, und vorher habe ich noch mein Testament gemacht und meinen Letzten Willen hinterlegt – und dann stelle ich fest, dass das Eis mich trägt! Nicht, weil ich einen so starken Glauben hatte, sondern weil das, woran ich glaube, tragfähig ist. Das Wichtigste am Glauben ist nicht der Glaube, sondern die Sache, der wir bereit sind, Glauben zu schenken, denn der Glaube ermöglicht, dass diese Sache für uns wirksam wird.

Im christlichen Leben ist der Gegenstand unseres Glaubens der Herr Jesus Christus. Der Akt des Glaubens ist eine vertrauensvolle Haltung ihm gegenüber, die es ermöglicht, dass wir in unsrem Leben selbst die Erfahrung machen, wer er ist und was er tut. Wenn die Bibel feststellt, dass wir »durch den Glauben gerettet werden«, dann heißt das: Wir erkennen, dass wir absolut unfähig sind, uns selbst zu retten, und wir verlassen uns völlig auf Christus und sagen zu ihm: »Herr Jesus, ich kann mich selbst nicht retten, aber du kannst es. Und ich vertraue darauf, dass du es tust.« Unser Glaube an ihn bewirkt, dass er, Jesus, selbst aktiv werden kann; weil wir an ihn glauben, kann Gott wirken, für uns und in uns und durch uns.

So funktioniert das Leben als Christ. Viele Christen sind sich bewusst, dass sie Christus für ihre Errettung brauchen, und einer der wichtigsten Grundsätze ihres Glaubensbekenntnisses ist, dass man Christ wird durch den Glauben. Es kommt jedoch zu Problemen, wenn diese Christen nicht erkennen, dass sie, nachdem sie durch den Glauben zu Christen geworden sind, nun ebenso durch den Glauben als Christen leben müssen, und zwar Tag für Tag! Genau dieses Problem veranlasste den Apostel Paulus in seinem Brief an die Christen in Galatien zu der Frage: »Hat Gott euch seinen Geist gegeben, weil ihr das Gesetz befolgt habt oder weil ihr die Botschaft gehört und angenommen habt, dass es vor Gott allein auf den vertrauenden Glauben ankommt?« (Gal 3,2). Das ist der entscheidende Punkt. Empfangen wir den Heiligen Geist aufgrund unserer Leistungen und Fähigkeiten oder empfangen wir ihn durch den Glauben? Die Antwort lautet: Wir empfangen ihn durch den Glauben. Paulus schreibt weiter: »Warum begreift ihr denn nicht? Was der Geist Gottes in euch angefangen hat, das wollt ihr jetzt aus eigener Kraft zu Ende führen« (Gal 3,3). »Wie kann man nur so unvernünftig sein«, sagt Paulus, »ihr erkennt, dass ihr den Heiligen Geist nur durch den Glauben empfangen könnt, aber nachdem ihr das getan habt, versucht ihr nun mit euren eigenen Fähigkeiten ein christliches Leben zu führen und stellt euch vor, dass Gott dabei nur am Rande steht und zusieht, anstatt aktiv daran teilzunehmen.«

Dieses Missverständnis war so schwerwiegend, dass Paulus schrieb:»Welcher Dämon hat euch um den Verstand gebracht?« (Gal 3,1). Eines der wichtigsten Dinge, die man über das Leben als Christ wissen muss, und zugleich einer der Bereiche, wo sich der Teufel am meisten bemüht, Unsicherheit und Verwirrung zu erzeugen, das ist die Tatsache, dass es ohne Jesus Christus selbst unmöglich ist, ein christliches Leben zu führen. Wenn das christliche Leben nur etwas wäre, das wir für Gott vollbringen, dann wäre es nicht mehr und nicht weniger als irgendeine Religion und es wäre ebenso gesetzlich und langweilig wie sie alle. Nicht wir sind es, die für Gott ein christliches Leben leben, sondern Gott lebt das christliche Leben in uns. Vom Anfang bis zum Ende geht es bei diesem Leben um den Glauben an Gott, an das, was er tun kann.

Ich finde es sehr schade, dass man weithin in christlichen Kreisen den Ausdruck »in einem Glaubenswerk arbeiten« nur auf solche Menschen anwendet, die von Gott zu einem Dienst berufen worden sind, wo sie kein geregeltes Einkommen beziehen und daher für alles, was sie zum Leben brauchen, völlig auf Gott angewiesen sind. Es ist tatsächlich oft der Fall, dass Gott Menschen zu dieser Lebensform beruft, aber trotzdem ist es nicht angebracht, den Ausdruck »Glaubenswerk« ausschließlich hier anzuwenden. Jeder Christ ist zu einem Glaubenswerk berufen. Das hat wenig bis gar nichts mit der Frage zu tun, womit wir unser Geld verdienen, dafür aber um so mehr mit unserer Einstellung zu Gott! Das ist die entscheidende Frage, und es gibt daher nur zwei Möglichkeiten: Entweder lebe ich mein ganzes Leben als Glaubenswerk oder ich lebe in Sünde, denn »Was aber nicht aus dem Glauben kommt, das ist Sünde« (Röm 14,23). Nach biblischer Terminologie ist alles ein »Glaubenswerk«, was nicht ein »Sündenwerk« ist. Wenn Ihnen also jemand sagt, er arbeitet in einem »Glaubenswerk«, dann sagt er damit eigentlich nur, dass er nicht in Sünde lebt. So etwas hört man natürlich immer gerne, vor allem wenn es sich um Leute handelt, die in einem »vollzeitlichen christlichen Dienst« stehen! Aber jeder Christ ist dazu berufen, sein ganzes Leben als »Glaubenswerk« zu führen, denn es gibt nur zwei Möglichkeiten: entweder in Abhängigkeit von Gott zu leben, oder unabhängig von ihm. Unabhängigkeit von Gott ist das eigentliche Wesen der Sünde.

Jesus sagte einmal über das Wirken des Heiligen Geistes: »Wenn er kommt, wird er gegen die Welt auftreten. Er wird den Menschen zeigen, was Sünde ist und was Gericht. Die Sünde besteht darin, dass sie mich ablehnen.« (Joh 16, 8–9). »Sünde« ist alles, was sich nicht aus dem Glauben an Jesus Christus ableiten lässt. In diesem Zusammenhang müssen wir aber auch das Wort »Glaube« definieren, denn »Glaube« kann zwei verschiedene Bedeutungen haben. Wenn ich Sie frage, ob Sie an das Ungeheuer von Loch Ness glauben oder nicht, dann ist das etwas völlig anderes, als wenn ich Sie frage, ob Sie an Aspirin glauben oder nicht. Wenn ich frage, ob Sie an das Ungeheuer von Loch Ness glauben, dann möchte ich wissen, ob Sie glauben, dass im Loch Ness in Schottland ein Ungeheuer haust, mit einem langen Hals und etlichen Buckeln, das jedes Mal unsichtbar wird, wenn Leute kommen, die es sehen wollen, und nur gelegentlich wieder einmal auftaucht – meistens um die Zeit, wenn die Wirtshäuser und Bars in der Gegend Sperrstunde haben! Sie können auf diese Frage mit »Ja« oder auch mit »Nein« antworten. Entweder glauben Sie, dass dieses Ungeheuer existiert, oder Sie glauben es nicht. So oder so ist die Frage nicht von entscheidender Bedeutung – es sei denn, Sie sind Eigentümer eines Souvenirladens an den Ufern von Loch Ness! Glaube ist in diesem Fall nicht mehr als ein bloßes Gedankenspiel.

Wenn ich Sie dagegen frage, ob Sie an Aspirin glauben, dann setze ich voraus, dass Ihnen die Existenz eines Schmerzmittels mit diesem Namen bekannt ist. Meine Frage zielt überhaupt nicht darauf ab, ob Sie intellektuell von der Existenz dieses Schmerzmittels überzeugt sind. Ich frage vielmehr: »Nehmen Sie Aspirin, wenn Sie Kopfschmerzen haben; wollen Sie von der Wirksamkeit dieses Medikaments profitieren?« In diesem Fall bedeutet Glaube die Bereitschaft, etwas, von dessen Existenz man weiß, auch wirksam werden zu lassen.

In dieser zweiten Bedeutung beschreibt »Glaube« im Neuen Testament unsere Beziehung zu Jesus Christus. Es geht nicht um einen Glauben daran, dass er existiert, sondern um einen Glauben, der ihn wirksam werden lässt. Natürlich brauchen wir auch die erste Art von Glauben, denn »… ohne Glauben ist's unmöglich, Gott zu gefallen« (Hebr 11,6), aber das allein nützt uns nichts. Jakobus schreibt: »Du glaubst, dass nur einer Gott ist? Gut! Das glauben die bösen Geister auch – und zittern vor Angst« (Jak 2,19). Auf der ersten Form von Glauben muss die zweite Form von Glauben aufbauen: eine Haltung ihm gegenüber, die es ihm ermöglicht, wirksam zu werden.

Sünde ist überall dort, wo dieser Glaube fehlt, wo man Jesus Christus nicht wirksam werden lässt. Wenn wir in Unabhängigkeit statt in Abhängigkeit von Gott handeln, begehen wir Sünde, sogar dann, wenn das, was wir tun, an sich gut und legitim ist! Die schlimmste Sünde ist nicht, dass man nicht an Jesus Christus glaubt, obwohl der oben zitierte Ausspruch Jesu, der Heilige Geist werde die Welt von Sünde überführen, »weil sie mich ablehnen«, diese Deutung nahelegen könnte. Vielmehr geht es um die Tatsache, dass schlicht und einfach alles, was nicht aus Abhängigkeit von Gott geschieht, Sünde ist! Das einzige in unserem Leben, woran Gott Gefallen findet, ist, wenn wir ihm gegenüber eine Haltung einnehmen, die ihn Gott sein lässt und es ihm ermöglicht, in uns und durch uns zu wirken. Deshalb »ist es ohne Glauben unmöglich, Gott zu gefallen« (Hebr 11,6).

Ein Leben im Glauben ist demzufolge eine Haltung Jesus Christus gegenüber, in der ich seine Autorität als Herr über mich anerkenne ebenso wie die Tatsache, dass er in mir sein Leben zu leben vermag. Bei dem Leben im Glauben geht es nicht so sehr um das, was wir tun, als um den Grund, warum wir es tun. Wir werden uns damit noch näher auseinandersetzen, aber zunächst noch ein anderes Problem.

Wenn es um das Leben im Glauben geht, erhebt sich bei den meisten Christen das Gefühl, sie hätten nicht genügend Glauben. Man hört so oft: »Wenn ich doch mehr Glauben hätte«, oder, mit einem Seitenblick auf andere: »Könnte ich doch auch so glauben.« Viele von uns haben schon das schlichte Gebet gesprochen: »Herr, stärke doch mein Vertrauen zu dir!« Wenn Sie jemals so gebetet haben, befinden Sie sich in guter Gesellschaft, denn genau dieselbe Bitte haben die Jünger einst an Jesus gerichtet. Wahrscheinlich hat die Antwort des Herrn sie damals genauso überrascht, wie sie vielleicht auch Sie überraschen wird.

Die Episode ist in Lukas 17,5–7 nachzulesen: »Die Apostel sagten zum Herrn: ›Stärke doch unser Vertrauen zu Gott!‹ Der Herr antwortete: ›Wenn euer Vertrauen auch nur so groß wäre wie ein Senfkorn, dann könntet ihr zu dem Maulbeerbaum dort sagen: Zieh deine Wurzeln aus der Erde und verpflanze dich ins Meer!, und er würde euch gehorchen.« Das Senfkorn war das kleinste Samenkorn, das damals im Vorderen Orient bekannt war. Jesus hat also bei seiner Antwort auf die Bitte um Stärkung des Vertrauens auf etwas sehr Kleines zurückgegriffen, um zu veranschaulichen, worum es geht. Was hat er gemeint? Doch sicher dieses: Wenn das Wichtigste beim Glauben das Objekt ist, auf das der Glaube gerichtet wird, dann ist die Frage zweitrangig, wie groß denn nun der Glaube tatsächlich ist. Wenn Sie einen schwachen Glauben auf ein starkes Objekt ausrichten, bleibt das Objekt auch trotz des schwachen

Glaubens noch wirksam. Mit anderen Worten sagte der Herr also, dass die Jünger mit ihrer Bitte bewiesen, dass sie noch nicht wirklich verstanden hatten, worum es beim Glauben geht. Nicht, wieviel Glauben wir haben, ist wichtig, sondern es geht einzig und allein darum, wie das Objekt beschaffen ist, auf das wir unseren Glauben richten. Auch ein kleiner Glaube, auf ein starkes Objekt gerichtet, lässt dieses Objekt wirksam werden.

Senfkorn, Kartoffel und Melone

Lassen Sie mich das durch ein Beispiel veranschaulichen. Ich kann mich noch sehr gut erinnern, wie es war, als ich zum ersten Mal geflogen bin. Während meiner Teenagerjahre liebte ich es, Flugzeuge zu beobachten, und ich träumte davon, eines Tages selbst in einem Flugzeug mitzufliegen. Mit 18 bekam ich einen Job auf einer großen Farm in Simbabwe in Südafrika. Ich weiß noch genau, wie ich zum Heathrow Airport in London fuhr, von wo mein Flug starten sollte. Einerseits fand ich alles sehr spannend, aber ich hatte auch ein bisschen Angst. Ich hatte alle möglichen Geschichten über Flugzeugkatastrophen gehört und befürchtete, dass so etwas auch auf meinem Flug passieren könnte! Jedenfalls ging ich zum Check–in und erhielt meine Boarding Karte mit meiner Sitznummer. Unser Flugzeug war eine BOEING 707, mit zwei Reihen von jeweils drei Sitzen und einem Mittelgang. Ich hatte einen Mittelsitz auf der linken Seite. Auf dem Fenstersitz zu meiner Linken saß bereits eine ältere Dame. Als ich mich setzte, bemerkte ich, dass diese Dame ziemlich unruhig, ja, gelinde gesagt, sehr nervös war! Sie umklammerte die Armlehnen so fest, dass ihre Fingerknöchel schon ganz weiß waren! Es dauerte nicht lange, bis wir ins Gespräch kamen. Sie fragte mich, ob ich schon vorher einmal geflogen wäre, und sagte mir, was ich schon vermutet hatte, dass es auch für sie der erste Flug wäre. Sie erzählte mir, dass ihre Tochter und ihr Schwiegersohn nach Simbabwe ausgewandert wären und inzwischen schon drei Kinder hätten, die sie noch nie gesehen hätte. Sie hatten ihr ein Ticket für den Hin- und Rückflug geschenkt, so dass sie zu ihnen auf Besuch kommen könnte. »Wenn es nicht um meine Enkelkinder ginge«, vertraute sie mir an, »würde ich niemals mein Leben so leichtfertig riskieren.« Solche Angst hatte sie!

Bald nachdem ich meinen Platz eingenommen hatte, kam ein Geschäftsmann aus Südafrika und setzte sich auf die andere Seite neben mich. Er war schon sehr oft geflogen, und kaum, dass er sich gesetzt hatte, nahm er ein Buch heraus und begann zu lesen. Er schien nichts von all dem wahrzunehmen, was um ihn herum vorging und er zeigte nicht die geringsten Anzeichen von Besorgnis oder gar Angst!

Schließlich rollten wir zur Startbahn und begannen mit den Vorbereitungen für den Take-off. Als die Triebwerke gestartet wurden, schien die Dame neben mir vor lauter Angst zusammenzuschrumpfen! Je lauter die Motoren dröhnten, desto kleiner schien sie zu werden! Wir wurden immer schneller und als wir endlich vom Boden abhoben, hatte sie den Kopf in ihrem Schoß vergraben und rechnete offensichtlich fest damit, dass jeden Moment etwas Schreckliches passieren musste! Ich selbst empfand in diesem Augenblick eine Kombination von Begeisterung einerseits und Angst andererseits! Im Gegensatz zu uns beiden blieb der Mann auf dem rechten Sitz die ganze Zeit über völlig locker und entspannt. Er las die ganze Zeit einfach weiter in seinem Buch. Der Flug nach Simbabwe dauerte sechzehn Stunden und hatte drei Zwischenlandungen. Während dieser ganzen Zeit entspannte sich die Dame zu meiner Linken nur ein ganz kleines bisschen, ich selbst entspannte mich wesentlich mehr, und der Mann rechts von mir aß, las sein Buch, trank oder schlief – er war die ganze Zeit über völlig entspannt.

Ich erzähle Ihnen das alles, weil es zeigt, dass jeder von uns dreien einen Glauben von unterschiedlichem Format hatte. Die Dame links von mir hatte nur einen Glauben im Senfkorn Format. Er reichte gerade aus, dass sie sich überhaupt auf diese Reise wagte; nachdem sie das Für und Wider erwogen hatte, kam sie zu dem Schluss, dass sie mit einer Wahrscheinlichkeit von 51% überleben würde! Dagegen war ich selbst doch etwas zuversichtlicher; mein Glaube hatte Kartoffel–Format! Ich war keineswegs sicher, dass alles gut ausgehen würde, aber offensichtlich hatte ich doch etwas mehr Informationen über den Flugverkehr als die Dame, daher konnte ich damit rechnen, dass wir mit sehr großer Wahrscheinlichkeit überleben und unversehrt an unserem Bestimmungsort ankommen würden. Der Herr rechts von mir verschwendete wahrscheinlich überhaupt keinen Gedanken an die Möglichkeit eines Unfalles; er stieg ganz unbekümmert ein mit seinem Glauben im Melonenformat – sogar im Super–Melonenformat! Aber das Eigenartige dabei war, obwohl die Dame links von mir nur einen Senfkorn–Glauben hatte, ich selbst einen Kartoffel–Glauben und der Herr rechts von mir einen Melonen–Glauben: Wir kamen alle drei zugleich an unserem Bestimmungsort an! Nicht etwa der Herr mit dem ganz großen Glauben als Erster, ich als Zweiter und die Dame dann vielleicht sechs Stunden nach mir! Das Einzige, worauf es ankam, war das Objekt, auf das wir unseren Glauben gerichtet hatten. Wie groß unser Glaube tatsächlich war, spielte dabei keine Rolle. Wir hatten dem Flugzeug Glauben geschenkt – Senfkorn-, Kartoffel- und Melonenglauben – und es war einzig und allein das Flugzeug, das uns an unseren Bestimmungsort brachte. Hätte mich bei meiner Ankunft jemand gefragt, wie ich die Reise von London an zurückgelegt hätte, dann hätte ich doch niemals geantwortet: »Mit Glauben«, obwohl diese Feststellung durchaus berechtigt gewesen wäre. Meine Antwort hätte vielmehr gelautet: »Mit dem Flugzeug«, denn das Objekt, an das ich glaubte, hat mich ans Ziel gebracht. Aus demselben Grund wollte Jesus in seiner Antwort auf die Bitte der Jünger um größeren Glauben klar stellen, dass es nicht in erster Linie um das Format ihres Glaubens ging, sondern um den Gegenstand, dem sie Glauben schenkten. Wenn sie ihren Glauben – und sei er noch so klein – Gott schenkten, dann würden sie Gottes Wirken erleben. Bei den übrigen Anlässen, wo Jesus die Jünger wegen ihres geringen Glaubens tadelte, meinte er nie das Format ihres Glaubens, sondern dass sie den Glauben nicht lange genug durchhielten. Ihr Glaube war immer wieder bald am Ende. Ein Beispiel dafür finden wir bei Petrus, wie er mit den anderen Jüngern mitten auf dem See Genezareth in einen Sturm geriet, und Jesus, auf den Wogen gehend, zu ihnen kam. Petrus hatte gerufen: »Herr, wenn du es bist, dann befiehl mir, auf dem Wasser zu dir zu kommen!« (Mt 14,28). Jesus hatte geantwortet: »Komm!« und Petrus war aus dem Boot ausgestiegen und hatte das Wunder am eigenen Leib erfahren: Auch er schritt auf den Wogen und kam zu Jesus. Wir wissen nicht, wie lang oder wie weit Petrus auf dem Wasser gegangen ist, aber schließlich berichtet Matthäus: »Als er dann aber die hohen Wellen sah, bekam er Angst. Er begann zu sinken und schrie: ›Hilf mir, Herr!‹ Sofort streckte Jesus seine Hand aus, faßte Petrus und sagte: ›Du hast zu wenig Vertrauen! Warum hast du gezweifelt?‹ (Mt 14,30.31). Eine Zeit lang hatte Petrus Vertrauen gehabt, aber als er neben sich blickte und den Wind und die ganze gefährliche Situation wahrnahm, bekam er Angst. Der Sturm begann in seiner Wahrnehmung immer größeren Raum einzunehmen und verstellte den Blick auf die Macht des Herrn Jesus Christus. Als Folge davon sank Petrus ein und wurde getadelt für seinen geringen Glauben, womit nicht gemeint war, dass er zu wenig Glauben gehabt hätte, sondern dass sein Glaube nicht lange genug angehalten hatte. Er hatte aufgehört zu vertrauen. Die Ausdauer seines Glaubens war zu gering gewesen, nicht sein Format.

Nachdem wir das klargestellt haben, müssen wir uns mit der Frage beschäftigen, warum es trotzdem besser ist, einen »Melonen–Glauben« zu haben als einen »Senfkorn-Glauben«. damals, bei unserem Abenteuer im Flugzeug, kamen wir zwar alle drei zur gleichen Zeit ans Ziel, aber der Herr mit dem größten Glauben war viel entspannter und konnte die Reise viel mehr genießen als die Dame mit ihrem kleinen oder ich mit meinem mittelmäßigen Glauben. Deshalb ist es auch ein berechtigtes Anliegen, wenn man einen größeren Glauben haben will. Es gibt allerdings nur einen einzigen Weg, um das zu erreichen: nämlich den Gegenstand meines Glaubens besser kennen zu lernen. Der Herr damals im Flugzeug war vermutlich schon sehr oft geflogen, daher hatte er schon viele Erfahrungen mit dem Fliegen gemacht und deshalb konnte er bei unserem gemeinsamen Flug viel zuversichtlicher sein. Der Glaube an Gott wird größer, wenn man Gott besser kennen lernt. Anders geht es nicht. Paulus schreibt: »Der Glaube kommt also aus dem Hören der Botschaft, die Botschaft aber gründet in dem Auftrag, den Christus gegeben hat« (Röm 10,17). Zu der Zeit, als Paulus das schrieb, konnten die meisten Leute nicht lesen und sie hatten auch keinen direkten Zugriff auf Gottes Wort; deshalb pflegten sie in Versammlungen zu kommen, wo ihnen das Wort Gottes vorgelesen wurde. Aber damals wie heute geht es darum, dass uns Christus offenbart wird, wenn wir uns dem Wort Gottes aussetzen. Und wenn Christus uns offenbart wird, können wir ihn besser verstehen und erkennen, dass er vertrauenswürdig ist; dadurch wächst auch unsere Bereitschaft, ihm zu vertrauen und unseren Glauben an ihn zu praktizieren.

Der wichtigste Grund, warum wir die Bibel lesen sollen, ist also, dass wir Christus besser kennen lernen – wir haben das schon früher besprochen. Nur wenn wir Christus besser kennen lernen, fällt es uns leicht, ihm zu vertrauen. Wenn wir ihn immer besser kennen lernen, empfinden wir es immer mehr als logisch und schließlich als unvermeidlich, ihm zu vertrauen.

Im Rahmen der Tätigkeit, die ich seit einigen Jahren ausübe, fliege ich 25–30 Mal im Jahr. Ich bin dabei überhaupt nicht mehr nervös, vielmehr bin ich sogar sehr zuversichtlich. Auf einem meiner Flüge machte der Flugkapitän nach der Landung folgende Durchsage: »Meine Damen und Herrn, hiermit ist der sicherste Teil Ihrer Reise beendet. Seien Sie bitte vorsichtig im Straßenverkehr.« Und damit hatte er natürlich recht. Mein Vertrauen zu Flugzeugen ist aus den Erfahrungen entstanden, die ich gemacht habe. Je besser ich Flugzeuge kennen gelernt und je mehr Erfahrungen ich mit ihnen gemacht habe, desto besser habe ich auch gelernt, den Flugzeugen zu vertrauen, sogar, wenn einmal ein Triebwerk explodiert, wie ich es auf einem Flug in Kanada erlebt habe! Es steht und fällt alles damit, dass wir Christus besser kennen lernen, das ist das Wichtigste, was wir zum Leben brauchen. Aber ich meine kein »Kennenlernen«, bei dem wir ihn auf einen Sockel stellen und aus einem gehörigen Respektabstand verehren, sondern wir sollen ihm völlige Freiheit geben, sich in unserem Leben, in unseren Erfahrungen als der zu erweisen, der er ist.

Bis jetzt haben wir in diesem ganzen Kapitel nicht mehr getan als definiert, was »Glaube« ist. Das hat aber nur dann einen Wert, wenn wir weiter gehen und herausfinden, wie Glaube praktisch gelingt. Geben Sie sich niemals damit zufrieden, dass Sie etwas verstehen, sondern geben Sie sich erst zufrieden, wenn das, was Sie verstehen, für Sie auch zu einer praktischen Erfahrung geworden ist. Verstehen ist wichtig und notwendig, aber mir machen die vielen Christen Sorge, die ständig über christliche Wahrheiten diskutieren, verhandeln und Resolutionen verfassen, ohne dass diese Wahrheiten jemals zu ihrer eigenen, persönlichen Erfahrung geworden sind. Glaubensgrundsätze haben nur dann einen Wert, wenn sie bewirken, dass wir unser Leben richtig führen können.

Arbeitsblätter

Kapitel 9:
Leben im Glauben (Seite 188–203)

- Was bewirkt der Glaube? (Seite 186–187, 195–196)
- ....
  ....

- Was sind weitverbreitete Missverständnisse über den Glauben? (Seite 189–190)
- ....
  ....
  ....

- Inwiefern ist Glaube mit Liebe zu vergleichen? (Seite 190–191)
- ....
  ....

- Wovon hängt es ab, ob der Glaube wirkungsvoll ist? (Seite 191–192, 194–195)
- ....
  ....

- Welche Rolle spielt der Glaube im Leben eines Christen? (Seite 192–194, 196–200)
- ....
  ....

- Wie kann unser Glaube wachsen? (Seite 201–202)
  ....
  ....
  ....

Gott gehorchen in dem, was er sagt, und Gott vertrauen als dem, der er ist

Im vergangenen Kapitel haben wir besprochen, was Glaube seinem Wesen nach ist. Glaube ist eine Haltung des Vertrauens in Bezug auf etwas, wodurch dieses Etwas wirksam werden kann. Wenn ich einem Auto Glauben schenke, nehme ich eine Haltung des Vertrauens ein, durch die es dem Auto möglich wird, mich auf der Straße zu befördern. Wenn ich einem Flugzeug Glauben schenke, nehme ich eine Haltung des Vertrauens ein, die es dem Flugzeug ermöglicht, mich auf dem Luftweg zu befördern. Wenn ich einem Sessel Glauben schenke, nehme ich eine Haltung des Vertrauens dem Sessel gegenüber ein, die es ermöglicht, dass ich mich niedersetze und der Sessel mein Gewicht trägt. In jedem dieser Beispiele hat mein Glaube zur Folge, dass das Objekt, dem ich Glauben geschenkt habe, für mich wirksam werden kann.

Unser Glaube kommt nicht so sehr in dem zum Ausdruck, was wir tun, sondern in dem, was wir von dem Gegenstand unseres Glaubens, als Reaktion auf unseren Glauben, erwarten. Genauso verhält es sich mit Gott. Glaube an Gott ist eine Haltung des Vertrauens Gott gegenüber, durch die es ihm möglich wird, zu wirken.

Aber wie funktioniert das in der Praxis? Was müssen wir beitragen, damit Gott wirken kann? Da gibt es zwei grundlegende Dinge:

Gott gehorchen in dem, was er sagt.
Gott vertrauen als dem, der er ist.

Wir müssen diese beiden Aspekte gesondert betrachten, aber dennoch dürfen wir sie nie voneinander trennen. Ein Gehorsam gegenüber den Geboten des Herrn Jesus Christus, der nicht einhergeht mit dem Vertrauen zu ihm, dass er die Kraft und die Fähigkeit verleiht, die dazu nötig sind – ein solcher Gehorsam ohne Vertrauen führt zu nichts als Frustration und außerdem verleitet er uns zu Heuchelei.

Wenn wir die Lehre und die Gebote von Jesus ernst nehmen, ohne dabei zu verstehen, welche Rolle er selbst bei der Erfüllung dieser Gebote spielen muss, dann können wir nur enttäuscht werden! Seine Forderungen liegen nicht im Bereich des menschlich Möglichen.

Genau aus diesem Grund ist das Christentum ein so guter Nährboden für Heuchelei und Scheinheiligkeit: So viele Leute versuchen verzweifelt zu gehorchen, aber sie machen bei dem Versuch, Gottes Gebote zu erfüllen, keinen Gebrauch von der Energiequelle, die Gott selbst ihnen dafür anbietet. Wenn wir andererseits Christus vertrauen, ohne ihm mit aller Willenskraft und ganz aktiv zu gehorchen, dann führt uns das in einen Bereich des Mystizismus, der seit dem 17. Jahrhundert als »Quietismus« bekannt ist. Wie schon der Name sagt, geht es bei dieser Richtung um ein ruhiges, passives und völlig subjektives »Ruhen in Gott«, bei dem man nur tut, wozu man sich vom Heiligen Geist gedrängt und bewegt fühlt. Beide Haltungen sind ungesund und nicht das, was mit gelebtem Glauben gemeint ist.

Gehorsam ist ein Grundelement in jeder echten christlichen Erfahrung. Das Leben als Christ beginnt, indem man die Autorität Christi als Herr über unser Leben anerkennt und sich ihr unterwirft. Auf diesen ersten Schritt müssen weitere Schritte aktiven Gehorsams folgen, zum einen, was die allgemeinen Weisungen der Heiligen Schrift betrifft, und ebenso auch die persönliche Führung Gottes in unserem Leben. Wir können Gottes Macht und Stärke nur dort erfahren, wo wir gehorsam sind. Gottes Macht dient immer nur Gottes eigenen Zwecken.

Warum Saul versagte

Das Wort »Glaube« wird zwar im Alten Testament kaum verwendet, aber das gesamte Alte Testament handelt vom Glauben im Sinne einer Verhaltensweise. Ich möchte das Prinzip, über das wir gerade sprechen, erläutern durch einen Hinweis auf Saul und David, den einen, der versagte, und den anderen, der es schaffte. Saul war der erste König über Israel und als er den Thron bestieg, gab Gott Samuel eine besondere Verheißung über ihn: »Den sollst du zum Anführer meines Volkes Israel salben. Er soll es aus der Gewalt der Philister befreien« (1Sam 9,16). Die Philister waren ein grimmiger Volksstamm, der südwestlich von Israel angesiedelt war und mit dem es ständig kriegerische Auseinandersetzungen gab. Saul hatte nun also diese Verheißung für seine Regierungszeit. Er würde vor allem eine militärische Funktion zu erfüllen haben. Als er von Samuel erfuhr, dass er berufen war, das Volk Israel zu regieren, zeigte Saul zunächst eine gute Reaktion. Er blieb bescheiden und nachdem Samuel ihn mit Öl gesalbt hatte und der Geist Gottes über ihn gekommen war, zog er ins Feld und kämpfte gegen die Amalekiter, die die Einwohner von Jabesch in Gilead belagerten und ihnen für den Fall ihrer Unterwerfung eine grausame und demütigende Behandlung angedroht hatten. Nachdem er die Feinde besiegt hatte, weigerte er sich, dem Wunsch seiner Leute nachzugeben und Hinrichtungen vollziehen zu lassen und begründete diese Entscheidung mit folgenden Worten: »... Denn heute hat der Herr sein Volk gerettet« (1Sam 11,13). Damit traf er genau den Kern der Sache. Es war ihm wichtig, Gott die Ehre zu geben. Es war der Herr, der Saul zu seinen Taten befähigte, ja, es heißt sogar: »Als Saul das hörte, nahm der Geist Gottes von ihm Besitz, und es packte ihn ein glühender Zorn« (V. 6). Hinter dem Zorn, der ihn motivierte und hinter der Energie, mit der er an seine Aufgabe ging, stand der Geist Gottes. Saul fing so gut an. In 1Sam 14,47 wird berichtet: »Als König von Israel kämpfte Saul gegen alle seine Feinde ringsum: gegen die Moabiter, die Ammoniter, die

Edomiter, die Könige von Zoba und die Philister. Gegen sie alle bewährte er sich als Retter Israels.«

Aber leider ging es mit Saul nicht so gut weiter, wie es angefangen hatte. In seinen 40 Regierungsjahren lag er ständig im Krieg mit den Philistern: »Der Krieg mit den Philistern dauerte mit unverminderter Härte fort, solange Saul lebte« (1Sam 14,52), aber außer am Beginn seiner Regierung wurde er in jeder Schlacht von ihnen besiegt. Nur zweimal war Israel siegreich, das eine Mal, als Jonathan, Sauls Sohn, den Philistern eine Niederlage zufügte (1Sam 14), und das andere Mal, als David Goliath besiegte und damit das ganze Heer der Philister in den Rückzug trieb (1Sam 17). Aber Saul selbst erlebte keinen Sieg über die Philister, trotz des Versprechens, das Gott ihm bei seiner Berufung zum König gegeben hatte. Gottes Verheißungen treten nur dann in Kraft, wenn man die Bedingungen erfüllt, unter denen sie gegeben wurden, und die Tatsache, dass Gott etwas versprochen hat, entbindet uns nicht von unserer Verantwortlichkeit Gott gegenüber. Manche Leute vertreten die Meinung, man müsse »Gott beim Wort nehmen«, und ohne Frage ist es richtig, an das, was Gott verspricht, zu glauben und es ernst zu nehmen, aber Gottes Verheißungen sind fast immer an Bedingungen geknüpft, und nur, wenn die Bedingungen eingehalten werden, darf man mit der Erfüllung der Verheißungen rechnen. Für Saul und seine Leute hätte es nicht genügt, »im Glauben Anspruch auf den Sieg über die Philister zu erheben«. Die Bedingungen, die einzuhalten waren, waren Gehorsam Gott gegenüber und Vertrauen zu Gott.

Die Geschichte von Sauls Niedergang begann mit seinem Kriegszug gegen die Amalekiter (1Sam 15). Er hatte von Gott ganz klare Anweisungen bekommen, aber er beschloss, diese Anweisungen »zu redigieren«, d. h. sie dort nicht zu befolgen, wo er nicht mit ihnen einverstanden war. Nachdem er in der Vergangenheit großartige Erfahrungen mit Gott gemacht hatte, glaubte er, mit Gott auf so gutem Fuß zu stehen, dass er sich berechtigt fühlte, aus Gottes Anweisungen eine eigene Auswahl der Punkte zu treffen, die er befolgen wollte. Wir müssen sehr darauf achten, dass unsere Gotteserfahrungen nie dazu führen, dass uns unsere Bescheidenheit Gott gegenüber und unser Bewusstsein der Abhängigkeit von ihm verloren geht. Wenn wir Gottes Siege zugunsten unseres eigenen Selbstbewusstseins verbuchen, dann werden sie gefährlich! Viele Leute in der Bibel und auch später in der Geschichte sind wieder sang- und klanglos in der Versenkung verschwunden, obwohl zunächst, ähnlich wie bei Saul, Gottes Segen in ihrem Leben Großes bewirkt hatte – und das hatte immer denselben Grund: Sie emanzipierten sich von Gott und hielten irrtümlich Gottes Siege für ihre eigenen. Über das Leben des Königs Usija berichtet das Buch der Chronik: » … solange er dem Herrn gehorsam war, gab der Herr ihm Erfolg« (2Chron 26,5). In weiterer Folge wird einiges von Usijas Verdiensten erwähnt, aber dann heißt es: »Weil Gott ihm auf wunderbare Weise half, wurde Usija immer mächtiger und sein Ruhm drang bis in ferne Länder. Als er aber mächtig geworden war, wurde er überheblich und verging sich gegen den Herrn, seinen Gott, sich selbst zum Schaden« (2Chron 26,15.16). Weil er erlebte, wie Gott durch ihn wirkte, begann er, sich Gott gegenüber autonom zu fühlen. Er begann, sich auf seine eigenen Fähigkeiten zu verlassen und daran ging er zugrunde; er war sich nicht im Klaren darüber gewesen, dass er getrennt von Gott völlig bankrott war.

Als Saul den totalen, bedingungslosen Gehorsam aufgab, zog sich die Kraft Gottes aus ihm zurück. Nun war es Samuels Aufgabe, Saul sein Urteil zu verkünden: »Weil du gegen den Befehl des Herrn verstoßen hast, hat der Herr dich auch verstoßen: Du kannst nicht länger König über sein Volk sein« (1Sam 15,23). Ein Leben im Glauben kann man auf keiner anderen Grundlage aufbauen als auf Gehorsam. Wer den Gehorsam gegenüber Gottes Willen aufgibt, gibt seine Beziehung zu Gott auf. Gottes Möglichkeiten stehen ihm dann einfach nicht mehr zur Verfügung.

Warum David es schaffte

In schroffem Gegensatz zu Sauls Misserfolg steht der Bericht von den Siegen seines Nachfolgers David. Das soll nicht heißen, dass David keine Fehler hatte. Die Bibel berichtet stets mit umwerfender Ehrlichkeit von den Charakterschwächen ihrer großen Helden und David bildet hier keine Ausnahme. Aber David war ein Mann, in dessen Leben sich immer und immer wieder erwies, dass Gott in der Lage ist, das, was er gebietet, auch selbst zu erfüllen, und dass er alles halten kann, was er verspricht.

Wohl das beste Beispiel hierfür, und zugleich auch die beste Illustration für ein Leben im Glauben, findet sich in Davids Kampf mit Goliath. David war damals noch jung, wahrscheinlich noch ein Teenager, aber trotzdem war er schon von Samuel gesalbt worden, zum Zeichen, dass er einmal König über Israel werden sollte. Er war noch zu jung, um bei der Armee zu dienen und so blieb er zu Hause, um die Schafe seines Vaters zu hüten, während seine Brüder ins Feld zogen. Eines Tages jedoch ließ sein Vater den Brüdern durch ihn Getreide, Brot und Käse überbringen und so kam er doch auf das Schlachtfeld im Eichental; allerdings musste er feststellen, dass dort gar keine Schlacht stattfand, sondern die Soldaten »erschrocken und voll Angst« in ihren Zelten hockten. Der Grund dafür war, dass schon seit sechs Wochen jeden Morgen und jeden Abend Goliat aus dem Lager der Philister hervortrat und die Israeliten aufforderte, ihm einen Gegner zum Zweikampf zu stellen. Er hatte den Vorschlag gemacht, dass ein Krieger der Israeliten gegen einen Krieger der Philister antreten solle und der Sieger aus diesem Zweikampf sollte zugleich der Gewinner des Krieges sein! Wenn der Philister gewann, sollte sich Israel unterwerfen. Wenn der Israelit gewann, würden sich die Philister unterwerfen. Das war sicher eine interessante Art, Krieg zu führen, jedenfalls hätte das wahnsinnige Blutvergießen damit drastisch reduziert werden können! Saul in seiner Rolle als König von Israel hatte die Herausforderung angenommen –

er wird wohl selbst am besten gewusst haben, warum! Goliat stellte sich selbst als der, der im Namen der Philister kämpfen würde. Er war über drei Meter groß, allein seine Rüstung wog einen Zentner und die bronzene Spitze seines Spießes wog vierzehn Pfund!

Im gesamten israelitischen Lager fand sich kein Freiwilliger, der die Herausforderung angenommen hätte! Vierzig Tage lang stellte sich Goliat zweimal täglich zum Kampf gegen einen Vertreter des israelitischen Heeres, aber da war keiner. Offensichtlich wäre Saul der geeignete Gegner für ihn gewesen, denn er wurde als »stattlich und einen Kopf größer als alle anderen jungen Männer in Israel« beschrieben.

Aber genau wie alle anderen hockte er diese ganzen vierzig Tage »erschrocken und voll von Angst« in seinem Zelt. Zweimal täglich, im ganzen 80mal, hatten sie sich vom Hohngeschrei Goliats demütigen lassen, das das gesamte Tal erfüllte, wenn er nach einem Mann rief, der sich zum Kampf mit ihm stellte. »Sobald die Männer Israels den Philister sahen, bekamen sie große Angst und wichen vor ihm zurück« (1Sam 17,24), und das zweimal jeden Tag.

Schließlich verlegte sich Saul auf Bestechung, um einen Freiwilligen zu finden, der sich zum Kampf gegen Goliath stellte. Als erstes bot er Reichtum an. Aber auf dieses Angebot wollte niemand eingehen, wahrscheinlich aus der Erwägung heraus, dass im gar nicht so unwahrscheinlichen Fall einer Niederlage auch der größte Reichtum nicht viel mehr nützen würde. Allenfalls könnte man damit noch ein pompöses Begräbnis veranstalten – vorausgesetzt allerdings, es wäre nach dem Kampf mit Goliat überhaupt noch etwas vorhanden, das man bestatten konnte! Als Nächstes bot Saul zusätzlich die Hand seiner Tochter für denjenigen, der sich freiwillig zum Kampf stellen würde. Da wir nicht wissen, wie sie aussah, können wir nicht beurteilen, ob dieses Angebot attraktiv war oder nicht! Schließlich verkündete Saul, dass nicht nur der Mann, der kämpfen wollte, sondern seine ganze Familie, seine Geschwister und die ganze übrige Sippe, für den Rest ihres

Lebens von allen Steuern befreit sein sollten. Ich bin mir sicher, dass da einige Familien aufhorchten und sofort irgend einen Unglücklichen aus den Reihen der Ihren für den Zweikampf nominieren wollten, da sie ja auch, wenn er besiegt wurde, für den Rest ihres Lebens steuerfrei sein würden. Schließlich und endlich blieb es aber doch dabei, dass niemand sich überreden ließ, die Herausforderung anzunehmen.

So war also der Stand der Dinge, vierzig Tage nach Beginn der Krise, als David mit dem Proviant für seine Brüder den Schauplatz betrat. Ich kann mir gut vorstellen, was sie miteinander redeten, nachdem er sie gefunden hatte.

»Warum findet heute kein Kampf statt?«

»Wir haben ein Problem.«

»Was für ein Problem?«

»Goliat!«

»Wie bitte?«

»Goliat!«

»Wer ist Goliat?«

»Der riesige Kerl dort drüben, der aus vollem Hals schreit. Nein, nein, doch nicht dort. Das dort ist ein Eichbaum. Der daneben ist es!«

»Warum ist er ein Problem?«

»Er sucht einen Freiwilligen aus der israelitischen Armee als Gegner im Zweikampf, und derjenige, der diesen Zweikampf gewinnt, soll auch den Krieg gewonnen haben.«

»Und was ist daran ein Problem?«

»Er ist so groß! Riesengroß! Ga – ga – ganz schrecklich rieseng – g – groß!«

»Das sehe ich selbst, aber ihr habt meine Frage nicht beantwortet. Was ist daran ein Problem?«

»Niemand von den Unseren könnte mit ihm fertig werden.«

»Aber steht nicht Gott auf eurer Seite? Goliat verhöhnt nicht nur die israelitische Armee, er verhöhnt Gott! Gott hat versprochen, dass die Armee der Philister geschlagen wird und dass sie Israel nicht länger unterdrücken werden. Goliats Herausforderung gilt nicht euch, sondern Gott selbst!«

»David, du darfst das alles doch nicht nur geistlich sehen! Natürlich wissen wir alle, dass Gott auf unserer Seite ist, aber hier geht es doch auch um praktische Fragen, verstehst du. Du kannst ja leicht hier hereinschneien und eine simple, geistliche Antwort parat haben, aber was uns betrifft, müssen wir realistisch sein. Außerdem wissen wir sehr wohl, was Gott versprochen hat und wir wollen ihn auch beim Wort nehmen, und wir halten auch jeden Tag in der Früh unsere Gebetstreffen ab. Nächsten Freitag wollen wir sogar die halbe Nacht lang für dieses Problem beten. Ein eingebildeter Kerl bist du, David, wir kennen dich ja. Du bist ja nur hergekommen, weil du dachtest, du würdest hier etwas Spannendes zu sehen bekommen. Aber wir brauchen keine Zuschauer, es gibt auch nichts zu sehen, also ab mit dir nach Hause, zu deiner Schafherde.«

So schickten sie ihn weg! Aber er »… drehte sich um und fragte den Nächsten, und wieder bekam er dieselbe Antwort« (1Sam 17,30). Schließlich kam er vor Saul und gab ihm das Versprechen: »Laß dich von diesem Philister nicht einschüchtern! Ich werde mit ihm kämpfen.« Saul entgegnete, David sei ja noch fast ein Kind, Goliat hingegen ein von Jugend auf im Umgang mit Waffen geübter Mann. David hingegen blieb hartnäckig und schließlich wird Saul sich wahrscheinlich überlegt haben, dass früher oder später ohnehin etwas unternommen werden musste, und dass es höchstwahrscheinlich in jedem Fall mit einer Demütigung und Niederlage für Israel enden würde. Und da der junge Bursche einen geringeren Verlust für die Armee bedeutete als ein ausgewachsener Krieger, ließ er ihn schließlich gehen.

Unterbrechen wir hier für eine kurze Besinnung. Was bedeutet es in unserem Zusammenhang, »im Glauben zu leben«? Einfach nur, Gott beim Wort nehmen und erwarten, dass er die Philister verjagt? Oder Gebetstreffen abzuhalten für die Niederlage Goliats? Schließlich könnte Gott doch ein Wunder tun und Goliat einen Herzinfarkt bekommen lassen, oder einen Schlaganfall, oder, sogar noch besser, er könnte ihn einfach so, ohne besondere Krankheitssymptome, sterben lassen! Sie hätten sich doch damals versammeln können und beschließen: »Wir wollen glauben, dass Gott das tun wird!« Nichts von alledem – das einzige, was sie brauchten, war jemand, der dem gehorchte, was Gott gesagt hatte, und der Gott vertraute als dem, der er war! Gott war nicht bereit zu wirken, ohne dass sie gehorchten, oder irgendein Zeichen zu geben, bevor sie gehorcht hatten. Wenn Goliat fallen sollte, müsste jemand in unbedingtem Gehorsam, getragen von unbedingtem Vertrauen, handeln.

Wir werden kaum jemals erleben, dass Gott am Wirken ist, wenn wir nicht bereit sind, etwas zu riskieren. Ich meine damit nicht, dass wir irgendein wildes Risiko eingehen sollen, das hinausgeht über das, was Gott gesagt hat, und womit wir ihn sozusagen auf die Probe stellen. Aber auch wenn eine Situation aussichtslos erscheint, brauchen wir, um sie zu bewältigen, nichts als Gehorsam und das Festhalten an der einen Tatsache: Gott hat uns in diese Situation geführt, also wird auch er die Verantwortung dafür übernehmen. Major Ian Thomas hat es einmal so formuliert: »Frage nicht, ob etwas möglich ist. Frage einzig und allein, ob es richtig ist.« Wenn wir immer nur im Bereich dessen bleiben, was möglich ist, werden wir nur wenige Abenteuer und wenig Aufregendes erleben. Aber wenn wir herausfinden wollen, was richtig ist und bereit sind, es auch zu tun, auch dann, wenn so gut wie alles dagegen spricht, dann werden wir erleben, wie Gott in Aktion tritt und Wunder vollbringt, die uns überwältigen – und sehr demütig machen.

Mit der Frage, was möglich war, hat David sich damals nicht sehr lange aufgehalten. Er dachte darüber nach und es fiel ihm ein, dass Gott ihm geholfen hatte beim Kampf mit einem Löwen und mit einem Bären, die die Schafherde seines Vaters angegriffen hatten. Wenn wir Gott in unserem Leben wirken lassen, hat das unter anderem den Vorteil, dass wir immer zuversichtlicher werden, denn wir erfahren dabei immer wieder, dass er treu ist und je mehr Vertrauensbeweise Gottes wir haben, auf die wir zurückblicken können, desto leichter fallen uns Vertrauen und Gehorsam beim nächsten Mal.

Die wichtigste Frage für David war: »Was ist richtig?« Wenn er tat, was richtig war, würde Gott sich um alles Weitere kümmern. David verzichtete auf Sauls Waffenrüstung, die ohnehin viel zu groß für ihn gewesen wäre, und marschierte einfach los, um sich Goliat zu stellen. Saul gab ihm – fromm, aber unaufrichtig – die richtigen Worte mit auf den Weg: »… kämpfe mit ihm, der Herr wird dir beistehen!« (V. 37). An dem, was wir über das Wirken Gottes im Leben anderer Menschen glauben, lässt sich nicht wirklich ablesen, ob wir an Gott glauben. Wir alle glauben an den großen Gott, der so überzeugend durch Menschen wie Hudson Taylor, C. T. Studd, Georg Müller oder D. L. Moody gewirkt hat, aber wir glauben nicht, dass es genügt, wenn derselbe große Gott hinter uns steht! Wir lassen uns gerne begeistern von Geschichten über Menschen, durch die Gott in unserer Gegenwart wirkt, und wir würdigen alles, was verdienstvolle Christen in der Vergangenheit bewirkt haben. Aber wie es wirklich um unseren Glauben an Gott steht, das zeigt sich nur an dem, was wir ihm für unser eigenes Leben zutrauen! Hätte Saul geglaubt, was er zu David sagte, »der Herr wird dir beistehen«, dann wäre er selbst schon 40 Tage früher zum Kampf ausgerückt.

Ich kann mir vorstellen, dass es im israelitischen Lager totenstill wurde und alle David nachsahen, als er von der von Israel besetzten Seite her in das Eichental hinunterstieg. Davids Brüder überlegten sich wohl, wie sie das später ihrem Vater erklären sollten. Er war nur gekommen, um ihnen Proviant zu bringen, und da marschierte er nun auf das Schlachtfeld, auf einen Gegner zu, dem sich keiner der professionellen Soldaten zu stellen gewagt hatte. Er würde sicher in Stücke gehauen werden! Einigen groß gewachsenen Männern wie Saul wird es wohl einen leisen Stich gegeben haben, als dieser unerfahrene, schmächtige Teenager sich anschickte, den Job zu erledigen, der eigentlich ihrer gewesen wäre. Auch die Philister waren verwundert über das, was sich da abspielte, und Goliat fasste es als Beleidigung auf: »Was willst du denn mit deinem Stock? Bin ich vielleicht ein Hund?«, brüllte er.

Aus Davids Antwort konnte man erkennen, woher er seine Kühnheit nahm. »Du trittst gegen mich an mit Lanze, Spieß und Schwert. Ich aber komme mit dem Beistand des Herrn, des Herrschers der Welt, des Gottes, dem das Heer Israels folgt und den du verhöhnt hast. Er wird dich heute in meine Hand geben. Ich werde dich töten und dir den Kopf abschlagen und die Leichen der übrigen Philister will ich den Vögeln und Raubtieren zu fressen geben. Dann wird die ganze Welt erkennen, dass das Volk Israel einen Gott hat, der es beschützt. Auch die hier versammelten Israeliten sollen sehen, dass der Herr weder Schwert noch Speer braucht, um sein Volk zu retten Denn der Herr bestimmt den Ausgang des Krieges und wird euch Philister in unsere Hand geben« (V. 45–47). Mit diesen Worten lief David ihm entgegen und dabei griff er in seine Tasche und holte einen von fünf glatten Kieselsteinen heraus, legte ihn in seine Schleuder ein, zielte genau und schoss und der Stein traf Goliat an der Stirne. Die Heilige Schrift schildert es sehr anschaulich: »Der Stein durchschlug die Stirn und Goliat stürzte vornüber zu Boden« (V. 49).

Vertraue und gehorche

Diese Geschichte erinnert uns an die Zeit, als wir noch zum Kindergottesdienst gingen! Wir alle liebten Geschichten von Helden und diese hier ist besonders spannend. Aber für Sie und mich sollten im Leben genau dieselben Prinzipien gelten wie damals für David in diesem Abenteuer. Davids Geschichte hat nichts mit Realitätsflucht und Phantasie zu tun. Diese Geschichte berichtet darüber, wie aus einem Kind Gottes ein Mann Gottes wurde. David erlebte einen Sieg, weil er zwei Dinge tat – und jeder andere israelitische Soldat hätte diese beiden Dinge ebenso tun können. Als erstes gehorchte David dem, was Gott sagte. Er wusste, was in der gegebenen Situation Gottes Wille war, und er setzte sich in Bewegung. Er nahm, menschlich gesehen, ein enormes Risiko auf sich, er gehorchte. Er tat, was er als richtig erkannt hatte und das, obwohl er dabei ganz allein war. Aber zum Gehorsam gehört Vertrauen. David vertraute darauf, dass Gott alles tun würde, was notwendig war, um zu siegen. Es lag nicht an seiner Geschicklichkeit mit der Steinschleuder, obwohl er sicher ein Experte auf diesem Gebiet war – es lag alles an seinem Gott, der ihn in diese Situation geführt hatte und der durch ihn seine Pläne ausführte. Ich wiederhole nochmals: David erbrachte durch seinen Gehorsam den Beweis, dass Gott die Situation im Griff hatte. Hätte David nicht die Initiative ergriffen, indem er gehorsam war, so hätte er nie erlebt, dass der Herr durch ihn wirkte.

Ist das der Grund, warum bei manchen Christen und in manchen Gemeinden wenig von einem Gott zu sehen ist, der lebendig ist und der handelt? Haben sie zu viel Angst vor dem scheinbar so großen Risiko, sich in Bewegung zu setzen, wo Gott ihnen den Auftrag dazu gegeben hat, und halten sie deshalb lieber Gebetstreffen ab für Gottes Werk, statt dass sie es einfach tun? Natürlich ist Beten wichtig, aber es kann zu einer Ausflucht werden, wenn es darum geht, dass wir in Wirklichkeit den Gehorsam verweigern und die Aufgaben vernachlässigen, zu denen Gott uns berufen hat!

Interessanterweise brach die israelitische Armee in dem Moment, wo Goliat zu Boden ging, aus dem Lager hervor, stürmte den Abhang hinunter und setzte den fliehenden Philistern nach bis an die Tore von Gat. Die Kirche springt immer gern auf das Trittbrett auf, wo Leute auf Siegeskurs fahren, sie möchte von den Siegen anderer Leute profitieren. Wenn jemand einen ganz gewaltigen Beweis für Gottes Macht erbringt und erlebt, wie Gott Wunder tut, dann hören wir sehr gern alles darüber, wir reden darüber, lesen darüber – aber oft sind wir nicht bereit, den Preis zu zahlen, um den wir selbst etwas Ähnliches erleben können. Die Israeliten verfassten sogar Lieder über David, eines davon wurde besonders berühmt und man tanzte auch dazu. Es hatte den Text: »Tausend Feinde hat Saul erschlagen, doch zehntausend waren's, die David erschlug!« (1Sam 18,7). Aber während sie all diese Lieder von

David sangen und seine Geschichte immer und immer wieder erzählten, vergaßen die Leute womöglich, dass jeder Einzelne von ihren Soldaten vierzig Tage lang die Chance gehabt hätte, diese Geschichte selbst zu erleben.

Und am traurigsten dabei war die Sache mit Saul. Nicht nur, dass er selber keinen Sieg Gottes mehr erlebte, an dem er persönlich beteiligt gewesen wäre, sondern er wurde auch noch eifersüchtig, als David bereit war, das Risiko einzugehen und Gottes Sieg zu erleben. Sobald Saul das Lied gehört hatte, in dem es hieß: »Tausend Feinde hat David erschlagen, doch zehntausend waren's, die David erschlug«, heißt es von ihm: »Dieses Lied gefiel Saul ganz und gar nicht und er wurde sehr zornig.« »David schreiben sie zehntausend zu«, dachte er, »und mir nur tausend! Jetzt fehlt nur noch, dass er König wird!« »Von da an blickte Saul mit Argwohn auf David« (1Sam 18,8.9).

Wenn ein Christ selbst nicht bereit ist, Gott in seinem Leben uneingeschränkt wirken zu lassen und persönliche Erfahrungen mit ihm zu machen, dann entwickelt er eine Abneigung gegen alle, die ihren Weg mit Gott kompromisslos gehen. Wir glorifizieren solche Menschen zwar gerne – vorausgesetzt, sie existieren nur mehr in Geschichtsbüchern oder andernfalls weit weg von uns. Aber es gibt kaum etwas, das ein oberflächlicher Christ weniger mag, als Personen in seiner unmittelbaren Umgebung, durch deren Frömmigkeit und Eifer er selbst entlarvt wird als einer, der Gott nicht wirklich ernst nimmt und uneingeschränkt wirken lässt.

Einen Feind hatte David im Eichental besiegt, aber mit diesem Sieg schuf er sich neue Feinde, und das nicht zuletzt unter denen, die zu Gottes Volk gehörten. Nicht selten werden Leute, die es eigentlich besser wissen sollten, eifersüchtig, wenn andere auf ihrem Weg mit Gott Fortschritte machen – besonders, wenn diese Menschen jünger sind als sie selbst. Aber David war entschlossen, gehorsam zu sein, selbst wenn er dafür in Kauf nehmen musste, den mächtigsten Mann in ganz Israel zum Feind zu haben.

Saul wusste, was Gott ihm verheißen hatte, und er hatte auch schon erfahren, wie treu Gott seine Verheißungen erfüllte, aber dann gewöhnte er sich an, selbst darüber zu entscheiden, wann er gehorsam sein wollte und wann lieber nicht. Weil er nur gelegentlich gehorsam war, erlebte er auch nur gelegentlich Gottes Fürsorge, denn Gottes Fürsorge erlebt man nur, wenn man nach Gottes Plan lebt. Wenn jemand Gottes Plan außer Acht lässt, wird er auch nicht erleben, dass Gott in jeder Situation Herr der Lage ist. Genau das war Sauls Problem. Er konnte neben seinen anfänglichen Siegen auch auf eine Reihe von Misserfolgen zurückblicken, aber bevor er zugeben wollte, dass er selbst durch seinen Hochmut und Ungehorsam diese Misserfolge verschuldet hatte, zweifelte er lieber an Gottes Fähigkeiten. Als er dann durch Goliat herausgefordert wurde, wusste er eigentlich, was er zu tun hatte, aber im Gegensatz zu David hatte er Gott immer nur ab und zu gehorcht. Damit hatte er sich selbst um die Erfahrung gebracht, dass Gott immer und in jeder Situation zu 100 Prozent zuverlässig ist!

Leben Sie im Glauben? David hat uns gezeigt, was das bedeutet. Es hat damit zu tun, dass Sie Gott gehorchen und ihm vertrauen – beides gehört immer zusammen. Es hat außerdem damit zu tun, dass Sie Christus als Ihren Herrn anerkennen und zulassen, dass er sein Leben durch Sie lebt. Was immer Gott Ihnen aufträgt oder auch in Zukunft noch auftragen wird – er sorgt dafür, dass Sie es schaffen können, und das genügt. Allerdings werden Sie nie herausfinden, ob das wahr ist, indem Sie in der Kirche sitzen oder theologische Kurse absolvieren oder auch dieses Buch lesen. Auf diese Weise können Sie sich die Grundlagen und die geistigen Voraussetzungen aneignen, aber das Versuchslabor, in dem alle diese Prinzipien praktisch angewendet werden – das wird Ihr Eichental mit einem Riesen darin sein, gegen den Sie auf sich allein gestellt nicht die geringste Chance hätten. Aber gehen Sie auf ihn zu, mit Gottes Verheißung hinter sich und Gottes Leben in sich – gehen Sie ihm entgegen, und Sie werden überwältigt sein, wenn Gott Sie dann seine Herrlichkeit und seine Güte erleben lässt. Sie werden auch Schwierigkeiten in Kauf nehmen müssen, wie David, der jahrelang vor Saul auf der Flucht war, aber das ist die Sache wert.

Ich verspreche Ihnen nicht, dass ein Leben im Glauben jeden Tag angenehm sein wird oder dass Sie immer nur Triumphe erleben werden. Gott wird Ihnen nicht immer erklären, warum er Sie in eine bestimmte Situation geführt hat, und manchmal werden Dinge geschehen, die Sie nicht verstehen: »Wir leben ja noch in der Zeit des Glaubens, noch nicht in der Zeit des Schauens«; und Gott muss sich nicht ständig vor uns rechtfertigen.

Arbeitsblätter

Kapitel 10:
Gott gehorchen in dem, was er sagt, und Gott vertrauen als dem, der er ist (Seite 204–219)

- Zu welchen Fehlentwicklungen kommt es, wenn eines der beiden Grundelemente des Glaubens vernachlässigt wird? (Seite 204–205)

- ....
....
....

- Mit welchem Beispiel aus der Bibel wird eine solche Fehlentwicklung illustriert? (Seite 205–208)

- ....
....
....

- Wie sieht das positive Gegenbeispiel aus? (Seite 208–215)

....
....
....

- Welche Schlussfolgerungen ergeben sich aus diesem biblischen Beispiel für die Christen und die Gemeinden von heute? (Seite 215–219)

- ....
....
....

»In Christus« – und dann los!

Gott hat nicht nur Pläne für diese Welt, sondern auch in dieser
Welt. An jedem neuen Tag werden Pläne Gottes verwirklicht.
Aber wie geschieht das? Die Antwort ist überraschend: Gottes
Absichten werden vor allem durch Menschen verwirklicht,
noch dazu durch ganz gewöhnliche Menschen. Als ich noch ein
ganz junger Christ war, glaubte ich, dass Gott manche Menschen besonders gern gebrauchte, um seine Absichten durch sie
auszuführen. Diese Leute strahlten eine solche Frische und
Lebendigkeit aus, dass andere sich dadurch zu Christus hingezogen fühlten. Aber jemand wie ich konnte bestenfalls für
solche Leute, die Gott gebrauchte, beten oder ihnen zuhören, sie
ermutigen und unterstützen. Ich konnte doch nicht erwarten,
dass Gott selbst durch mich wirkte, so wie er es durch sie tat.
Ich war fälschlicherweise zu dem Schluss gekommen, dass
Gottes Pläne über gewöhnliche Menschen hinweggehen. Als
gewöhnlicher Mensch musste man, so dachte ich, gewisse
Grundregeln beachten, aber ansonsten hielt man sich auf den
Zuschauerrängen auf, man sah zu und applaudierte. In Wahrheit
hat Jesus Christus gerade die ganz gewöhnlichen Menschen als
Werkzeuge ausersehen, die er verwenden will. Er hat sich dafür
entschieden, sich den Menschen durch andere Menschen mitzuteilen. Gott hat keine besonderen Lieblinge. Er ist bereit,
durch jede beliebige Person zu wirken, die sich ihm zur Verfügung stellt.

Menschen spielen also eine zentrale Rolle in Gottes Plan,
aber damit allein ist Gottes Strategie für die Welt noch nicht
zureichend definiert. Richtiger wäre, zu sagen, dass Christus die
zentrale Rolle in Gottes Plan spielt. Gottes Pläne sind nie
»außerhalb« von Christus und daher sind wir nur dann an der
Verwirklichung von Gottes Plänen beteiligt, wenn wir »in

Christus« sind. Nur wenn wir mit ihm verbunden sind, sind wir qualifiziert als Mitarbeiter, die seine Strategie in der Welt umsetzen. In diesem letzten Kapitel möchte ich herausfinden, was das konkret für Sie und mich als Individuen bedeutet.

Wenn jemand Christ wird, erlebt er folgende beiden Vorgänge: Christus beginnt in ihm zu leben, und er beginnt in Christus zu leben. Wir haben schon viel darüber gesprochen, dass Christus in uns lebt, aber genau so wichtig ist es für uns zu verstehen, was es bedeutet, dass wir »in Christus« sind. Diese Formulierung kommt im Neuen Testament ausschließlich in den Schriften des Paulus vor, hier allerdings ist sie die gebräuchlichste Beschreibung, wenn es um die Beziehung zwischen den Gläubigen und dem Herrn Jesus Christus geht. In den Teilen des Neuen Testaments, die nicht von Paulus sind, findet man die Formulierung »in Christus« zwar nicht, aber es geht um denselben Grundgedanken.

Am ersten Pfingsttag fühlte sich eine große Menschenmenge durch die Predigt des Petrus angesprochen, und in der Apostelgeschichte wird vermerkt: »Etwa dreitausend Menschen wurden an diesem Tag zur Gemeinde hinzugefügt« (Apg 2,41). Interessanterweise gibt die ursprüngliche Fassung des Textes keine Auskunft darüber, wozu diese große Zahl von Menschen hinzugefügt wurde. Einige Übersetzungen versuchen, mit Zusätzen wie »zur Gemeinde hinzugefügt« die vielleicht etwas schwer verständliche Aussage des Originaltextes zu erklären. An zwei weiteren Stellen in der Apostelgeschichte wird das Wort »hinzugefügt« im Originaltext verwendet mit dem Zusatz »zu dem Herrn« (Apg 5,14; 11,24). Diese Leute, die von der Verkündigung des Evangeliums innerlich erfasst worden waren, wurden nicht nur zu einer Kirche oder zu irgendeinem religiösen Verein hinzugefügt, sondern zum Herrn Jesus selbst. Auf ganz reale und zugleich wunderbare Weise wurden sie dem Herrn Jesus Christus »einverleibt«, so dass ihre eigene Identität ganz tief mit seiner Identität verbunden wurde.

Später bezeichnet Paulus die Gemeinde als »den Leib Christi«, er sagt: »Denn wir alle, Juden wie Griechen,

Menschen im Sklavenstand wie Freie, sind in der Taufe durch denselben Geist in einen Leib, in Christus, eingegliedert und auch alle mit demselben Geist erfüllt worden« (1Kor 12,13) Wir haben uns dieses Einssein mit Christus so vorzustellen, dass die Kirche als sein Leib bezeichnet wird, seine reale physische Existenzform, durch die sein Leben zum Ausdruck kommt und sein Wille verwirklicht wird. Sicher kann ich in diesem Zusammenhang als bekannt voraussetzen, dass das Neue Testament mit »Kirche« weder ein Gebäude noch eine Organisation meint. »Kirche« sind die Männer, Frauen, jungen Leute, Kinder, aus allen sozialen Schichten, aus allen Nationen, die ihre Sünden bereut haben und zum Glauben an den Herrn Jesus Christus gekommen sind und die als Folge davon den Heiligen Geist in sich empfangen haben und Christus »eingegliedert« worden sind. Die Kirche ist keine Organisation, sondern ein Organismus, ein lebendiges Ganzes, ihre einzelnen Glieder werden zusammengehalten durch das Leben Christi, das er in ihnen lebt. Dadurch, dass wir gemeinsam an seinem Leben Anteil haben, werden wir zu Gliedern an seinem Leib.

Was ist ein Körper wert?

Die Kirche ist der Leib Christi – wenn Sie diese Wahrheit wirklich verstehen wollen, denken Sie einmal an Ihren eigenen Körper. Sie sind nicht Ihr Körper; Ihr Körper ist nur der Ort, an dem Sie leben. Der Apostel Paulus beschreibt den Körper als »das irdische Zelt, in dem wir jetzt leben« (2Kor 5,1). Vielleicht ist diese Bezeichnung nicht sehr schmeichelhaft, wenn man bedenkt, was für eindrucksvolle Formen menschliche Körper annehmen können; aber jedenfalls wird damit deutlich, dass unsere physischen Körper nur das Gehäuse für unsere eigentliche Persönlichkeit sind. Wenn man Ihnen beide Beine und beide Arme amputieren sollte, dann hätten Sie zwar die Hälfte Ihres Körpers verloren, aber Sie wären immer noch dieselbe Person wie vorher.

Ich kann mich noch erinnern, dass ich einmal die Familie einer älteren Dame, die soeben verstorben war, besuchte und mein Beileid darüber aussprach, dass sie »von uns gegangen« war. Daraufhin fragte man mich, ob ich sie sehen wolle. Ich lehnte dankend ab und zugleich fiel mir auf, wie seltsam das war: Zuerst hatten wir davon gesprochen, dass sie »von uns gegangen« war, und dann, im selben Atemzug, von der Möglichkeit, sie zu noch einmal zu sehen. Auf den ersten Blick scheint es doch völlig widersinnig, jemanden »sehen« zu wollen, der gerade »von uns gegangen« ist. In Wirklichkeit war es doch so, dass die Person von uns gegangen war, aber sie hatte ihren Körper zurückgelassen und der wartete nun darauf, bestattet zu werden. Eine Person ist nicht identisch mit ihrem Körper und ebenso wenig ist der Körper identisch mit der Person.

Das trifft auf Sie genauso zu wie auf Christus. Die Kirche ist der Ort, wo der Herr Jesus Christus wohnt, aber sie ist nicht selbst der Herr. – Nachdem das klargestellt ist, müssen wir jedoch feststellen, dass Ihr Körper ungemein wichtig für Sie ist. Alles, was Sie tun, tun Sie mit Ihrem Körper. Was auch immer Sie sich vorgenommen haben – Sie brauchen Ihren Körper, um es auszuführen. Der Körper ist das Mittel, durch das Ihr wirkliches Selbst, das in Ihnen lebt, zum Ausdruck kommen kann. Ihr Körper spricht Ihre Gedanken aus, er verwirklicht Ihre Pläne, er verrichtet Ihre Arbeit. Ohne Ihren Körper könnte nichts von alledem geschehen.

Wenn ich als Prediger zu verschiedenen Veranstaltungen eingeladen werde, kommt es manchmal vor, dass ein Freund mich vorher anruft und sagt: »Leider kann ich diesmal nicht kommen, aber ich werde auf jeden Fall im Geist bei dir sein.« Wenn mir jemand so etwas sagt, dann danke ich ihm für seine freundlichen Worte, aber ich bitte ihn sicher nicht, bei der Veranstaltung ein Gebet zu sprechen oder ein Solo zu singen! Wenn man irgendwo im Geist anwesend ist (falls das tatsächlich möglich sein sollte) und nicht auch mit dem Körper, dann stehen einem nicht sehr viele Möglichkeiten zu Gebote!

Man kann die Bedeutung des Körpers nicht hoch genug einschätzen! Wir brauchen ihn buchstäblich für alles, was wir tun wollen.

Jesus Christus hat große Pläne mit dieser Welt und er hat sich ein Instrument geschaffen, mit dem er diese Pläne ausführen kann: einen Körper! Einen Körper, in dem er sein Leben leben will, durch den er seine Gedanken aussprechen, seine Pläne ausführen und seine Arbeit tun will. Dabei handelt es sich nicht um den einen Körper, in dem er damals seine 33 Erdenjahre in Israel und den angrenzenden Gebieten verbrachte, sondern um einen neuen Körper, und diesen Körper erhielt er am ersten Pfingsttag, das war der Geburtstag dieses Körpers. An jenem Tag erhielten einerseits die Jünger ein neues Leben – sein Leben – aber andererseits erhielt er einen neuen Körper. Er erhielt neue Hände, um zu arbeiten: die Hände seiner Jünger. Er erhielt neue Füße zum Gehen: die Füße seiner Jünger. Er erhielt neue Lippen zum Reden: die Lippen seiner Jünger. Er erhielt neue Herzen zum Lieben: die Herzen seiner Jünger.

Derselbe Herr Jesus Christus, der während seines Erdenlebens durch einen einzigen Körper gewirkt hat, hat sein Wirken seit damals nach einem neuen Konzept fortgeführt, und zwar durch einen neuen Körper: die Kirche, seine Gemeinde. Er ist das Haupt und das Leben dieser Kirche, aber konkret wirkt er durch die Glieder an seinem Körper, die ihm für seine Pläne zur Verfügung zu stehen haben. Davon handelt die Apostelgeschichte. In der Einleitung zur Apostelgeschichte schreibt der Verfasser, Lukas: »Verehrter Theophilus, in meiner ersten Schrift habe ich alles berichtet, was Jesus tat und lehrte, von Anfang an … (Apg 1,1). In jener ersten Schrift, dem Lukasevangelium, erhalten wir einen vollständigen Bericht über das Leben und Wirken von Jesus, den Abschluss bildet seine Rückkehr zu seinem himmlischen Vater. Aber Lukas bezeichnet dies alles nur als einen Bericht über den Anfang von dem, was Jesus tat. Daraus folgt, dass dieses zweite Buch, die Apostelgeschichte, ein Bericht darüber ist, was dieser selbe Herr Jesus Christus noch weiter getan und gelehrt hat, aber jetzt nicht mehr durch den einen Körper, den er einmal hatte, sondern durch einen neuen Körper, den er zu Pfingsten bekam: die Kirche, die Gemeinde. Das war der Effekt von Pfingsten, von Gottes Standpunkt aus betrachtet: Es wurde ein neuer Leib für Jesus Christus erschaffen, durch den er sein Leben und seinen Charakter ausdrücken und durch den er seine Handlungen setzen und seine Pläne verwirklichen kann.

Es ist wichtig, dass wir das von Gottes Standpunkt her verstehen. Paulus sagte zu den Ephesern: »Und er gebe euch erleuchtete Augen eures Herzens, damit ihr erkennt, zu welcher Hoffnung ihr von ihm berufen seid, wie reich die Herrlichkeit *seines Erbes* für die Heiligen ist« (Eph 1,18). Ich habe die Formulierung »seines Erbes« bewusst hervorgehoben, denn Paulus spricht hier tatsächlich nicht von »unserem Erbe«, sondern von seinem, von Gottes Erbe. Die deutsche Übersetzung aus dem Griechischen ist an dieser Stelle ungenau. Es stimmt zwar, dass wir von Gott ein Erbe zugesprochen bekommen, und es ist nur recht und gut, wenn wir uns darüber freuen; Paulus schreibt darüber im vorangehenden Abschnitt desselben Kapitels: »Durch Christus habt auch ihr das Wort der Wahrheit gehört, die Gute Nachricht, die euch Rettung bringt, und ihr habt es im Glauben angenommen. Durch Christus hat Gott euch den Heiligen Geist gegeben, den er den Seinen versprochen hatte; damit hat er euch sein Siegel aufgedrückt. Dieser Geist ist das Angeld dafür, dass wir auch alles andere erhalten, alles, was Gott uns versprochen hat. Gott will uns die Erlösung schenken, das endgültige, volle Heil – und das wird alles geschehen zum Lobpreis seiner Herrlichkeit« (Eph 1,13.14). Wir dürfen uns aber nicht mit »unserem Erbe« begnügen, sondern müssen versuchen zu begreifen, was »sein Erbe« ist. Unsere Errettung dient nicht nur uns selbst, sie dient bemerkenswerterweise auch Gott. Paulus betet für die Epheser, dass sie begreifen und anerkennen, inwiefern sie selbst Gottes Erbe sind. Ihr Leben als Christen soll sich nicht darin erschöpfen, dass sie sich in selbstsüchtiger Weise nur auf das konzentrieren, was sie von Gott bekommen. Vielmehr sollen sie danach streben, dass das, was Christus an ihnen bekommen hat, zur vollen Entfaltung kommt.

Die Gemeinde wird zum Leib Christi genau durch dieselben Eigenschaften, durch die Ihr Fleisch und Gebein zu Ihrem Leib wird. Er dient als Behausung für Ihr Leben und wird von Ihrem Kopf aus gesteuert. In Analogie dazu erklärt Paulus den Ephesern, dass sie gemeinsam »... als Bausteine in diesen Tempel eingefügt« sind, »in dem Gott durch seinen Geist wohnt«, (Eph 2,22) und sie erfüllen ihre Funktion »unter Christus als dem Haupt« (Eph 1,10).

Bevor wir untersuchen, wie das Leben Christi praktisch durch seine Gemeinde zum Ausdruck kommt, möchte ich unmissverständlich deutlich machen, dass dieser Aspekt von Anfang an dazugehört, wenn jemand Christ wird, und nicht etwa später einmal nach Belieben hinzugefügt werden kann. Christus beginnt, in uns zu leben und wir in ihm – diese beiden Vorgänge müssen simultan stattfinden. Lassen Sie mich das illustrieren mit einer Sensation aus dem Bereich der modernen Medizin, genauer gesagt, der Mikrochirurgie. Als Mikrochirurgie bezeichnet man Operationen, bei denen abgetrennte Finger, Arme oder Beine wieder angenäht werden, und zwar so, dass sie möglichst wieder voll funktionsfähig sind. Vor etlichen Jahren wurde ein faszinierender Fall dieser Art in England in den Medien breit abgehandelt. Ein Farmer hatte auf einem seiner Felder Strohballen gebündelt, als plötzlich seine Maschine verstopft war. Daraufhin stieg er vom Traktor, ohne die Maschine auszuschalten. Er griff mit der Hand in das Gerät, um das Hindernis zu beseitigen, was ihm auch gelang. Jedoch wurde dabei sein Arm von der Maschine erfasst und oberhalb des Ellbogens glatt abgeschnitten. Man rief die Rettung, und die brachte den Mann samt seinem Arm ins Krankenhaus. Dort wurde in einer langwierigen Operation der Arm sorgfältig wieder angenäht. Einige Monate später sah ich in einer Zeitung ein Bild von diesem Mann. Er übte inzwischen seinen Beruf wieder aus, sein Arm war noch nicht wieder voll funktionsfähig, aber er hatte die Prognose, dass seine

Beschwerden noch völlig ausheilen und er den Arm wieder uneingeschränkt gebrauchen können würde.

Als der Arm des Farmers wieder fixiert wurde, passierten zwei Dinge gleichzeitig. Der Arm empfing Leben aus dem Körper, und zugleich empfing der Körper den Arm. Solange der Arm abgeschnitten war, war er leblos. Er war abgestorben, unempfänglich für jeden Impuls.

Genau das trifft auch auf Sie und auf mich zu, sobald wir von Christus getrennt sind. »In der Vergangenheit wart ihr tot; denn ihr wart Gott ungehorsam und habt gesündigt« (Eph 2,1). Als man den Arm wieder an den Körper anfügte, bestand der Erfolg der Operation darin, dass das Leben in den Arm zurückkehrte. Das Leben kehrte genau in dem Moment in den Körper zurück, in dem der Arm wieder an den Körper angefügt wurde, denn das Leben des Armes war identisch mit dem Leben des Körpers. Die behandelnden Ärzte hätten bei all ihrem fabelhaften Können nie eine Operation durchführen können, bei der der Arm allein zum Leben gebracht wurde. Können Sie sich einen lebendigen Arm vorstellen, der sich, losgelöst vom Körper, allein bewegen könnte? Es wäre einfach unmöglich! Ebenso kann es keine geistliche neue Geburt geben, ohne dass wir nicht zugleich durch den Heiligen Geist in Christus hinein getauft werden. In dem Augenblick, in dem wir sein Leben empfangen, wird zugleich unser Leben seinem Körper einverleibt. Wir werden Teil seines Körpers in demselben Augenblick, in dem er unser Leben wird. Man kann das eine nicht vom anderen trennen.

Gott hat Verwendung für Sie

Gott hat viele Möglichkeiten, um seinen Willen und seine Pläne zur Ausführung zu bringen, aber sein bevorzugtes Mittel, um Menschen zu erreichen, ist die Gemeinde Jesu Christi. Alles, was wir persönlich tun, tun wir mit unserem Körper, und alles, was der Herr Jesus Christus unter uns Menschen tut, geschieht durch seinen Körper, die Gemeinde. Er hat sich dafür entschieden, auf diese Weise zu wirken, und daher gehen wir nicht davon aus, dass er außerhalb oder getrennt von seiner Gemeinde wirkt, sondern durch seine Gemeinde. Ich weiß nicht, wie Sie persönlich Christus kennen gelernt haben; eins allerdings weiß ich: In irgend einer Form haben andere Menschen dabei eine Rolle gespielt. Vielleicht haben Sie jemanden predigen gehört und durch das gepredigte Evangelium hat der Heilige Geist Ihnen Ihren Mangel bewusst gemacht, und dass Christus diesen Mangel ausfüllen kann. Vielleicht haben Sie ein Buch gelesen, das ein anderer Mensch geschrieben hat, oder Sie haben die Bibel gelesen, die von Menschen geschrieben worden ist, die vom Heiligen Geist inspiriert waren, und dabei haben Sie Jesus Christus kennen gelernt. Oder vielleicht haben Sie an Ihrem Arbeitsplatz oder in Ihrer Nachbarschaft oder im Zuge Ihrer Ausbildung Menschen kennen gelernt, die ein ganz anderes Leben führten als Sie selbst. Sie bekamen Lust, das Geheimnis eines solchen Lebens herauszufinden, und dann haben Sie entdeckt, dass Christus dieses Geheimnis war. Wie auch immer, auf jeden Fall sind an irgendeinem Punkt Menschen ins Spiel gekommen; durch diese Menschen hat Gott sich Ihnen mitgeteilt. Ich bin ganz sicher, dass niemandem von Ihnen eines Tages auf der Straße plötzlich ein Engel begegnet ist, der die Flügel auf dem Rücken verschränkte und zu Ihnen sagte: »Entschuldigen Sie bitte, ich würde gerne mit Ihnen über Jesus Christus sprechen!« Wäre es nicht großartig, wenn Gott beschlossen hätte, nach dieser Methode zu arbeiten? Finden Sie nicht, dass das sogar sehr überzeugend wäre? Und Gott hat ja tatsächlich Tausende von Engeln zur Verfügung, die nur auf eine Gelegenheit warten, um ihren Gehorsam zu beweisen. Gott in seiner Allmacht und Weisheit kann jederzeit, wann er will, Engel aussenden, um sein Werk auszuführen. Manchmal tut er das auch, aber im Allgemeinen wirkt er auf dieser Erde durch seinen eigenen Körper, und das heißt so viel wie durch die Gemeinde Jesu Christi, und das heißt so viel wie durch Sie und mich!

Genau so, wie Gott andere verwendet hat, um Sie zu erreichen, hat er nun vor, Sie zu verwenden, um andere zu erreichen. Nach allem, was wir erörtert haben, sollte darüber kein Zweifel mehr bestehen. Dem Herrn Jesus Christus zu dienen ist keine Variante des christlichen Lebens, auf die man wahlweise zurückgreifen könnte, sondern es ist unvermeidlich. Es ist ein unverzichtbarer Teil unserer Beziehung zu Jesus Christus. Bedenken Sie, dass er die Absicht hat, sich durch seinen Körper, die Gemeinde, auszudrücken. Wenn es uns kein Anliegen ist, ihm zu dienen, dann ist das folglich bewusster Ungehorsam der Person gegenüber, deren Autorität über uns wir doch anerkannt haben, als wir Christen wurden. Es handelt sich hier um ein Grundelement des christlichen Lebens. Es wird immer wieder die Ansicht vertreten, wenn jemand die Gelegenheiten, Gott zu dienen, die Gott ihm gibt, nicht nützt, dann schickt Gott an seiner Stelle jemand anderen. Aber da bin ich mir gar nicht so sicher. Ich glaube nicht, dass Gott Unmengen von Christen in Reserve hat, die nur darauf warten, den Platz von ungehorsamen Christen einzunehmen. Jesus sagte zu seinen Jüngern: »Hier wartet eine reiche Ernte, aber es gibt nicht genug Menschen, die helfen, sie einzubringen« (Mt 9,37). Das heißt, es gibt immer mehr Arbeit als Menschen, die bereit sind zu arbeiten.

Ezechiel, der Prophet, berichtet im Alten Testament von einer Situation, in der Gott sagte: »Ich suchte überall nach einem, der in die Bresche springen und die Mauer um mein Volk vor dem Einsturz bewahren würde, damit ich es nicht vernichten müsste, aber ich fand keinen. Da schüttete ich die Glut meines Zorns über sie aus und gab sie dem Untergang preis. Ihr eigenes Tun ließ ich auf sie zurückfallen. Das sagt der Herr, der mächtige Gott« (Ez. 22,30.31). Hier sagt Gott, dass sein Werk nicht ausgeführt werden konnte, weil er keinen Menschen fand, der ihn durch sich wirken ließ, und so blieb Gott nichts anderes übrig, als die Glut seines Zorns über sie auszuschütten. Das soll nun zwar nicht heißen, dass Gott sich durch unseren Ungehorsam überlisten lässt. Trotzdem gilt als

Prinzip, dass er sich dafür entschieden hat, sein Werk durch Menschen auszuführen und nicht an ihnen vorbei.

Vor einigen Jahren hörte ich zum ersten Mal die Legende, die sich um die Himmelfahrt Christi gebildet hat. Natürlich ist es nur eine Legende, und ich habe gewisse Bedenken, sie weiterzuerzählen, aber andererseits passt sie genau zu der Aussage, die ich hier machen will: Als Jesus in den Himmel zurückkehrt, scharen sich alle Engel um ihn, um ihn nach seiner 33jährigen Abwesenheit zu begrüßen. In der Legende stellen sie ihm Fragen über seine Zeit auf der Erde und wie sich die Menschen ihm gegenüber verhalten hätten, und er berichtet von seiner anfänglichen Popularität, die später in Ablehnung umschlug, er berichtet von seiner Kreuzigung und im Anschluss daran von seiner Auferstehung von den Toten. In den vierzig Tagen danach, so erklärt er weiter, habe er sich mit elf Männern beschäftigt. Er habe ihnen Beweise gegeben, dass er tatsächlich auferstanden sei, und er habe ihnen Wissen über das Reich Gottes vermittelt. Einer der Engel soll dann der Legende nach gefragt haben: »Was sind nun nach deiner Rückkehr in den Himmel deine weiteren Pläne?«, und Jesus soll darauf geantwortet haben: »Ich habe einfach diese elf Männer dort gelassen, damit sie mein Werk weiterführen.«

»Nur elf Männer!«, rief einer der Engel. »Was passiert, wenn sie versagen?« Jesus soll darauf geantwortet haben: »Ich habe keine anderen Pläne, wenn diese elf versagen sollten.« Ich glaube, das stimmt, auch wenn ich nicht an die Legende glaube. Natürlich war das Wesentliche an diesen elf Männern, dass sie mit dem Heiligen Geist erfüllt wurden, aber jedenfalls wurde tatsächlich durch sie das Werk des Herrn Jesus Christus fortgesetzt. Sie haben nicht versagt! Deswegen gibt es uns heute als Christen, aber sind wir uns bewusst, was das bedeutet?

Eine der Lügen, mit denen der Teufel arbeitet, besteht darin, dass er bei vielen Christen die Idee entstehen lässt: »Gott kann mich nicht brauchen.« Wir sind zwar überzeugt, dass er andere Menschen brauchen kann, aber wir erwarten nicht, dass er auch für uns selbst Verwendung hat. Durch diese Haltung betrüben wir nicht nur den Heiligen Geist, wir bringen uns auch um das größte Abenteuer unseres Lebens, so viel steht jedenfalls fest. Vor einigen Jahren bot man mir die Leitung einer Jungenfreizeit mit etwa hundert Teilnehmern an, alle im Alter zwischen 12 und 16 Jahren. Es war ein Zeltlager, und immer zehn Jungen waren zu einer Zeltmannschaft zusammengefasst; ihre Schlafzelte waren im Kreis um ein großes Hauptzelt angeordnet, wo wir unsere Mahlzeiten einnahmen und die tägliche Andacht abhielten.

Am Ende jeden Tages trafen sich die Jungen für eine halbe Stunde in ihren Zehnergruppen und ihr Gruppenleiter hielt eine »Stille Zeit« mit ihnen. Dabei hielten sie Rückblick über den Tag, sie sprachen über das, was sie gelernt hatten, und manchmal hatten sie auch noch ein Bibelstudium oder eine Gebetszeit, bevor sie (theoretisch) schlafen gingen. Als ich mich eines Abends während dieser »Stillen Zeit« gerade im Hauptzelt mit einem der anderen Leiter unterhielt, kam plötzlich einer der Gruppenleiter hereingestürmt.

»Haben Sie ein paar Minuten Zeit?«, fragte er mich. »Ein Junge in meinem Zelt sagt, dass er gerne Christ werden möchte. Ich habe schon den ganzen Tag mit ihm darüber gesprochen und gerade vorhin habe ich ihn dann gefragt, ob er bereit wäre, sein Leben Christus zu übergeben, und er hat Ja gesagt.

»Und warum kommst du dann zu mir?«, fragte ich, worauf er sagte:

»Weil Sie der Freizeitleiter sind!«

»Deswegen bin ich aber keine geistliche Hebamme«, antwortete ich. »Warum führst du ihn nicht selbst zu Christus?«

»Ich habe so etwas noch nie gemacht«, erklärte er, »und ich weiß nicht, was ich sagen soll.«

»Aber du wirst nie jemanden zu Christus führen, wenn du bei jeder Gelegenheit, die sich bietet, nach jemandem Ausschau hältst, der es für dich erledigt. Du hast vorhin gesagt, dass du den ganzen Tag lang mit ihm gesprochen hast. Natürlich weißt du, was du sagen musst!« Dann schlug ich vor, anstatt mich zu schicken, solle er selbst zu dem Jungen zurückgehen und unter vier Augen mit ihm reden und wir anderen würden inzwischen im Hauptzelt bleiben und für ihn beten. Das gefiel ihm aber gar nicht und er machte den Gegenvorschlag, er und ich sollten gemeinsam gehen und er würde genau aufpassen, was ich sagte, und bei der nächsten Gelegenheit würde er dann selbst versuchen, jemanden zu Christus zu führen. Ich war mir inzwischen ganz sicher, dass ich dem Gruppenleiter dieses Gespräch nicht abnehmen sollte. Das sagte ich ihm auch und versprach ihm noch einmal, dass wir für ihn beten würden. Er wehrte sich noch eine Zeit lang, ging aber schließlich doch.

Nach ungefähr einer halben Stunde kam er wieder ins Hauptzelt gerannt. »Ratet, was passiert ist!«, rief er uns entgegen!

»Wie oft dürfen wir raten?«, fragte ich ihn.

»Einmal«, antwortete er.

»Er ist Christ geworden«, sagte ich. Der Gruppenleiter setzte sich zu uns und erzählte, wie er dem Jungen erklärt hatte, worum es geht, wenn man Jesus Christus sein Leben übergibt. Der Junge war dazu bereit, und dann beteten sie miteinander, und er bat Christus, in seinem Leben Herr und Meister zu werden. »Es war so fantastisch«, sagte der Gruppenleiter und fügte hinzu: »Ich glaube, ich muss jetzt weinen. Ist das in Ordnung?«

In derselben Woche führte dieser Gruppenleiter noch drei andere Jungen zu Christus! Er war schon einige Jahre lang Christ gewesen, aber irgendwie hatte er in dieser Zeit die Ansicht entwickelt, dass Gott ihn selbst nicht so verwenden würde, wie er es bei anderen Menschen aus seinem Bekanntenkreis miterlebt hatte. Auf dieser Freizeit bekam er erstmals Appetit darauf, vom Reservisten zum Aktivisten zu werden, und damit begann ein neues, wunderbares Abenteuer in seinem Leben. Gott konnte und wollte mit ihm etwas anfangen.

Auch Sie haben dieses Vorrecht. Es stimmt zwar, dass Gott verschiedene Menschen auf ganz verschiedene Weise ge–braucht; niemand von uns wird von Gott auf ganz genau die-selbe Weise verwendet werden wie jemand anderer. Aber es ist so wichtig, dass wir das Prinzip begreifen: Ganz gleich, was ich persönlich von mir und meinen Fähigkeiten halte, der Herr Jesus Christus bietet mir an, ein Teil seines Körpers zu werden, ein Instrument, durch das er sein Werk ausführt. Aber es ist nicht das »Werk«, dem wir verpflichtet sind, sondern ihm selbst, dem Kopf des Körpers. Ihm müssen wir zur Verfügung stehen, damit er durch uns ausführen kann, was auch immer er sich vorgenommen hat.

Als Jesus zu seinen Jüngern sagte: »Hier wartet eine große Ernte, aber es gibt nicht genug Menschen, die helfen, sie einzubringen«, knüpfte er an diese Feststellung nicht etwa den Auftrag: »Deshalb zieht los und evangelisiert, so viel ihr nur könnt!«, sondern: »Bittet den Herrn, dem diese Ernte gehört, dass er die nötigen Leute schickt!« (Mt 9,38). Sie sollten nicht einfach losrennen und so viel wie möglich tun, sondern sie sollten mit dem »Herrn, dem diese Ernte gehört« Verbindung aufnehmen, damit er sie jederzeit zu jedem beliebigen Menschen schicken konnte, den er sich ausgesucht hatte. Der Herr hat seine eigene Strategie und er allein weiß, wo er uns haben will und was wir für ihn tun sollen.

Die Apostel und die Leiter der ersten christlichen Gemeinden, von denen die Apostelgeschichte berichtet, waren nicht auf eine Strategie eingeschworen, sondern auf Christus. Jede Strategie, bei der sie sich auf den Herrn berufen konnten, war gut, aber er selbst war immer wichtiger als die Strategie. Kapitel 8 der Apostelgeschichte berichtet, wie sich das Evangelium in Samaria ausbreitete, und zwar vor allem durch das Wirken von Philippus. Es kam hier zu einem der größten geistlichen Aufbrüche außerhalb von Jerusalem und Philippus war die zentrale Figur und der wichtigste Prediger der ganzen Bewegung. Nichts desto weniger heißt es in dem biblischen Bericht: »Der Engel des Herrn aber sagte zu Philippus: ›Mach dich auf den Weg und geh nach Süden, zu der Straße, die von Jerusalem nach Gaza hinabführt!‹« Diese Straße wird kaum von jemand benutzt. Philippus machte sich auf den Weg und ging dorthin ... « (Apg 8,26.27). Wie würden Sie in so einer

Situation reagieren? Philippus erlebt gerade, wie Gott ihn auf ganz wunderbare Weise verwendet, er predigt zu riesigen Menschenmengen, die in Samaria zusammengeströmt sind, und plötzlich erhält er die Anweisung, Samaria zu verlassen und sich auf einen Wüstenpfad zu begeben! Dort wohnt doch gar niemand! Und aus Samaria, wo er eine Großevangelisation durchführen könnte, wird er abberufen! Aber Philippus machte sich auf den Weg und ging dorthin. »Da kam in einem Reisewagen ein Äthiopier gefahren. Es war ein hochgestellter Mann, der Finanzverwalter der äthiopischen Königin, die den Titel Kandake führt, ein Eunuch.« Vielleicht kennen Sie ja den Rest der Geschichte, wie Philippus diesen Mann zu Christus führte, ihn taufte und ihn dann weiterziehen ließ auf seinem Weg nach Äthiopien, wo er dann das Evangelium bekannt machte. Philippus war auf Christus eingeschworen, nicht nur auf Evangelisation. Hätte er sich »hingebungsvoll bemüht«, ein großer Evangelist zu werden, dann hätte er Samaria nicht verlassen.

Gott will nicht in erster Linie, dass wir uns hingebungsvoll für irgendwelche Anliegen engagieren, sondern dass wir für Christus verfügbar sind! Es kann sein, dass er uns beruft, unser ganzes Leben in den Dienst eines bestimmten Anliegens zu stellen, aber nichts desto weniger sind wir in erster Linie Jesus Christus verpflichtet und allen wichtigen Anliegen nur insofern, als sie uns von Christus aufgetragen sind. Wir können jeden Morgen von neuem erwarten, dass der Herr Jesus Christus sich im Lauf des Tages durch uns ausdrücken und einen Teil seines Werkes ausführen wird, auf welche Art auch immer er es will. Vielleicht wird uns bewusst, was er durch uns tut, vielleicht auch nicht. Das ist unser Vorrecht, und zugleich unsere Verantwortung.

Christus in uns – das gibt uns Lebensenergie. Um wirklich und im wahren Sinn des Wortes zu leben, brauchen wir Energie aus dem Leben, das Jesus Christus in uns lebt. Er hat gesagt: »... ohne mich könnt ihr nichts ausrichten« (Joh 15,5). Aber wir in Christus – das gibt uns die Lebensrichtung. Die Lebensenergie, die er uns gibt, steht uns nicht für unsere eigenen Interessen zur Verfügung, sondern sie befähigt uns, die Pläne Christi auszuführen. Er ist der Kopf des ganzen Körpers.

Christus in uns – das ist Versorgung. Was immer wir auch brauchen – wir haben es in unserem Herrn Jesus Christus. Aber wir in Christus – das gibt uns Verantwortung. Da ich Teil seines Körpers bin, muss für mich stets die wichtigste Frage sein: »Was willst du, dass ich tun soll?«

Christus in uns – das ist beflügelnd. Aber wir in Christus – das ist bestimmend. Er hat das Recht, uns als Mittel zu verwenden für alles, was er tun will. Wenn in der Wüste gerade ein »Eunuch aus Äthiopien« unterwegs ist, ist Christus berechtigt, von Ihnen zu verlangen, dass Sie Ihr Samaria verlassen und zu ihm in die Wüste gehen. Aber für alles, was Christus von uns verlangt, gibt er uns auch die Dynamik seines Geistes.

So ist das Leben als Christ. Nachdem wir erkannt haben, dass wir unfähig sind, als Ebenbilder Gottes sein Wesen in der Welt zum Ausdruck zu bringen, kommen wir zum Kreuz und bitten um Vergebung, der Heilige Geist nimmt in uns Wohnung und wir werden eingegliedert in Jesus Christus, um ein Instrument zu werden, durch das er sein Leben und seinen Willen zum Ausdruck bringt. Die Welt hat es so verzweifelt notwendig, all das zu erfahren, aber sie hat nichts, was ihr den Glauben nahebringt, solange nicht das Leben und der Charakter Christi für sie sichtbar werden, und zwar in Ihrem und meinem Leben. Das ist es, was Gott mit Ihnen vorhat! Er hatte es schon ganz am Anfang vor, bei der Erschaffung der Menschheit, und deshalb ist es auch das Einzige, was dem Leben letztlich Sinn gibt. Haben Sie Christus gefunden und mit ihm alles, worauf es im Leben ankommt, oder begnügen Sie sich mit einer Ersatzlösung?

Arbeitsblätter

Kapitel 11:
In Christus – und dann los! (Seite 221–236)

- Welchen neuen Körper erhielt Jesus Christus zu Pfingsten? (Seite 222–223)
- ....
....
....

- Wozu dient ein Körper? (Seite 223–225)
- ....
....
....

- Was sagt das Beispiel aus dem Bereich der Mikrochirurgie über unser Leben als Christen aus? (Seite 227–228)
- ....
....
....

- Was hat Gott für Pläne in der Welt, und wie führt er sie aus? (Seite 225–231)
- ....
....
....

- Wie führen die Christen Gottes Pläne in der Welt aus? (Seite 225–231)
- ....
....
....